ASHANINKAS

JÉROMINE PASTEUR

ASHANINKAS

roman

FRANCE LOISIRS
123, boulevard de Grenelle, Paris

Une édition du Club France Loisirs, Paris,
réalisée avec l'autorisation des Éditions Fixot.

ISBN 2-7242-8429-1

À mon frère.

À Shama.

Afin d'extraire l'essence d'un récit écrit il nous faut faire usage de notre sympathie ou de notre participation par l'imagination pour, au-delà de la simple page, atteindre l'expérience elle-même.

Carlos Castaneda,
Don Juan.

Cette histoire est vraie. Cela ne signifie pas que Notomi soit aujourd'hui vivant quelque part, sous la grande forêt, ni qu'il soit né il y a quinze ans sur un lit de feuilles fraîches. Cela veut dire qu'ils sont des milliers, exactement comme lui, à avoir souffert et à souffrir encore le martyre de la guerre civile.

J'ai connu quelques-uns d'entre eux et je les ai aimés.

Puis j'ai pleuré et maudit les assassins qui les ont anéantis. Aujourd'hui, j'espère le retour de l'harmonie dans la forêt ashaninka. Ce drame, je voulais vous l'apprendre. Sachez que vous abordez ici un roman vérité.

PREMIÈRE PARTIE

La Selva

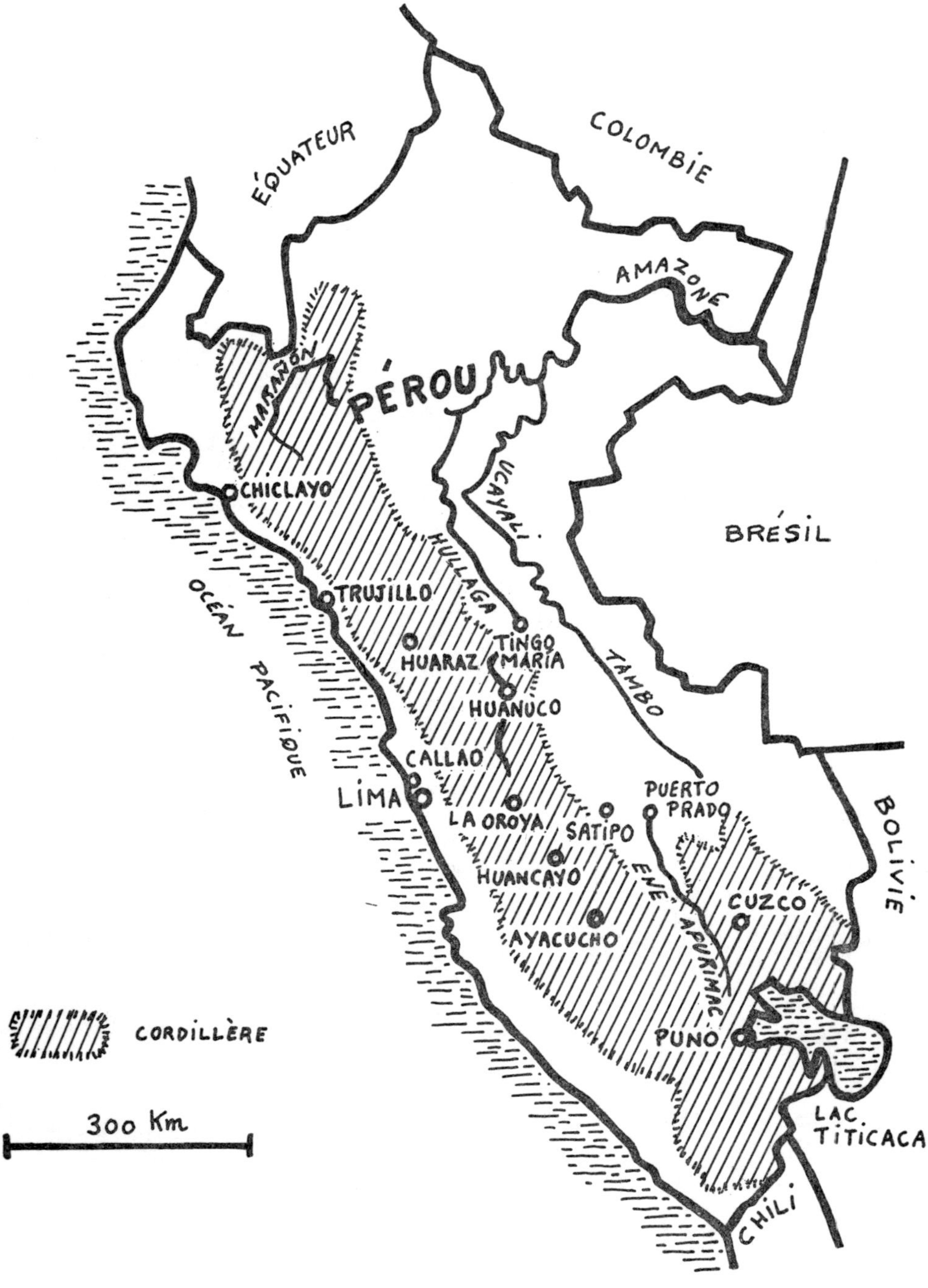
ÉQUATEUR
COLOMBIE
AMAZONE
MARAÑON
PÉROU
UCAYALI
BRÉSIL
CHICLAYO
HUALLAGA
TRUJILLO
TINGO MARIA
HUARAZ
HUANUCO
OCÉAN PACIFIQUE
TAMBO
CALLAO
LIMA
LA OROYA
SATIPO
PUERTO PRADO
BOLIVIE
HUANCAYO
ENE
CUZCO
AYACUCHO
APURIMAC
CORDILLÈRE
PUNO
300 Km
LAC TITICACA
CHILI

1

Orianiki [1] retenait son souffle. Elle aimait sentir le courant buter contre ses jambes. Puis en riant aux éclats, elle se jetait en arrière d'un coup de rein animal, pour reprendre haleine. Elle était ravissante. Et minuscule. On n'est jamais très grande à quatre ans ; et de plus, obéissant à sa nature, elle prenait tout son temps pour atteindre le mètre quarante qui ferait d'elle, un jour, une belle femme ashaninka.

L'enfant n'était pas seule à jouer nue sur le bord du rio Ené. Cinq autres, du même âge, joignaient leurs cris de joie aux siens. Ils avaient des cheveux bruns, un peu décolorés par le soleil de l'hémisphère Sud, une peau foncée, presque noire pour certains, des yeux sombres pétillants, un corps souple et solide, débordant de vitalité.

Orianiki bondit encore dans le flot peu violent. Elle disparut, roulée par la vague qui bombait son flanc au contact d'une roche profonde, puis rejaillit quelques secondes plus tard, à dix mètres en aval, rejetée naturellement par le courant sur la plage de galets et de sable. Ses compagnons l'imitaient tour à tour. Les garçons avec plus de fougue, ou juste un peu plus de bruit.

Le ciel de la cordillère de Vilcabamba était limpide. La

1. *Orianiki* : petit.

forêt y baignait sa tête, écartant haut ses branches en un élan exalté. Soleil, fleuve, forêt et enfants communiaient en secret.

Des radeaux de *balsa* attendaient hors de portée des caprices de l'eau. La belle saison filait ses derniers moments avant le premier orage, violent, annonciateur des mois d'hiver. Mais les Indiens prolongeaient le plaisir de rester au village d'été jusqu'à l'alerte initiale.

Soudain, le déluge gorgerait les hauts de la cordillère et les torrents qui naissaient à plus de quatre mille mètres se bousculeraient pour atteindre au plus vite le lit du fleuve.

Pluies, pierres et boue dévaleraient la montagne, élevant le niveau d'eau de plusieurs mètres en quelques secondes, dans un vacarme terrifiant. Seules les cases, situées en hauteur, échapperaient à cette colère. Les Ashaninkas rassembleraient alors leurs quelques biens et rejoindraient le plateau qui surplombait éboulis et cascades.

De décembre à avril, les pluies s'abattaient sur la forêt péruvienne, interdisant, par intermittence, l'accès aux vallées encaissées entre les falaises de calcaire.

Orianiki savait que cela allait arriver, que pendant quatre ou cinq lunes elle ne verrait plus le fleuve. Alors, elle jouait de toute son âme, savourant avec délices les caresses de l'eau sur sa peau.

Sa frimousse tendue vers le ciel, elle observa tout à coup un vol de perruches qui remontaient vers les hauteurs. Et, comme pour confirmer son étonnement, un des enfants s'exclama en riant, le doigt pointé vers les oiseaux :

« Nous sommes le soir ! Nous sommes le soir ! »

Pourtant la lumière encore fraîche du matin démentait cela. Les perruches avaient perdu la tête.

Les plantes se redressaient, sans même avoir été froissées. Souples et dociles, les ramures pliaient sans rompre. Pourtant Notomi [1] courait. La forêt s'effaçait pour soulager son effort.

1. *Notomi* : mon fils.

Sous une lumière fourmillant d'insectes et de poussière végétale, sa silhouette sillonnait la *Selva*, surgissant entre deux arbres, puis, un instant avalée par la pénombre d'un fourré, elle apparaissait brusquement au sommet d'un rocher. Le visage tendu, les yeux à demi clos par l'effort, Notomi ne fuyait pas. Il fallait juste arriver avant eux. Crier, hurler pour que le village comprenne qu'il fallait fuir.

La forêt s'était tue là-bas. Non pas en amont où Notomi se débattait contre le temps, mais en aval, sous le vent qui, lui, descendait avec légèreté le cours d'eau, empêchant le bruit des intrus de parvenir jusqu'au village.

Notomi, parti à l'aube pour vérifier ses pièges, les avait aperçus au détour d'un lacet du fleuve. Ils marchaient rapidement. L'Ashaninka avait sauté de l'arbre d'où il observait les alentours et, depuis, n'arrêtait plus sa course. À douze ans, on est un être responsable sous la grande forêt. Le pas précipité effrayait les rongeurs. Sur l'humus spongieux les écureuils abandonnaient leurs récoltes et les oiseaux surpris s'envolaient en criant. Notomi ne les entendait pas.

À moins de cent mètres, les enfants jouaient, leurs vêtements de coton éparpillés sur le sable.

Une détonation brisa son élan, comme s'il avait reçu la balle en pleine poitrine, la suivante le choqua tout autant mais cette fois le libéra de sa torpeur. À bout de souffle, dans un ultime effort, il surgit sur la berge.

« Sauvez-vous ! Sauvez-vous ! »

Au lieu de choisir le couvert des bois, les enfants se précipitèrent vers la butte où se dressait le village, leurs tuniques ramassées à la hâte, traînées sur la terre du chemin. Le garçon n'eut pas la force de s'opposer à leur désir de protection maternelle et, les rejoignant enfin, prit en hâte sa sœur dans ses bras. Orianiki, terrorisée par cette agitation, accrocha ses mains autour de son cou.

2

Une rafale résonna sous les arbres, provenant de la *chacra*[1] où les hommes cultivaient les plants de manioc de la communauté. Une autre salve retentit. Les femmes accoururent et saisirent les enfants qui arrivaient du bain. La forêt écoutait, tremblante.

« Des étrangers ! » hurla Notomi, en dépassant la première case.

Sur les feux de bois, des marmites bouillonnaient en ronronnant. Le sol, recouvert de nattes et de couvertures, venait d'être balayé. Des calebasses mordorées séchaient, pendues sous les toitures. Le décor confirmait une existence simple et harmonieuse.

Orianiki toujours pelotonnée contre son torse, Notomi vacilla, épuisé par sa course.

« Noto ! » Le cri le guida vers la case de sa mère qui portait sur la hanche son dernier-né. Oppressé par la chaleur et l'humidité, il avait du mal à reprendre son souffle.

« Fuyons ! » siffla-t-il entre ses dents, le visage marqué par la terreur, cherchant à l'entraîner de force. Un coup de feu explosa dans la clairière.

La femme s'affaissa, transpercée de part en part, son bébé mort encore serré contre elle. Notomi ne put la retenir

1. *Chacra* : plantation familiale.

et, chargé du poids de sa sœur, s'écroula sous le cadavre ensanglanté. Des hurlements jaillissaient, stridents. La peur, engourdie par tant de paisibles saisons, s'emparait des cœurs affolés, tétanisait les muscles. Épouvantés, quelques enfants se précipitèrent vers les silhouettes qui se tenaient, entre ombre et lumière, en lisière de la forêt. Mais au lieu de l'assistance espérée, une machette les accueillit à la volée, les happant d'un coup ou deux. Les cris des femmes redoublèrent. Trois hommes, mitraillette au poing, ouvrirent le feu. Les corps, tordus de surprise et de douleur, s'effondraient, bras et jambes désarticulés, comme des jouets qu'une mort capricieuse aurait jetés là. Les bourreaux, râblés et mats de peau, vêtus de jeans et de chemises criardes, obéissaient à un personnage plus imposant. Une moustache fournie dissimulait à peine son sourire ravi. Un homme blanc.

« Dégagez-moi tout ça. *¡ Rápido !* »

Un à un, les corps tapissèrent la terre battue. D'autres tortionnaires arrivaient encore, déjà maculés du sang des pères et des maris, et achevaient au coupe-coupe les blessés, éventrant au passage une femme enceinte.

Puis, le silence retomba. Un ultime coup de pied dans la nuque fit taire les derniers râles d'un moribond.

À demi dissimulé sous le corps de sa mère souillé par la mort, Notomi n'avait pas bougé, retenant Orianiki qui, blessée au front dans sa chute, s'était évanouie.

Les hommes gesticulaient encore autour des victimes, fouillant les cases, jetant en désordre les gamelles ou les paniers qui auraient pu dissimuler une vie épargnée.

« *¡ Está bien !* Ça fait de la place. »

Notomi n'avait pas perdu une seule image du massacre. Sa bouche se crispa, ses prunelles sombres s'allumèrent d'un sentiment ignoré jusqu'alors : la haine. Qui étaient ces démons ? Les terroristes dont on parle dans la vallée, là où la rivière se jette dans le Ené ? Des *narcos*[1], autre race de criminels ? Il l'ignorait.

À son âge il ne connaissait que la Selva, la vie paisible du clan. Être *ashaninka*, — « celui qui est Homme » —, c'est partager en toute humilité la terre avec les autres espèces de la forêt, pacifiques ou guerrières.

Ceux-là, qui pataugeaient encore dans le sang de sa famille, n'étaient pas des Hommes.

« Celui-ci n'est pas mort ! » L'exclamation était empreinte d'une joie morbide, comme s'il se fût agi d'un concours de tir ou d'une partie de chasse.

Nul n'était besoin pour Notomi de comprendre l'espagnol pour saisir l'urgence. Il repoussa le corps pesant qui le protégeait et, saisissant un bâton à sa portée, frappa au visage celui qui s'approchait. Un hurlement répondit au coup. Arrachant Orianiki du sol, le garçon bondit vers la forêt. Quelques détonations éclatèrent derrière lui.

« Quelle vermine ! » s'étrangla l'un des agresseurs avant de s'élancer.

Notomi entendait les pas alourdis par les bottes heurtant les pierres et les jurons de l'homme qui se rattrapait aux branches en les brisant de ses gestes maladroits.

Les fourrés étaient moins denses mais la pente se raidissait. La forêt dressait des fûts élancés dont la coupole dévorait la lumière. Les rayons diaphanes s'infiltraient difficilement au hasard des entrelacs de branches. L'Ashaninka avait plié les genoux et, prostré, respirait lourdement l'odeur entêtante du sol humide. Orianiki, éveillée, pleurait doucement à ses côtés. Elle poussa un cri, battant l'air de ses mains pour éloigner la menace. La déflagration fut si forte qu'elle tituba et s'écroula sur une souche pourrie.

« Noto ! Noto ! » Elle sanglotait.

L'autre rechargea son arme, fou de colère d'avoir manqué

1. Abréviation pour narcotrafiquants.

l'avorton. Entre les arbres, la place était vide. Les enfants dévalaient déjà le versant menant au rio, se jetaient dans la pente, roulant avec la boue et les pierres sous les taillis.

3

Ils étaient tombés au bord d'une mare obscure restée là à s'évaporer depuis les dernières pluies, bras et jambes égratignés par les feuilles coupantes des bambous. L'après-midi s'alourdissait de nuages ceignant d'ombres passagères les rives du fleuve écrasées de lumière. Mais Notomi et Orianiki ne voyaient rien. Ils avaient fui pendant des heures, échappant à leur agresseur, à la vision du campement anéanti, à l'odeur du sang, aux cris d'angoisse. Et ils s'étaient perdus en dévalant les coteaux, attirés vers le fond de la vallée.

Ils s'endormirent, séparés ; leurs membres rompus avaient besoin d'espace.

Sur la cordillère l'horizon gronda puis brutalement les rivières du ciel s'écroulèrent sur la terre. Ceux qui volaient ou rampaient, ceux qui couraient ou nageaient avaient entendu.

L'orage détrempa le sol, le ru devint torrent et cascade. La pluie, voile tendue sous la brise, s'éparpilla sur la montagne avant de toucher les ravins profonds, les roches noires et les arbres. Les ruisseaux sans lit se tordaient sous la poussée d'un vent violent qui enveloppait la forêt comme un amant exalté.

Le Ené reçut en son flanc des milliers de rigoles qui

ravinaient les ornières sous les arbres, débordaient de leur sillon, se bousculaient. Son ventre gonfla d'un coup et un mur d'eau rougeâtre bascula vers l'aval. La crue galopait entre les falaises, assaillant chaque obstacle pour le forcer à la suivre. L'eau attaquait les berges, découpait des morceaux de paysages. Les bois morts frappaient l'air entre tourbillons et surface, puis s'éclataient sur les pierres.

Notomi s'était redressé. Le flot, empêtré de ses larcins, s'élançait vers la vallée. La rumeur était encore indéfinissable, le danger juste pressenti. L'Ashaninka prit sa sœur assoupie dans ses bras. Le bruit augmentait de seconde en seconde, mugissement d'un troupeau qui charge aveuglément.

À une centaine de mètres, Notomi vit arriver l'inondation dégorgeant sur chacune de ses rives des gerbes mousseuses. Soulevée par son frère, Orianiki attrapa une branche basse et se hissa dans un arbre avec agilité.

« C'est l'orage, Ori », dit-il rassurant pour épargner l'enfant bouleversée.

Alors le fleuve frappa, secouant l'arbre qui portait les enfants. Orianiki, la tête au creux de ses bras pleurait, ses larmes mêlées de pluie. Le vent glacial, en rafales, soumettait la Selva.

Enfin, la tourmente passa, laissant l'orage poursuivre sa route. Tout ruisselait encore ; le ciel, la terre, la forêt et les hommes. Les pleurs d'Orianiki, un appel soudain dans la nuit naissante vers une mère qu'elle n'avait plus, emplirent le garçon d'un désespoir immense, mélange d'épuisement et d'amertume.

Lentement, les étoiles émergèrent dans un bleu sombre. La nature silencieuse dégouttait, rouée de coups, toujours courbée sous le poids du déluge.

Notomi tendit sa main vers la forme recroquevillée à son côté sur la branche.

« Les étoiles, Ori. Regarde, il n'y a plus rien à craindre. »

Le fleuve roulait encore, furieux et rapide, mais il avait trouvé ses limites et conservait désormais son lit sans maintenant s'approprier les sous-bois détrempés.

La beauté du ciel avait apaisé les enfants. Malgré le froid, la faim qui rongeait leur ventre, ils le contemplaient, sereins. Serrés l'un contre l'autre pour conserver un peu de chaleur, ils écoutaient. On ne sentait plus de menace, juste un vide bienfaisant et indéfinissable qui enveloppait la Selva. La lune, éternelle errante, marchait calmement au sein des cieux. L'humus gavé d'eau libérait sous les feuilles des bulles chantonnantes. L'air s'écoulait des hauteurs encore couronnées de nuages, rafraîchi et lourd d'une odeur de terre.

Notomi ne dormait pas. Sa sœur blottie contre lui, il prenait garde à ne pas la laisser échapper à son étreinte. L'enfant s'alourdissait, étourdie de sommeil, et les bras protecteurs tremblaient sous l'effort.

« Elle est si petite », pensait-il, fort de ses douze étés tandis qu'il s'efforçait de garder les yeux ouverts sur les étoiles qui volaient lentement entre les branches.

« J'ai la garde de ton âme, Ori. » Il poussa un soupir. La brise nocturne lui fit un écho discret en froissant une brassée de feuilles ; comme la voix d'un arbre heureux de la vigueur de sa sève, une parole que la terre avait à dire. La forêt lança une plainte.

« *Ina* [1] ! » s'écria-t-il surpris, les yeux scrutant les ténèbres. Est-ce toi qui parles ainsi ? Es-tu dans le grand royaume du Tasorensti ? Mère, j'ai peur. Je ne sais que faire. Je ne sais pas, ina. Je ne sais pas. »

Il avait parlé bas : un chuchotement animal au cœur de la nuit.

Le frissonnement impalpable se fit plus présent. Quelque chose de féminin, pensa-t-il, rôdait dans la forêt.

---

1. *Ina* : mère.

Aussi loin qu'il pouvait voir, la Selva sommeillait. Les ombres jouaient dans les broussailles, abusant de sa fatigue, et ses yeux s'inondèrent de larmes. Il voyait un village, là-bas, un feu, des silhouettes qui se croisaient !

Un cri ponctua la scène. Un oiseau s'enfuit d'un vol lourd, battant l'air de façon inquiétante. Notomi avait sursauté, se relevant à demi sur la branche massive. Orianiki s'éveilla, balbutia quelques mots inintelligibles, pleins de fièvre, puis se perdit à nouveau dans son rêve.

Notomi la serra contre lui, reprenant sa veille attentive. Le village et les silhouettes s'étaient évanouis. Il se sentit seul, entre le ciel et la terre mais, pour la première fois, maître de l'immensité qu'il avait à parcourir. Tout allait si vite. Son enfance à peine achevée s'ouvrait tout à coup sur la découverte des devoirs d'un homme. Mais il n'avait pas à choisir : le bon et le mauvais n'existent pas dans la Selva. L'instinct de survie impose le moindre des actes. Il devinait un secret d'une richesse sans limites, prêt à se dévoiler et cette exaltation l'emporta sur l'inquiétude. Le jour allait poindre et il lui fallait laisser mourir le passé pour continuer son chemin.

La nuit s'éloigna vers l'ouest pour rejoindre sa secrète caverne. Dans l'alcôve de branchages, Notomi s'était endormi, tandis qu'Orianiki se réveillait dans la stupeur du souvenir. Alors, le cœur battant elle prit dans ses mains celles de son frère et, sans le quitter du regard, à son tour veilla sur son repos.

4

Ricardo avait reçu le même prénom que son père mais il ne portait pas son nom. Un Sánchez de Ávila, descendant d'une famille espagnole, n'aurait pu reconnaître le bâtard fait à une Indienne, fille de domestiques de la *granja*[1]. Ricardo avait grandi seul, tourmenté de sentir un esprit d'homme blanc habiter son corps trapu de Quechua. Dans la *sierra*[2], la terre réclamait ses bras et il avait passé sa vie à en extraire la pierraille pour y planter maïs et pommes de terre. Son horizon s'était borné à obéir au contremaître, à épouser une brave femme sans beauté pour satisfaire aux besoins les plus simples : le lit et le couvert. Et à se taire. Les années passaient sans changement et Ricardo nourrissait toujours une envie secrète de rencontrer la liberté. Une disponibilité totale qui lui permettrait de saisir la chance qui le vengerait de ce temps perdu, de cette vie stérile.

Un jour, le Pérou avait manifesté le désir de développer la région Est du pays : la Selva. Au milieu des années soixante, le président Fernando Belaúnde Terry[3] avait décidé que les chaudes vallées et les plaines amazoniennes pallieraient le manque de terrains cultivables dont souffrait

1. *Granja* : ferme.
2. *Sierra* : montagnes andines
3. Président du Pérou.

son pays. La Selva, couvrant plus de la moitié du territoire péruvien, ne pouvait demeurer sans aucune exploitation. Avec l'aide de la Banque interaméricaine de développement et à grand renfort de promesses de prêt alléchants, le gouvernement avait poussé des centaines d'individus à quitter l'*altiplano* [1] pour s'installer en forêt. S'installer voulait dire défricher, suer, peiner durant des mois pour dégager un coin hirsute de bois et de roches, puis supplier le ciel que les déluges chroniques n'étouffent pas, dans le sol, les graines, les pousses et les arbrisseaux. Peu à peu, les rives des fleuves s'étaient parsemées de cases misérables autour desquelles traînaient des gosses faméliques. Avocats, oranges, bananes, café ou cacao n'avaient rendu qu'au bout de quelques années et ces faibles productions artisanales n'avaient pas apporté de quoi survivre. Et pour la plupart des paysans quechuas l'argent des prêts, toujours repoussé au mois à venir, n'apparut jamais.

Puis, en 1968, Belaúnde Terry fut renversé. Le gouvernement militaire qui lui succéda retira aussitôt toute aide financière à la Selva, cette fois totalement abandonnée. Mais les départements amazoniens allaient bientôt attirer d'autres prédateurs. En attendant, victimes d'un mirage, on se mourait au bord du fleuve.

Afin de ne pas avouer sa déchéance sans doute, nul ne se plaignait. Une telle discrétion, bien mal interprétée, poussa d'autres familles à descendre vers les vallées, aveuglées par l'espoir de briser leur esclavage. La chaleur remplaçait le froid ; la malaria, la pneumonie ; la peine se calquait sur la peine.

Ricardo avait annoncé un beau matin à son épouse leur départ pour l'aventure. Les jours qui avaient précédé le voyage s'écoulèrent pleins d'espoir. Rosa avait rassemblé les affaires. Aucun enfant n'étant venu, elle avait suivi seule, à petits pas moroses cet homme qui la commandait. Elle

1. Hauts plateaux des sommets andins où vivent les Quechuas.

était noire de cheveux avec une longue natte pendue à son dos et des membres courts mais solides. Beaucoup plus jeune que son mari, Rosa était vaillante, même s'il usait d'elle depuis l'année de ses dix-sept ans. Son nom de fleur venait du hasard d'un calendrier.

Avec elle, Ricardo avait tenté l'impossible pour se sortir de l'ornière paysanne. Mais le ressentiment avait grandi en lui à mesure que passaient les saisons. Après un temps d'ardeur et de foi, l'entreprise avait été décevante et la tristesse s'était ajoutée à la fatigue.

Les moustiques dansaient autour des têtes endormies. Leurs pattes tigrées semblaient vêtues d'un pantalon de carnaval. On y voyait presque clair. La case se découpait sur le cadre rose d'une aube encore timide. Tout était beau et calme. Du côté du fleuve, tout proche de la maison, le vacarme avait cessé. Les eaux de l'orage s'en étaient allées vers de nouvelles contrées abreuver d'autres terres.

Rosa s'éveilla. Comme chaque matin elle avait senti le jour. Quelques poules avaient déjà donné l'alerte mais la femme, tant il était impossible de dormir dans la Selva si on ne savait pas oublier les rumeurs et les cris, ne les entendait plus. Elle était sans âge, pas encore flétrie mais oubliée par la jeunesse.

À son côté, la place était vide. Le vieux déjà parti. Rosa s'affaira : ranimer le feu, préparer la soupe de poisson et le café. L'homme allait revenir avec un gibier relevé dans ses pièges. Il n'aurait rien à dire. Que peut-on vouloir dire après plus de trente ans ! Elle tairait sa solitude et, reconnaissante de pouvoir au moins le servir, apporterait l'écuelle, la tasse, avec cette confiance, ce dévouement qu'inspire l'autorité.

Au moment où Ricardo déboucha du bois, le bruit d'un moteur leur signala une pirogue qui approchait. Le hors-bord baissa de régime. Quelqu'un voulait accoster. Ricardo posa une perdrix sur la table de dehors, et prit rapidement le sentier qui menait à la rive, à cinquante mètres de là. Sa femme ne leva même pas la tête de sa besogne. Autour d'elle la case abritait des objets incongrus : une radio plutôt luxueuse, un réfrigérateur, un groupe électrogène. Les planches qui formaient les cloisons étaient neuves. Et le toit, de tôles rouillées, attendait avec confiance d'être refait. Si, vue de l'extérieur, la maison prenait un air misérable dans le petit jour, ici pourtant, à n'en pas douter, on avait de l'argent !

Trois hommes approchaient, précédés par Ricardo. Rosa savait. Sans avoir seulement jeté un coup d'œil. Le temps habituel s'était écoulé depuis leur dernière visite. Et d'ailleurs, personne d'autre que ceux-là n'aurait vraiment eu l'idée de s'arrêter dans son foyer.

« Holà, Rosa ! » gronda d'un ton qu'il voulait jovial le plus gros des arrivants, tripotant une moustache qui signalait sa position de chef mieux encore qu'un galon à sa chemise.

La femme dodelina de la tête et répondit d'une voix neutre :

« Nous sommes là, señor, rien de plus ! » Mais personne n'écouta la réponse.

Les hommes s'attablèrent. Rosa servit du café et du pain. Ils parlèrent. De rien. Un peu du temps. De la pluie qui venait. Dans les bols, le café brûlait les mains. Puis le silence s'établit sans déranger personne. Un vol de perruches égaya le matin, tournoyant au-dessus de la clairière, indiscrètes. Au sortir des fourrés, un filet de brume précédait les premiers rayons solaires. Le chef tapota le bord de la table d'un doigt impatient.

Ricardo se leva et disparut derrière la maison. Rosa se tenait à l'écart, absente, préférant la compagnie des volailles caquetant autour de ses jambes à celle des visiteurs. Un sac en toile de jute sur les épaules, Ricardo réapparut d'un pas lourd.

« *Veinte*[1] », lança-t-il en posant son chargement. Les deux hommes de main se levèrent et tour à tour soupesèrent, légèrement sceptiques.

« Ça va », lâcha enfin l'un d'eux.

Une liasse de billets verts atterrit sur la table.

« Compte si tu veux. Ça en fait pour vingt kilos. »

Ricardo fit un signe évasif pouvant signifier qu'il avait confiance ou que peu lui importait.

Tandis qu'ils s'éloignaient, emportant le sac, le gros se retourna de trois quarts et lança nonchalamment :

« On a fait de la place un peu plus haut. Tu peux faire dire à d'autres de descendre prendre la terre. Il faut planter. »

Le visage tendu de Ricardo trahissait son mépris.

« *Narcos, malditos* », maugréa le colon, serrant les poings pour ne pas les lancer vers le ciel. Rosa posa son regard sur lui et une lueur de tendresse faillit y briller. Mais le mari bougonnait sans s'occuper de sa présence, les épaules courbées.

Là-bas, le moteur démarra. Alors Ricardo laissa éclater sa colère. « Femme, ne peux-tu donc obéir ? »

Rosa se tassa un peu plus sur la chaise qu'elle occupait sous l'avancée du toit.

« Tu ne sais pas que sans les Colombiens, nous serions morts. Sois aimable, *mujer*[2] ! »

Rosa n'avait pas peur, il ne lui en voulait pas à elle mais à lui-même. Si son état de pauvre besogneuse en faisait un instrument à peine indispensable, elle était capable pourtant de faire face aussi à l'urgence d'une alerte. Attendrie, presque soulagée qu'il puisse avoir besoin de sa femme, Rosa avait abandonné son ouvrage et, disponible, attendait à quelques pas.

Ricardo s'agitait sans qu'un mot de plus ne sorte de sa

---

1. *Veinte* : vingt.
2. *Mujer* : femme.

gorge. Le dos voûté, écrasé par sa haine pour ceux qui apportaient l'argent américain.

« Rappelle-toi, nous nous sommes promis d'échapper à ce marchandage. Femme, tu dois me soutenir. »

Rosa secoua sa lourde tresse. Il fallait dissiper le malaise qui avait envahi leur foyer. Elle s'approcha, sereine.

« Mon mari, pour l'heure il nous faut aller à l'ouvrage. Veux-tu me rapporter de ces champignons que l'on cuit sous la cendre ? »

C'était son seul moment de gloire, celui où elle soutenait son maître, frémissante du bonheur de contribuer à sa force.

Le vieux laissa son regard s'accrocher à la silhouette de sa femme. Alors, comme un naufragé qui vient d'éviter la noyade, il prit une inspiration démesurée. Cette fois encore il s'était soumis, retenu de force par la nécessité imbécile de survivre. Sa guerre à lui devait encore attendre.

Par centaines de pieds, à peu de distance de la maison, les arbustes de coca étalaient leurs branches au soleil tropical. La superficie de la plantation, l'abondance des récoltes auraient comblé de joie n'importe lequel des colons vivant au bord du fleuve. La *coca* ! Plante vénérée par les anciens et dont les morts emportaient quelques feuilles dans leur bouche. L'alliée du paysan andin contre la fatigue, la faim et le froid de l'altiplano, au cœur de la cordillère. Et légale en petite quantité ; tout individu ayant le droit de porter sur lui sa ration quotidienne. Aujourd'hui dénaturée, piétinée pour bâtir l'empire financier d'une poignée de mafiosi de la drogue, pour servir la demande des marchés nord-américain et européen en pleine expansion. « Le mal n'est pas dans la feuille mais dans l'esprit », affirment les Quechuas. La coca, qui sauve aussi de la misère les milliers de paysans déracinés fourvoyés sous le dédale de la Selva.

Régulièrement les trafiquants remontaient le Ené. Sans relâche, Ricardo plantait, récoltait puis, avec l'aide de journaliers qui travaillaient sur les plantations s'épanouissant le long du fleuve, il préparait la base : la *pasta*, sulfate de cocaïne récupéré après macération et piétinement des feuilles dans le kérosène et rincées dans un bain d'acétone. À ce stade, le produit, meilleur marché, est rarement consommé hors du pays. Pour l'exportation, des centaines de laboratoires clandestins transforment la pasta en cocaïne. Plus pure, mais tout aussi destructrice.

Quand la pirogue colombienne arrivait, la base était prête et les dollars pleuvaient ; suffisamment pour n'être plus pauvre, puis à l'aise et bientôt riche. Il payait bien, le gros Colombien, en liquide, en monnaie stable et toujours à l'heure. Tout le long du Ené, du Tambo, de l'Ucayali et de la vallée du Huallaga, les *colonos cocaleros* cultivaient la plante. Et les cases cachaient des trésors toujours plus clinquants, bruyants et inutiles, revanche dérisoire sur une ancienne misère.

Chacun vivait, à part, étranger à son voisin, souvent trop éloigné pour qu'on lie amitié. Mais tous soignaient, ramassaient et piétinaient les feuilles. Les pirogues s'offraient des moteurs neufs, les cases des toits, les femmes des jupons.

Ricardo arracha sa machette du poteau où elle l'attendait et, sans la regarder, il fit un geste vers Rosa.

« *Voy al trabajo*[1]. »

1. *Voy al trabajo* : Je vais travailler.

5

La lumière inondait la forêt. Des vapeurs tournoyaient gracieusement au-dessus du sol au gré d'un léger souffle d'air chaud. La terre, les roches, les arbres séchaient dans cette chaleur poisseuse.

Au bord du fleuve, Notomi et Orianiki ne s'en souciaient pas. Leurs *cushmas*[1] se gavaient de soleil, à plat sur les galets du rivage. Lavées à grande eau, brossées avec du sable, les traces sanglantes du cauchemar de la veille s'étaient dissoutes dans la rivière. Quelques branches mal embrasées se consumaient, tandis que Notomi accroupi tentait d'attiser les flammes. Orianiki plissait sa frimousse du nez aux sourcils pour se défendre de la fumée en grignotant des champignons et des escargots qu'elle retirait du feu avec un bâtonnet. Sa peau avait la couleur du cuivre. Potelée, encore à peine défaite de ses formes de bébé, elle était l'innocence et la grâce. Petit bout de femme aux yeux immenses, pétillants de force et d'intelligence. Le noir de ses cheveux était un peu mangé de soleil sur les pointes. Bien coupés au carré, ils encadraient un visage de poupée aux contours arrondis, aux joues pleines. Seule la bouche était un peu grande. Une totale perfection l'eût fait prendre pour le chef-d'œuvre d'un artiste inspiré.

---

1. *Cushma* : tunique en coton.

Notomi n'avait rien à lui envier. Les traits réguliers de son visage étaient plus que plaisants. Une mélancolie naturelle atténuait son regard d'obsidienne, ajoutant un charme authentique à sa beauté. Mais le garçon était plutôt frêle et de taille moyenne. Il ne ressemblerait pas à celui qui, hier encore, était son père : les cuisses larges, le torse musclé et les bras capables de briser le cou de ses ennemis.

Son aspect fragile, même s'il ne manquait pas de force, lui avait fait prendre une route solitaire. La ruse, la patience avaient remplacé la puissance qui manquait à ses muscles et, bien avant les autres garçons, Notomi avait, seul, parcouru la forêt, guetté un gibier des nuits entières, rapporté au foyer de quoi ne pas rougir. Son arme était la fronde. Celle que les Indiens de la Selva fabriquent avec un morceau de cuir et des herbes souples habilement entrelacées.

« Je ne sais pas où aller », déclara tout à coup Notomi. Orianiki regarda son frère avec attention. Le soleil brûlait déjà le milieu du ciel. Sur le fleuve, fulguraient d'étincelants miroitements, si violents par instants qu'ils semblaient surgir des profondeurs, créés par le mouvement enivrant de l'eau qui dansait le long du bord.

À l'orée du sous-bois, l'ombre fraîche se glissait sous les arbres. Orianiki n'avait rien à répondre. Elle enfonça un peu ses pieds dans la terre brûlante à côté des braises et, tournant son visage vers les hauteurs lointaines, elle murmura finalement :

« Nous irons au pays de Tasorensti ! »

Notomi la dévisagea soudain avec plus d'attention. Il ne la connaissait pas vraiment. Elle n'avait été qu'une sœur plus jeune avec laquelle il avait joué sans beaucoup d'application.

Les grands yeux d'Orianiki ne le quittaient plus. Elle était étrangement calme.

« Non, Ori. Nous n'irons pas chez Tasorensti. Pas encore. »

Il avait parlé avec tant d'assurance que l'enfant se leva

précipitamment et, s'approchant, elle serra la main de son frère dans la sienne avec passion.

Notomi la prit contre lui avec le même élan.

« Je ne t'abandonnerai pas. Nous irons sur le même chemin sans nous quitter. »

Il inspira longuement pour calmer les bonds de son cœur. Son émotion faillit le submerger. Ignorant une larme qui caressait sa joue, il murmura pour mieux s'en persuader :

« Je suis un homme maintenant. » Alors, il sentit la chaleur du soleil sur sa nuque, comme la source d'une force invincible où il pourrait toujours puiser.

« Tu vas devoir t'occuper de moi », s'écria-t-il d'un air affectueux. Le visage d'Orianiki s'illumina et son rire enfantin résonna, cristallin.

« Je suis trop petite », dit-elle avec une joie timide en redressant toute fière sa tête charmante. Un peu ivres de ce qu'ils venaient de comprendre, ils restèrent silencieux pendant un instant.

Soudain Notomi bondit.

« Une balsa ! »

Au milieu du courant, un radeau dérivait rapidement.

« Attends-moi ici. Ne bouge pas. »

Elle avait compris. Avec l'embarcation ils pourraient facilement descendre la rivière. Elle l'avait fait souvent en compagnie de son père, pour rejoindre une plantation de manioc lointaine ou revenir d'une visite rendue à un autre village situé en amont de leur propre campement.

Notomi plongea. Un instant, Orianiki le regarda se défendre contre le flot pour gagner le milieu du cours d'eau. Il s'éloignait à toute allure, nageant vigoureusement pour atteindre le radeau au plus vite. Puis il disparut, effacé par le rideau d'arbres, au détour d'un méandre. Elle restait seule sur les bords du Ené.

Notomi, presque à jeun, manquait de puissance et ses jambes battaient l'eau sans qu'il gagnât du terrain. Il fallait abandonner. La rive défilait sous ses yeux. Il s'éloignait trop vite de l'endroit où Orianiki l'attendait. Mais la *balsa* accrocha une branche qui, au rythme du courant, se balançait entre deux eaux. Pendant quelques secondes, elle resta plantée là, stoppée dans sa course. Puis lentement, son flanc contourna l'obstacle et, glissant sur la surface mouvante, le radeau se remit en route. Mais Notomi avait vu. Ses muscles déployèrent toute leur vigueur et, les doigts tremblants, il agrippa enfin l'un des rondins de bois.

Alors qu'il dérivait, allongé sur le radeau pour reprendre haleine, il sentit pour la deuxième fois la même présence indéfinissable. Comme la nuit dernière, il pensa à sa mère. Mais pouvait-elle le voir, ici, se débattre, seul depuis si peu de temps, sans elle, sans plus personne ? Quelque chose ou quelqu'un de bienfaisant rôdait, entre le réel et l'impalpable. Un choc contre une roche dissipa brusquement sa rêverie. Comprenant avec angoisse qu'il s'éloignait de plus en plus, Notomi, à plat ventre, se mit à ramer frénétiquement avec les mains jusqu'à la rive. Une fois la balsa tirée au sec, il entreprit de remonter le cours du fleuve.

Ses pieds battaient le sable dans sa course, écrasaient la mousse, se brûlaient aux roches. Épuisé par l'effort qu'il avait fourni, la faim, le manque de sommeil, le traumatisme de la veille et cette liberté toute nouvelle, merveilleuse mais terrible, Notomi allait sans plus penser. Il faillit se faire surprendre. De justesse, il sauta derrière un buisson. Trois hommes avançaient le long de la rive, fusil au poing, vêtus de pantalons kaki et de bottes de caoutchouc : des colons.

D'abord soucieux de cacher sa nudité, Notomi se tapit un peu plus, soudain conscient du danger.

C'étaient des voleurs de terre, des colonos qui depuis des saisons repoussaient son peuple plus en avant sous la forêt. Bientôt, il n'y aurait plus où aller pour les Ashaninkas ; pour ceux qui resteraient encore épargnés.

Il pensa à sa fronde dans son *sarrato*, ce sac de toile tissé par sa mère qu'il portait constamment en bandoulière depuis qu'il savait marcher. Sa fronde, là-bas, au côté d'Orianiki, seule. Les colons passèrent à moins de un mètre de lui, marchant lourdement avec ces bottes qu'ils ne quittaient jamais, hantés par la morsure des serpents et des araignées venimeuses. Le garçon huma l'odeur de leurs corps fatigués, une odeur de sueur et de tabac, collée aux chemises fanées qui s'ouvraient sur des poitrails solides de paysans.

Était-il lâche ? Il savait que non. Il n'avait d'autre devoir que d'éviter la rencontre, d'esquiver leur curiosité et leur méfiance.

Dès que les trois individus eurent franchi une distance respectable, l'Ashaninka se redressa pour se couler, félin, sous les arbres. Le trille strident d'un oiseau surpris signala son passage. Mais les autres étaient loin et pas assez familiers de la forêt pour comprendre que quelqu'un avait dérangé l'oiseau. À plus de deux cents mètres, Notomi reconnut la plage.

L'endroit était désert. Plus de cushma séchant sur les galets, pas de sarrato. Juste un tas de braises tièdes entre des pierres. Orianiki avait disparu. Levant les bras au ciel, oubliant les colonos encore bien proches, Notomi hurla, tremblant de rage :

« Ori ! »

Il cria, tournant sur lui-même, orientant sa voix dans toutes les directions, sautant d'un rocher à l'autre. Il fouilla les broussailles, les épaves d'arbres morts et les monticules de vase amassés au hasard de la crue. Couvert d'égratignures, Notomi se jeta dans une eau peu profonde qui clapotait doucement sur la plage, l'âme foudroyée de détresse.

Il voulait en finir. Mais la volonté de vivre fut plus forte que la souffrance et il releva la tête, bouche grande ouverte pour se gaver d'air.

Il ouvrit les yeux. C'est à peine s'il le remarqua tout d'abord : là, à moins de dix mètres, un paquet brun de cushma et de chair dorée se confondait avec la rive.

Orianiki inerte, calée entre de grosses roches, se tassait

sous les vêtements, à fleur d'eau. Notomi titubant l'arracha à sa cachette.

La balsa dérivait lentement. Depuis le crépuscule, les enfants avaient repris leur voyage. La fronde avait permis d'abattre de quoi manger et la sagesse commanda d'attendre l'obscurité pour se risquer à découvert.

La Croix du Sud souriait à l'horizon. Nette et scintillante, belle comme sait l'être l'une des plus merveilleuses constellations de la nuit. Elle s'effaçait derrière les rideaux sombres que tendait la forêt contre le ciel, puis après un autre méandre surgissait en plein milieu du rio.

La descente avait d'abord été rapide, mais depuis qu'Orion avait basculé à la limite du ciel, le Ené avait ouvert son lit, profitant de la plaine large et calme qui prolongeait les contreforts de la cordillère. Les eaux moins contraintes prenaient leur temps et dispensaient maintenant Notomi de manœuvrer constamment le radeau. Il s'était légèrement assoupi, sa sœur dormait depuis le départ, bercée par la vague du courant. L'inconscience du sommeil atténuait la frayeur.

Le choix était simple. Le fleuve décidait du parcours et du rythme du voyage, sans qu'on sache où il se dirigeait, ni combien de temps il allait couler ainsi.

L'humidité éveilla les enfants avant l'aube. La fraîcheur avait engourdi nuques et dos. Ils se blottirent, pelotonnés comme des chatons, bras et jambes emmêlés. Devant eux, l'eau tranquille glissait entre la haie majestueuse des bois. La Selva ondoyait comme une mer et à son front, les étoiles naviguaient en formation. Des plus brasillantes aux poussières éparpillées dans l'immensité, elles illuminaient les secrètes profondeurs, aspirant le regard vers l'infini.

Notomi regardait sans bouger, sentant à ses côtés Orianiki

saisie d'un semblable émerveillement. Les astres dévalaient les pentes du ciel comme un troupeau sans berger, gambadant dans la plaine de l'univers. La limpidité de l'air était telle que le Ené miroitait par instants de l'éclair d'un reflet échappé à ces cascades de joyaux. Notomi sentit son âme s'embraser. Il aurait voulu voler tout là-haut, porté par la lumière, jusqu'au tréfonds des mondes ; comme un nuage léger, soufflé de brise en brise le long de la voie lactée. Orianiki, une fois encore, prit sa main entre ses doigts menus, serrant bien fort pour échapper au vertige. La nature entière paraissait leur chuchoter un message, les dominant de sa force implacable et bienfaisante : « Regardez, voyez-moi bien. Ô, ne m'oubliez pas dans les jours qui seront demain. »

Une sorte de bonheur régnait sur la forêt, si tendre, si vrai. « Voilà votre monde », semblaient encore susurrer les bois et les plantes. Le vent entre les arbres effilochait lentement des voiles de brume nacrée.

La nuit parlait tout bas avec les bruits de l'ombre, ceux des rongeurs, des rapaces nocturnes, du jaguar, des insectes. Notomi connaissait ce langage, cette troublante façon d'expliquer l'harmonie de la terre et du ciel. Sans parler, il se redressa et, debout au centre de la balsa, Orianiki contre ses jambes, il répondit à l'appel.

« Où que nous allions maintenant, un jour nous reviendrons ici, dans la grande forêt. »

Maintenant il faisait moins froid. Des traînées roses avaient barbouillé l'horizon. Le Ené, imposant, tordait ses méandres gigantesques, compagnon idéal de cette verdure insondable qui dévorait le paysage. La lumière tremblait sur l'eau, effleurant les remparts d'émeraude derrière lesquels s'éveillaient les bois. Au grand large de l'azur, les oiseaux, s'envolant au-devant du soleil, chantèrent la magnificence du matin.

6

Comme à son habitude, Ricardo avait quitté la couche conjugale avant le jour. La machette attaquait avec vigueur la densité des fourrés. Il cherchait d'autres caches pour ses pièges, mécontent du peu de prises relevées aux derniers emplacements. L'odeur stagnante d'une mare l'attira. Le colon vint à bout d'un épais taillis, ouvrant sa trace à travers la végétation odorante. Les moustiques se disputaient la place sur les roseaux gorgés de sève, un serpent cherchait l'ombre pour dissimuler son corps écorché rendu vulnérable par la mue saisonnière. La chaleur s'infiltrait déjà sous les branches. Ricardo posa un collet, puis deux. Il entendait à peine le Ené qui coulait, tranquille, non loin de là. Il s'éloignait rarement autant de sa plantation et hésita à s'approcher du fleuve. Une île trônait en son centre, toute en végétation affolante. Des aras jacassaient haut et fort. Un canard s'envola, d'autres le suivirent. Ricardo épaula. Trop tard. Il n'en ressentit aucune déception. Son humeur était calme. La paix coulait au fil du rio et de la forêt, forçant le respect.

La rive était encombrée de branchages rejetés au passage de la crue du premier orage, empilés au pied d'une roche ou fichés dans une butte de sable. Pourtant, dans ce désordre, quelque chose parut soudain étrange au colon. Huit rondins dont il apercevait l'extrémité par-dessus les débris de bois et qui n'auraient pu ainsi dériver sans avoir été liés l'un à l'autre. C'était un radeau. Ricardo y apporta peu d'attention ; une balsa était chose commune dans la région. Les Indiens, plus en amont, les abandonnaient couramment après usage, lorsqu'ils s'en retournaient à pied vers les hauteurs.

Ce fut son instinct de chasseur qui le poussa à se pencher plus avant.

« Femme, apporte à manger. Regarde donc ça ! »

Rosa accourut tant le ton joyeux de son mari était un événement insolite.

Elle s'exclama à son tour. Orianiki pendait, sans se défendre, au bout des bras tendus et atterrit aussitôt dans le giron de la femme ébahie.

« Elle n'est à personne ? s'empressa-t-elle de demander pour se rassurer et pouvoir se laisser aller à une joie qu'elle ne parvenait déjà plus à dissimuler.

— À personne, je crois, répondit le colon satisfait.

— Qu'elle est jolie, qu'elle est petite ! »

Rosa s'éclaira de tendresse. Une douceur inhabituelle modelait ses gestes d'ordinaire sans grâce.

Orianiki ouvrait des yeux démesurés sur ce qui l'entourait, apercevant déjà du manioc bouilli et du maïs.

Seule la faim avait permis à l'homme de la retenir. Elle avait gigoté et hurlé quand il l'avait enlevée du radeau jusqu'à ce que, se servant des quelques mots qu'il avait appris avec le temps au passage de chasseurs ashaninkas, il lui eût parlé de manger. Alors Ricardo l'avait portée pendant plus d'une heure, tandis que la gamine ne cessait de se retourner pour regarder en arrière.

Orianiki engouffrait de pleines poignées de nourriture, sans la moindre retenue. Rosa ne la quittait pas, l'encourageant par des mots gentils et des sourires extasiés. Ricardo regardait de loin ; visiblement la situation convenait à chacun.

C'est seulement lorsqu'elle ne put plus rien avaler qu'Orianiki donna enfin de la voix.

« Jaïri [1]. »

Rosa, à défaut de comprendre ce que voulait dire un mot aussi étrange, suivit la direction des doigts.

Notomi, fronde à la main, se cachait à peine, trop alléché par tant d'abondance.

« Il y en a un autre », s'écria la femme.

Notomi recula aussitôt, affolé.

« Viens », lança Orianiki encore perchée sur une chaise, agitant les bras en signe de contentement.

Ricardo observait sans broncher. Sa nature renfermée ne le disposait pas à apprécier toute cette agitation. Mais soudain, profitant de l'hésitation du garçon qui oscillait entre la peur et l'envie, le colon bondit. L'Ashaninka se débattit mais la poigne était ferme. La lutte finit devant la table où Orianiki, cette fois effrayée, ne souriait plus. Pourtant Rosa apportait d'autres délices, invitant le garçon à s'installer. Ricardo le lâcha. Notomi pouvait fuir, il serait plus prompt à se glisser sous la forêt que le vieux. Les événements s'entrechoquaient dans son esprit. Finalement, à bout de ressources, il s'écroula sur la terre battue.

Pendant qu'enfin le garçon s'alimentait, avec méfiance, Ricardo hochait la tête lentement. Quand Notomi reposa l'assiette, il se leva aussitôt.

« Quand on mange, on travaille. » D'un geste sans équivoque il désigna le sentier qui menait à la chacra.

« La gamine reste là, toi tu viens. »

Même si le quechua lui était totalement inconnu, Notomi n'eut pas le moindre doute. Il en était ici comme au

1. *Jaïri* : mon frère.

campement de son père. Le travail apportait la subsistance, à ce détail près que les enfants ashaninkas ne sont pas soumis aux ouvrages qu'ils ne souhaitent pas accomplir. L'idée déplut au garçon. Il était libre, sans aucun besoin de cet étranger qui lui forçait la main. Et d'ailleurs, comment pensait-il le faire obéir ?

Sous ses pieds, le sol était propre, sec. Le toit de la case avait l'air solide. Le foyer sentait bon. Orianiki était rassasiée.

Notomi soupira. Ricardo désigna de nouveau le sentier et, outils en main, partit seul vers la plantation.

7

Au centre du square, comme dans toutes les communes du pays, la statue de Simón Bolívar brandissait un bras victorieux. *El Libertador*, immobile sur son cheval de bronze, forçait l'admiration si l'on croyait les leçons apprises à l'école — ou libérait la haine de celui qui n'avait plus foi en la république.

Satipo était une bourgade apparemment sans importance. La route s'arrêtait là ; après commençait la forêt. La ville approvisionnait les alentours : fermes, élevages, immenses plantations, commerces de café et d'oranges et gigantesques entreprises d'abattage du bois. Satipo ne cessait de s'étaler. Bien que le revenu local ne le permît pas vraiment, les maisons prenaient un étage, les cours abritaient une camionnette neuve, des télévisions illuminaient les masures et derrière une tôle ondulée ronronnait un réfrigérateur.

Si l'endroit prospérait de façon souterraine, les paysans quechuas installés au bord du Ené et régulièrement visités par les Colombiens y étaient pour quelque chose.

Ils débarquaient, timides, leur argent roulé dans un mouchoir, l'œil méfiant, sans savoir lire ni compter et mettaient des heures à décider de leurs achats. L'air toujours aussi misérable, ils repartaient dans le même pantalon rapiécé, avec une chemise délavée, leur chapeau crotté, et deux cents dollars de marchandises bien calées sur le toit d'un autobus ou le fond d'un canot.

Autour de la statue du libérateur, on s'asseyait sur des bancs de pierre, à l'ombre des arbres plantés là depuis plusieurs générations. Les parterres accueillaient, en désordre, fleurs et mauvaises herbes. Le contenu d'un bassin, jadis agréablement rafraîchissant, abritait un liquide boueux, infesté de moustiques et de salamandres.

Mais personne n'en voulait au jardinier d'avoir abandonné sa tâche ou à son employeur de ne plus vouloir le payer. C'était ainsi ; plus de fontaine, plus de fleurs.

En revanche, les murs des maisons et des magasins qui encadraient la place avaient gagné une nouvelle forme de décoration. Bombages, inscriptions dégoulinantes tracées d'un pinceau trop pressé, affiches inquiétantes aux dessins sans talent. « À bas l'impérialisme » ou « La victoire par la lutte » occupaient de force toutes les surfaces disponibles. La population avait fait de tout cela son quotidien. On passait en l'ignorant devant la carcasse brûlée d'un autobus, à l'angle de la rue du Marché et de l'hôtel Majestic. L'hôtel gardait sa porte fermée, refusait les clients : prudence ou suite à des menaces ? Chacun menait ses affaires sans en faire part à ses voisins.

Le terrorisme avait envahi la ville quelques mois plus tôt. L'exécution du maire et de deux notables avait soulagé pour un temps les habitants de la terreur et, malgré quelques difficultés, Satipo avait repris sa place de centre commercial. Mieux valait ne rien savoir, la politique n'est jamais bonne pour les affaires. Le terrorisme avait ses raisons, les paysans leurs plantations et les commerçants leurs comptes.

Ricardo ne manquait jamais de déjeuner à l'Azul ; le bar-restaurant entièrement peint à la couleur de son nom était réputé pour être le meilleur de la ville. L'odeur du café chatouillait les narines depuis l'angle de la rue et les petits pains chauds n'en finissaient pas de sortir du four, à toute heure du jour, embaumant le quartier jusqu'aux premiers étals du marché.

Le colon paya sa note sans la vérifier. Alfredo s'était sûrement trompé d'un verre de lait ou d'un gâteau, mais c'était sa façon à lui de ne pas s'étonner de la couleur peu locale des billets américains.

Au bout de la rue, une féerie attirait les clients. Des dizaines de baraques étalaient sur leur façade tous les objets de plastique fabriqués pour ce monde en pleine mutation. Bassines, entonnoirs, seaux, passoires, brocs, bidons, assiettes, verres et paniers, plus légers, plus indestructibles que la terre cuite ou l'émaillé. Le bleu et le rouge plaisaient beaucoup, contrastant durement avec les verdoyantes nuances de la forêt. Ces dérivés de pétrole régnaient en maîtres. Un peu plus loin, les sandales, les shorts, les robes, les tee-shirts nés de la même origine minérale, prenaient le pas sur les vêtements de coton et de laine.

Ricardo ignora le déballage désordonné. Rosa était pourvue de tout cela depuis longtemps.

D'autres boutiques mettaient en valeur des panoplies de marmites et de pots moulés dans des résidus d'alumine — ces déchets que les pays développés ont décrétés dangereux pour leur propre consommation et qui alimentent, impunément, les marchés du tiers-monde !

Le colon acheta de l'ail et des piments séchés sous le marché couvert. La typhoïde rôdait alentour, infiltrée le long de la rigole où s'écoulait le sang des étalages de viande et au creux des écuelles dans lesquelles suintaient des fromages. Ricardo en acheta un et quelques beignets graisseux qui plaisaient à tous les enfants.

Bien qu'il s'appliquât à le cacher, il avait changé. Un sentiment neuf le poussait à oublier sa rancœur et son infortune. Sa vie pesait moins lourd. Il y avait le rire de cette gamine qui éclatait à chaque instant et qu'il faisait taire d'un grognement bougon. Et le garçon ! Ricardo se surprit à sourire.

En sortant du bâtiment qui puait le sang caillé et l'aigre, on se heurtait aux femmes qui vendaient leurs plantes. Et soudain les narines palpitaient de plaisir. D'abord les épices, puis toutes les herbes des montagnes qui soignaient bien des maux. Des pierres, des racines, des feuilles. Le métier se transmettait de mère en fille ; la respectabilité venait avec l'âge et les guérisons accomplies.

Ricardo désigna des fleurs jaunes et la vieille, accroupie sur ses pieds, lui fit préciser :

« Pour l'estomac ?

— *Sí, sí*, l'estomac ! »

Les guérisseuses s'asseyaient par terre sur une couverture, entourées de leurs produits odorants, occupant leur temps à trier des graines ou somnolant dans la tiédeur du matin. Les plus jeunes couchaient leur bébé sur une couverture multicolore en laine de lama, œuvre de plusieurs mois de tissage laborieux auquel s'adonnaient toutes les Indiennes de la sierra. Chacune, femme ou fille, portait un chapeau, noir, rond ou plat, orné de ruban ou ovale avec des pompons et des fleurs ; suivant son ethnie, la région qui l'avait vue naître, l'origine de sa famille. Toutes les jambes dépassaient de dizaines de jupons : coton blanc dessous ; jaune, rouge, vert pour les suivants ; épaisse laine de lama teinte en noir pour le dernier, joliment galonné d'un feston de couleur. Ce « froufrou » se balançait élégamment à chaque pas, sous des corsages et des châles aux coloris aussi vifs. Au bout de ce cortège, venaient les marchandes de feuilles de coca qui fournissaient les Quechuas de Satipo. Il restait encore une chose à acheter. Des cartouches, denrée rare. Il fallait savoir où s'adresser, ne pas être impatient même si on en avait commandé à l'avance. Pour la dynamite, c'était plus difficile encore, voire presque impossible. Mais Ricardo était vieux et il y sacrifiait facilement une pleine main de dollars, qu'il retirait froissés de son mouchoir poussiéreux. Cela valait le coup pour faire sauter les souches et à l'occasion, pendant les eaux basses, estourbir un banc de poissons dans un creux du fleuve. Une machette neuve vint s'ajouter à son barda. Le gamin travaillait bien à la plantation, l'outil lui ferait plaisir.

Le colon confia ses achats au guichet après avoir acheté son billet et déambula dans la ville en attendant le départ de l'autobus pour Puerto Prado. Sur la place d'armes, un gosse en haillons trimbalait en bandoulière une cantine jaune plus volumineuse que lui.

« *Crema, señor. Crema.* »

Ricardo lui acheta une glace. Une vraie. Celles qui se vendent dans un papier scellé, fichées dans un bâtonnet, au goût de lait et de chocolat. Pas le gobelet de glace pilée arrosée de sirop de sucre, noyée d'un colorant quelconque, certainement interdit à la vente et qui, en plus de brûler la langue et d'assoiffer, dissimule dans ses cristaux la fièvre jaune et le choléra provenant des eaux de la ville.

Le drapeau péruvien chancelait en haut de sa perche ; fanion sans autorité qui provoquait pourtant la colère des rebelles terroristes sillonnant le département. L'écrivain public attendait les illettrés à l'ombre d'un parasol, sur le bord du trottoir. Plus loin, un marchand de gâteaux de coco traînait sa charrette sous le nez d'un mendiant épuisé. D'un pas nonchalant, Ricardo suivit une petite rue où de larges flaques de boue s'asséchaient.

« *Centro de administración de la Selva central* », annonçait un piteux écriteau à la peinture écaillée, pendu au-dessus d'une porte close. Le vieux colon achevait toujours par là sa tournée. Pour le plaisir, juste comme ça. Le fonctionnaire réprima une grimace quand il le vit entrer. Tous les deux mois, régulièrement depuis cinq ans, le vieux se présentait au bureau.

Avec beaucoup d'humilité, Ricardo montra ses papiers : carte d'identité, dénonciation régulière de sa parcelle, droit d'exploitation et demande en bonne et due forme du prêt bancaire autorisé à tout colon en possession des pièces suscitées. Il jubilait. Son impuissance à faire appliquer son droit ne lui interdisait pas de le réclamer sans relâche, de remplir une nouvelle demande en cinq exemplaires, de faire pâlir de rage l'employé chaque fois qu'il lui fallait ressortir le dossier : Rio Ené — parcelle 17 en amont de Puerto Prado.

La cérémonie terminée, Ricardo quitta le bureau en expliquant avec amabilité qu'il avait le temps et que la prochaine fois, il passerait prendre l'argent.

Il s'offrait ainsi, périodiquement, sa piètre revanche.

« Puerto Prado. Puerto Prado, on y va. »

Un adolescent, debout sur l'autocar, rameutait les voyageurs, attrapant les derniers colis qu'il calait sur le toit. Ricardo pressa le pas, jeta un coup d'œil à son chargement puis monta à bord.

Le bus cahota pendant deux heures, s'arrêtant, déchargeant, rechargeant, poursuivant sa route. Au passage du véhicule, la poussière dévorait le paysage et, de chaque côté de la piste, la végétation était maculée d'un sable jaunâtre qui la desséchait.

Puerto Prado baignait au bord du Ené ses cinq ou six maisons de bois, quelques cases inachevées, un réservoir de carburant et un embarcadère. La pirogue attendait là où le colon l'avait amarrée à l'aube, au flanc d'un ponton. Maintenant, il payait sa place. Depuis que l'argent circulait sur le fleuve, plus rien n'était gratuit ou naturel. Tout se négociait. L'intérêt et la cupidité avaient supplanté l'entraide.

Les paquets et les provisions s'équilibrèrent le long des seize mètres de coque de l'embarcation, il restait à faire le plein d'essence et d'huile. Le revenu de la dernière vente de *pasta* s'était envolé. Avisant une gamine qui courait derrière une poule et sa couvée pour les rabattre vers sa baraque, Ricardo lui offrit une poignée de piécettes contre l'un des poussins. Voilà qui devrait arracher des cris de joie à une petite fille turbulente.

On ne craignait plus les flèches empoisonnées en remontant le Ené. Pourtant, un voyageur étranger y était de plus en plus en danger. Il fallait s'expliquer longuement avant de trouver une barque prête à vous prendre pour une destination sur le rio.

Ricardo n'était pas pressé. Le soleil éclaboussait encore le milieu du cours d'eau. Un médecin le héla et mit plus d'une heure à le convaincre de le monter jusqu'à Kiteni, lui et un couple de colons. Le jeune homme allait rejoindre le seul poste médical qui assistait la région sur près de cent kilomètres.

Enfin, la chaleur cessa d'oppresser les poitrines. Tous embarquèrent après avoir réglé leur passage. Ricardo s'installa au moteur. Un nourrisson hurlait dans une couverture. Le mari tentait de faire un peu d'ombre à sa femme et le jeune médecin rassurait les parents pour se donner une contenance.

Ils naviguèrent jusqu'à la nuit, puis accostèrent une rive suffisamment dégagée pour y planter deux piquets solides.

On se contenta au dîner des restes que chacun avait pu conserver et on s'installa sur le fond de la pirogue pour dormir, tapis sous des bâches de plastique en prévision de la pluie, annoncée par une nuée noirâtre flottant sous les étoiles.

8

Mark Calder voulait arborer un air désinvolte. Mais cela lui était impossible. À l'ambassade des États-Unis on l'avait prévenu : la région du haut Huallaga n'était pas fréquentable pour un *gringo*.

Après le succès de sa série de reportages réalisés en Californie, il voulait se lancer, à vingt-huit ans, sur un sujet d'envergure. Le Pérou lui avait paru à la hauteur de son ambition. Le sang de son grand-père issu d'une tribu indienne du Nouveau-Mexique ne l'avait pas empêché de souffrir du mal qui étouffe souvent l'homme à la peau blanche : une dérive solitaire, une affreuse absence d'attache et d'amour pour la terre. Rien n'avait encore pu lui prouver que la vie pouvait être autre chose qu'une détresse ennuyeuse.

Un autocar bariolé, dont les avaries avaient rythmé le voyage, venait de l'abandonner, là, dans ce village peu accueillant des contreforts de la Cordillera Azul.

Malgré tous ses efforts pour passer inaperçu durant le voyage on l'avait fait descendre à tous les contrôles, fouillé son sac, demandé son laissez-passer, sa carte de presse, son passeport, son permis spécial de reporter d'ambassade et une quantité de documents mystérieux dont l'absence fut « oubliée » grâce à quelques dollars. Son seul avantage : il parlait l'espagnol.

« Je ne veux pas de problèmes », avait enfin déclaré le chauffeur en lui ordonnant de descendre du véhicule, sous le regard fermé des autres passagers, juste avant le dernier tronçon de piste menant à la Ville Blanche, Tingo María, capitale de la cocaïne.

« Ça, c'est pas bon pour vous », lui avait rapidement lancé avec indulgence une femme un peu moins farouche, le doigt tendu vers sa poitrine. L'Américain, troublé, avait rangé son appareil photographique avant de quitter l'autocar.

À mille huit cents mètres, aux prémices de la saison des pluies, le soir glissait des sommets accompagné d'une fraîcheur surprenante pour les tropiques. Mais Calder ne frissonna pas à cause du froid ; son regard s'était collé au mur d'une maison. « La coca ou la mort ! Nous vaincrons. » Ce slogan promettait des affrontements douloureux. Calder plongea brutalement dans une réalité à peine imaginée depuis sa chambre d'hôtel confortable de Lima.

Par bouffées une musique aigrelette de ritournelles populaires s'échappait d'une taverne. Son sac sous le bras, son blouson fermé jusqu'au cou comme s'il s'agissait d'un gilet pare-balles, l'Américain dégagea machinalement de son front une mèche trop longue et osa quelques pas en direction du bar.

Trois policiers dansaient mollement avec des filles, jeunes, sans doute de petite vertu, qui tentaient de dissimuler leur malaise face à ces hommes en uniforme. L'ambiance était indéfinissable. De l'indifférence peut-être, entre de pauvres sourires et un air de guitare tremblotant hors du poste de radio. Rien de bien différent d'un interminable dimanche californien qui, au même instant, se mourait à des milliers de kilomètres, pensa Calder.

Il s'installa à une table. Entre un plafond bas et le sol en terre battue, se balançaient des guirlandes en papier épinglées le long des murs. Des publicités pour la bière Cristal, le poster d'un champion de football et un calendrier où trois chiots s'étalaient dans une corbeille fleurie décoraient le dessus du bar.

La musique s'arrêta. La lumière s'éteignit. Le rire disgracieux d'un garde civil se perdit entre le crissement des pneus d'une voiture puissante et les jurons du patron, satisfait de faire preuve d'autorité chez lui.

« Encore cet imbécile qui s'est endormi sans remettre du gasoil dans sa machine du diable. »

La voiture s'était garée devant la baraque, phares allumés bien que le soleil n'eût pas encore cédé la place au crépuscule. Un jeune homme, petit, brun de peau et trapu, un jean trop grand tombant en plis désordonnés sur des bottes aux bouts ferrés, claqua des talons sur le perron en pierre.

« Un whisky ! » hurla-t-il. Puis il franchit le seuil, un sourire d'ivrogne sur ses lèvres minces.

L'Américain sursauta. Voilà le spécimen qu'il recherchait : métis, mal élevé, frimeur, du fric plein les poches ; un nouveau riche de la coca. Celui-ci était flambant neuf. Tout frais sorti de son moule de cocalero, appliqué à démontrer qu'il en avait fini avec la misère. Le Pérou, en produisant des tonnes de coca, fabriquait des centaines de types comme celui-là.

Au loin un chien aboyait, en accord avec les usagers mécontents de l'arrêt du groupe électrogène qui alimentait le village. Dans la taverne les filles entouraient le nouvel arrivé. Comme il n'y avait pas de whisky, on avait servi des bières et des sodas. Calder observait. La tentation lui fit sortir son appareil. La première photo provoqua un lourd silence. Lentement, les filles s'écartèrent du bar et le cocalero se retourna vers la salle.

« Gringo. Tu aimes les photos ? »

Calder n'osait pas ébaucher un mouvement. L'appareil contre son torse, serré entre ses doigts crispés, il esquissa un sourire rapide. L'autre, ivre depuis le milieu de l'après-midi, s'approcha en titubant.

« Tu es professionnel, gringo ? »

Le journaliste hésita. Fallait-il l'être ou non ? Impatient, le métis abattit un poing rageur sur la table.

« Tu l'es ? » grogna-t-il avec difficulté.

Mark Calder se mit hors de portée, heurtant un meuble derrière lui. Des verres et des bouteilles tintèrent. Les policiers, assis à l'opposé, regardaient, distants. Les putains ricanaient sans méchanceté en tordant, nerveuses, une mèche de leurs cheveux noirs.

« Gringo, tu vas faire mon portrait, rugit l'ivrogne en appuyant sa demande d'un rire sonore.

« Je te paie, *hombre*, je te paie. »

Un paquet de billets sales sortit de la poche de son jean. Calder ferma les yeux, soulagé.

Au même instant, quatre individus, la tête recouverte d'une cagoule noire, en vêtements vert olive et rangers surgirent dans la pièce, mitraillette à la main.

Une rafale éclata. Les consommations sur le comptoir, les verres posés sur une étagère et des dizaines de caisses de Cristal empilées contre un mur éclatèrent en morceaux. Tout allait trop vite. Les hurlements des filles, les pleurs du patron, la stupeur éthylique du narco...

« *¡ A tierra ! A tierra !* », hurlait l'un des assaillants.

Une main accrocha l'Américain par son blouson et son visage s'écrasa durement contre la terre. Ça sentait l'humide, la poussière, le vin aigre et poisseux. Il eut la nausée. Des cris, des ordres butaient en tous sens par-dessus sa tête. Là-haut, on décidait de leur sort. Calder sentait la fraîcheur qui sortait de la terre moisie par la vinasse se coller à son ventre, le glacer tout à fait. Ou bien, c'était la peur. Il haletait.

Une semelle écrasa soudain son épaule, le plaquant plus intimement à la saleté. Il avait mal. Il crut comprendre que les putains suppliaient ou pleuraient. Les gardes civils aussi peut-être. Devant lui son appareil gisait sur le sol, à l'envers, l'objectif face à son regard, bien droit sur lui le dévisageant froidement. Il n'y avait dans son champ de vision que cet œil de verre, cette machine qui pour une fois le regardait, lui, alors qu'il n'en connaissait que l'autre face — côté visée, côté du maître qui emprisonne l'image et fige l'instant pour l'éternité.

Passèrent tout à coup sur la convexe de l'objectif des figures, des portraits. Une fiancée qui aimait tant sourire devant l'appareil. Un paysage d'automne empli d'érables et de temps paisibles. Sa mère. Immobile. Morte depuis longtemps.

Quelqu'un le saisit brusquement par les cheveux. Une chaise renversée apparut avec une violente réalité.

« Qui c'est celui-là ? » demanda une voix de femme.

Calder s'attarda à penser que celle-ci était jeune mais la poigne qui l'agrippait lui arrachait des larmes malgré lui.

« Un gringo », s'exclama un autre agresseur. La main le lâcha brutalement avec dégoût.

« Vous n'avez pas le droit de faire les putains ! On vous avait prévenues », poursuivit la voix au milieu des gémissements.

« Le parti interdit la prostitution, la délinquance, l'homosexualité, l'adultère et le concubinage. Les délits sont punis par la mort. »

Les sanglots redoublèrent tandis qu'une fille s'accrochait à une table qu'elle entraînait avec elle alors que déjà on la tirait au-dehors. On n'entendait plus les policiers.

« Toi, tu paies ta part à la révolution !

— *Sí*, *sí*, camarade, je paie. » Le jeune crétin avait baissé d'un ton et jetait son argent sur le comptoir.

« Celui-là, on l'emmène. »

Calder reçut un coup de pied dans les côtes en signal de départ et, comme il ne semblait pas comprendre assez vite, le canon d'un kalachnikov s'écrasa sur sa tempe.

« Tu préfères rester là pour toujours, saleté ? »

Calder se mordit les lèvres pour ne pas crier.

9

La sente se devinait à peine entre l'exubérance végétale et les roches habillées de mousses brunes. Mark Calder peinait, le pantalon déchiré aux genoux par des chutes répétées. Derrière lui un homme portait son sac. Le précédant, les trois autres se faufilaient à travers la forêt. En sortant de la taverne il avait vaguement aperçu les cadavres. Les policiers et les filles gisaient dans leur sang. Il n'avait pas eu le temps de connaître le sort du propriétaire du bar. Les individus en cagoule l'avaient poussé de biais entre deux maisons et forcé à les suivre rapidement pour s'éloigner du village.

Seuls des chants d'oiseaux, appels intermittents échappés d'une gorge joyeuse ou craintive, réveillaient le silence. Fourmis, moustiques, plantes urticantes et épineux ponctuaient le chemin de cuisantes remontrances. Calder ne pensait plus. La mèche collée sur son front accusait son air abattu. On ne lui avait rien dit. Pas une menace, pas une information.

Ils avaient marché toute la nuit et une partie de la journée, cernés par les murailles luxuriantes. Exténué, trempé, l'Américain ne s'attachait plus qu'à tenir sur ses jambes.

Les autres semblaient l'attendre ou ralentir leur allure habituelle. Mais il n'en pouvait plus, supportant à peine son cœur emballé et la douleur de ses muscles. Il allait renoncer quand il entendit des coups de feu. On pouvait enfin espérer quelque chose.

La tranquillité de ses guides indiquait qu'aucun affrontement ne semblait envisagé. Le groupe déboucha dans une clairière. Une main accrocha l'épaule du gringo.

« Reste là. »

Calder avait à peine entendu la phrase étouffée par une cagoule. Il s'écroula dans l'herbe.

Plus personne ne s'occupait de lui. Mais avait-il besoin d'être gardé ? Adossé à une souche, il ne pouvait décider où aller, ni quoi entreprendre. Le spectacle d'ailleurs l'étonnait assez pour qu'il se contentât d'observer. Dans le camp propre et bien ordonné qui s'étalait sur deux ou trois hectares, des adolescents des deux sexes s'activaient. Sur un terrain organisé à cet effet, un groupe s'entraînait au combat. Bâtons, pics, machettes résonnaient en d'interminables rondes bruyantes ; on frappait, cinglait, répondait à l'assaut ou provoquait l'attaque. Un peu plus loin, quelques-uns s'exerçaient sur des cibles avec des armes d'une autre envergure : fusils FAL, M.19, mitraillettes UZI.

« Suis-moi. »

L'ordre ne traduisait aucune émotion. Calder mit du temps à se lever. L'individu masqué attendit patiemment.

Toutes les maisons s'élevaient de façon semblable. De courts pilotis, quelques marches en rondins qui menaient à une avancée étroite. Les murs étaient faits de planches courtes et disjointes, taillées à la hache sur le lieu de la construction.

« Mets-toi là. »

Un geste bref avait indiqué l'intérieur de la baraque. Des rayons lumineux, irréguliers, forçaient les interstices entre les lattes et ricochaient sur le plancher d'écorce. L'Américain entra et s'assit à terre.

Il aurait voulu goûter l'aventure, l'ennui aboli et le scoop à portée de pellicule ! Mais on touchait de trop près le sujet.

« Debout ! »

L'exclamation le fit sauter sur ses pieds. L'homme avait le visage découvert, et souriant. C'était pire.

« Où suis-je ? » demanda Calder avec effort, étrangement mal à l'aise en dévisageant le nouveau venu.

Il passa une main tremblante dans ses cheveux pour relever la mèche qui voilait ses yeux. Du même coup, sa tête fit ce mouvement en arrière qui lui appartenait. Il se sentit mieux.

L'autre l'observait. Silencieux. Les mains sur les hanches, jambes écartées.

Celui-ci n'était pas du peuple. Il portait sur lui cette arrogance que donne une ébauche d'éducation. Avantage qui empoisonne l'âme sans apporter une véritable culture.

Sourire ambigu, profil anguleux et sévère. Des yeux bruns, petits et piquants comme des dards de guêpe. Trente ans tout au plus.

« Tu es à la merci du peuple, du parti communiste péruvien, le Sentier Lumineux. »

La peur fit place à la révolte, Calder avait besoin de savoir. Un nuage voila le soleil et la pièce sombra dans la pénombre.

« Je suis citoyen des États-Unis d'Amérique », s'entendit-il vociférer tandis que tout son être, au contraire, lui commandait de se taire.

La réaction fut immédiate. Un coup de botte balaya ses pieds et il tomba sur le côté comme un sac. Aussitôt son ventre encaissa quelques impacts sans retenue.

« Vous n'êtes qu'un esclave au service de l'impérialisme. Un chien nord-américain. »

Calder hurla puis vomit sur le plancher, ses bras enroulés autour de ses épaules, genoux repliés contre son torse.

« Tu es venu t'enrichir, gringo. Tu cherches la drogue. »

L'absurde de la situation le désespéra. Il haïssait la coke qui anéantit tant de destinées dans la grande Amazonie comme dans son pays.

« Tu dois passer par le parti d'abord et payer l'impôt révolutionnaire. »

L'alliance, même si elle semble contre nature, n'est pas nouvelle entre le mafioso de la drogue et l'idéaliste maoïste :

« Laisse-moi poursuivre mes affaires en paix et le prochain avion arrivera plein d'armes et de munitions pour ta révolution. »

Entre l'aide matérielle des Colombiens et l'impôt prélevé sur la production, le Sentier Lumineux amassait plusieurs dizaines de millions de dollars chaque année. Contrat entre deux forces protagonistes. Mais savamment unies pour faire front contre l'État.

« Je ne viens pas pour la drogue », hoqueta Calder, des larmes de douleur échappant à ses paupières.

L'homme sortit aussitôt.

Une odeur de forêt emplissait l'air de parfums délicats. Calder épuisé s'était assoupi. Son visage maigre encore tendu dans son sommeil. La ligne oblique de ses yeux en amande se révélait dans toute sa beauté. Ses mains larges aux jolis doigts allongés s'étaient ouvertes, comme dans l'attente d'un secours.

Non loin de la maisonnette, on entendait quelqu'un prononcer un discours. Une litanie reprise régulièrement par un ensemble de jeunes gens. Les points forts laissaient percer quelques mots en désordre.

« Révolution… lutte… disséminer les cendres au vent de la terre… les traîtres en charpie. »

Aux cris de « *Viva el presidente Gonzalo* », Calder ouvrit les yeux.

Une fille était debout contre la porte. L'œil glacial. Sans un mouvement, elle le fixait. Pour information sans doute. Il fallait savoir de quoi avait l'air un affameur capitaliste, le tortionnaire d'un peuple sous-développé. L'Américain n'avait plus peur. Son sort semblait réglé. On ne ressort pas vivant d'un camp du Sentier Lumineux.

La *sendera* était belle ou plutôt Mark Calder supposa qu'elle aurait pu l'être si son regard avait été plus humain. Sa joue droite, d'un arrondi adolescent, portait une cicatrice, comme une étoile minuscule à cinq branches. Sa tenue était impeccable, presque théâtrale. Calder en oublia la situation.

Il lui revint alors à l'esprit cette phrase lancée par Alan García [1] dans l'exaltation d'une tribune politique :

« Qu'il soit ou qu'il ne soit pas dans l'erreur, qu'il soit ou non criminel, le *sendero* possède ce que nous n'avons pas : mystique et dévouement. »

L'avait-elle entendu marmonner ? La *sendera* réagit vivement.

« Vous devez me suivre », cria-t-elle.

Quelques poules picoraient autour des cases et des cochons se vautraient dans la vase d'une mare apparemment aménagée pour leurs ébats. Sous une tonnelle, l'homme que connaissait déjà Calder poursuivait. Main droite sur la hanche, main gauche armée d'une baguette virevoltante, il orchestrait son discours. Sur des bancs, les élèves raidis par l'attention affichaient entre dix et vingt ans. Filles, garçons, tous vêtus de tee-shirts noirs et de pantalons kaki.

La sendera conduisit son prisonnier au bord d'une rivière dissimulée sous une gerbe de roseaux. Elle s'écarta. Calder se lava machinalement. S'agissait-il de la toilette du condamné à mort ? Il voulut plutôt apercevoir dans le cours d'eau qui filait entre ses doigts un clin d'œil d'espoir.

Il suivit la fille jusqu'aux cuisines, dénombrant environ

1. Président du Pérou de 1985 à 1990. Actuellement en fuite et recherché pour crimes contre son pays.

une centaine de personnes affairées, effectuant leurs tâches avec concentration. Toujours à sa leçon, celui qui l'avait frappé paraissait appartenir à la génération commandante. Quant à son accompagnatrice, rigide et efficace, Calder pensa qu'elle faisait partie des classes exécutantes, les plus intransigeantes.

Une autre adolescente lui tendit une gamelle, soupe de pommes de terre et de maïs où flottait un morceau de lard épais comme la moitié d'un doigt. L'atmosphère était plus calme. Il aurait aimé écrire, noter ce qu'il voyait. Son sac et ses affaires avaient disparu.

Les bruits de la Selva dominaient ceux des hommes maintenant. Profond et infranchissable univers de verdure qui les isolait tous. Eux pour leur sauvegarde. Lui dans sa détention.

La sendera le ramena à la case et sans fermer la porte le laissa seul dans la nuit.

« *¡ Vamos !* Bouge-toi »

Le réveil pouvait surprendre mais l'Américain s'attendait à tout. Il avait à peine entrevu l'homme. Il éleva son poignet vers la lueur qui suintait du dehors. Cinq heures trente ! On n'avait pas de temps à perdre quand on préparait la révolution.

Au milieu du camp tous les jeunes gens accueillaient l'aube en clamant quelques slogans à la gloire de leur père protecteur et maître en tout : Abimael Guzmán, fondateur du parti communiste péruvien promaoïste Sentier Lumineux, plus connu sous le titre de *Presidente Gonzalo*. Calder n'eut pas le loisir d'admirer la perfection du défilé autour d'un poteau planté au centre du terre-plein et en haut duquel flottaient sur leur tapis de pourpre la faucille et le marteau. On l'attendait. Malgré les exclamations et les saluts militaires, une sérénité transperçait, sourdait inexorablement de la forêt. Existait-il lieu plus approprié pour s'emplir de force et de certitude que le sein de cette virginité ?

La pièce dans laquelle il entra était sombre. Le sale type de la veille l'attendait, son sourire désagréable figé sur sa bouche. Il accueillit l'Américain presque normalement.

« Mon nom est Felipe. Je commande cette base de formation des forces d'élite de la révolution. »

Calder avisa son sac ouvert, posé sur un banc.

« Nous avons votre passeport et vos laissez-passer. Et vous êtes en vie... Pour le moment. »

Le chef fit une pause calculée puis, plus bas, reprit d'une voix cassante :

« Je me suis bien fait comprendre ? »

L'Américain eut un frisson et hocha la tête imperceptiblement. Sur le coin d'une table bancale, des stylos et une pile de feuilles blanches étaient rangés.

Felipe désigna la chaise.

Au-dehors, un coq impatient invitait le matin à se presser un peu.

Calder prit place devant la table. Le sendero marchait comme un automate, absent à ce qui l'entourait. Subitement il s'arrêta et, son regard planté dans celui de son prisonnier, il grinça :

« Personne n'a jamais quitté cet endroit sans mon consentement. »

Calder passa hâtivement une main sur son front. Le geste le rassura suffisamment pour qu'il arrête de suffoquer.

« Mais je veux que le monde sache que nous sommes la volonté du peuple et du parti. Alors tu raconteras... écris ! »

Felipe se tut. Calder attendait. Le terroriste se redressa encore pour se précipiter vers lui.

« Traître ! Si je te trouve un jour sur mon chemin, je te tue. Tu n'es qu'un agent de la C.I.A. Un chien maudit. Un affameur impérialiste. Tu es prêt à m'obéir pour sauver ta misérable carcasse mais tu ne vaux rien. Moins que les viscères du gibier que nous jetons aux porcs. »

Les poings martelaient le meuble à l'assise précaire. Sous la chemise aux couleurs militaires les bras tendaient des muscles puissants et nerveux. Cette démonstration de supériorité guerrière faisait étalage d'un trop-plein de misères. Mais pas celles de l'affamé. Celles qui torturent l'âme, nourries par l'orgueil et l'ambition, et font s'acharner sur l'innocent.

Calder n'avait pas fait un mouvement. Les feuillets tombèrent l'un après l'autre, aussitôt meurtris par les bottes qui les piétinaient sans respect. Le papier froissé qui se déchirait sous les semelles rageuses perturba violemment l'Américain.

« Je vous écoute », hurla-t-il alors en se levant brusquement tandis que sa chaise tombait lourdement.

La réaction dut plaire au terroriste. Il eut un rire sarcastique et quitta la pièce. Aussitôt, deux autres le remplacèrent, se précipitant sur le prisonnier.

« Qu'as-tu fait à Lima ? »

« Qui as-tu rencontré ? »

L'Américain tournait la tête de gauche à droite pour suivre le cours de l'interrogatoire. Dès qu'il balbutiait quelques mots, il était immédiatement coupé, pressé d'autres questions. Il ferma les yeux.

« Traître, à qui obéis-tu ? »

On l'avait saisi par les épaules. Le contact était brutal. Mieux valait penser à autre chose. Sa mère peut-être ! Combien elle avait été douce, si vivante. Jamais rien n'allait mal à cette époque. Puis elle était partie. Au ciel, lui avait-on dit. Et c'était là un endroit inaccessible pour un enfant de sept ans. Maintenant il pensait à ce ventre d'où il venait.

« Pourquoi voulais-tu nous contacter ? »

La pièce devenait trop petite. Il avait chaud. L'haleine de l'un des terroristes lui fouettait le visage. L'odeur de ce corps si proche gagnait ses narines. Elle n'était pas désagréable.

Ça sentait l'homme jeune, fort, avec un rien de poivré et un parfum de terre ou de feuilles écrasées. Comme si celui-ci avait dormi sur un lit de branchages et d'herbes fraîches. Mais la voix était terrifiante. Pourquoi fallait-il hurler ainsi ? Il y aurait eu d'autres façons de s'approcher. Calder voulait parler à son tour. Expliquer qui il était, avec un cœur, comme eux, des doutes et des frayeurs aussi. Et même si l'angoisse était la plus forte, l'Américain sentait monter la lassitude. Toujours se battre et devoir prouver quelque chose à quelqu'un.

Il ouvrit les yeux. Tout près un œil lumineux animait à lui seul un visage foncé. L'autre était crevé, blanc, roulant au même rythme que son frère entre les plis des paupières. Fasciné, il le fixa. Le terroriste s'écarta, reculant vers le mur que la faible lumière du dehors ne peignait pas encore des couleurs du jour.

« Le Parti prendra le pouvoir », entendit Calder. Le thème du monologue évoluait. Parti, pouvoir, lutte, terreur, victoire. L'Américain crut qu'il allait perdre conscience. Ses oreilles bourdonnaient. Son cerveau voulait sortir de son crâne. Tout à coup il tituba et tomba à genoux.

On l'avait lâché mais la pression des doigts meurtrissait encore sa chair. Il eut envie de s'ébrouer, de se démarquer de cette agression qu'il avait du mal à qualifier. Dictée par le Parti ou par une haine incontrôlable ? Ballotté entre l'inquiétude, la curiosité et même un étrange plaisir, il s'efforçait de reprendre le cours de ses pensées. Mais le martèlement incessant des mots imposait son pouvoir.

« Nous exécutons les tâches fixées par *el Presidente* : entraînement à la guerre contre l'armée, les représentants de l'État et les esclaves bourgeois... » Le borgne poursuivait de sa place, en retrait.

Abasourdi par les hurlements, Calder mit du temps à comprendre que le silence venait d'envahir la pièce. Le borgne toujours dissimulé à contre-jour croisa les bras. Son acolyte l'imita posément. La silhouette imposante de Felipe se découpait à nouveau dans l'encadrement de la porte.

« Nous n'espérons pas que tu comprennes pourquoi nous luttons. Mais au moins sois capable d'expliquer que le Sentier Lumineux est la voix du peuple. »

A l'intérieur les deux senderos saisirent Calder sous les aisselles et le jetèrent brutalement hors de la case. Une dizaine de jeunes gens s'apprêtaient à partir. Le borgne poussa le prisonnier au milieu d'eux et sans le lâcher se plaça avec lui dans les rangs. L'Américain aperçut ses affaires portées par la jeune fille à la cicatrice. Felipe tendit à celle-ci passeport et paperasseries puis, du menton, ordonna le départ.

« Où allons-nous ? demanda l'Américain à voix basse.

— Silence, lui glissa le borgne, sans méchanceté.

— Je tuerai le plus grand nombre de mes ennemis et la victoire naviguera sur un fleuve de sang », hurla Felipe à la colonne qui s'éloignait.

10

Le fleuve charriait une eau en furie. Notomi pensa vaguement au vieux qui devait se démener avec la pirogue. Mais en fait, que lui importait ! Aujourd'hui, il aurait pu fuir. La femme aurait été incapable de l'en empêcher. Pourtant, il était resté. La vie ne se passait pas si mal chez les colons et, surtout, il apprenait leurs façons d'être, d'agir, leur langue et aussi l'espagnol. Il était passionné par ces sons différents et les objets étranges qu'il avait découverts. Tant de choses existaient que jamais Notomi n'aurait pu imaginer. La radio dans laquelle des hommes parlaient et jouaient de la musique, les vieux journaux qui traînaient dans la maison et sur lesquels l'Ashaninka s'amusait à reconnaître les signes qui se ressemblaient, puis les mots, sans les comprendre encore. Le moteur de l'embarcation, la tronçonneuse, le fusil et tous ces objets qui diminuaient la peine du labeur.

Orianiki, elle, rassasiée, habillée, jouait tout le long du jour. Elle allait, un peu résignée mais sereine, de découverte en apprentissage, à l'abri des orages et des privations, Rosa la couvrant d'amour et de douceur.

Il y avait pourtant cette obligation, trop régulière, d'aider les journaliers. Ricardo avait menacé Notomi du pire s'il ne coopérait pas. La pasta nourrissait les colons, Orianiki et lui-même. Pourtant Notomi ne supportait pas l'odeur du kérosène ni la souffrance de ses pieds ensanglantés par l'acidité des dissolvants dans lesquels macéraient les feuilles dont il fallait extraire l'alcaloïde en les piétinant pendant des heures. Les plaies se refermaient mal après chaque séance dans ce bouillon plus agressif pour les chairs humaines que pour les plantes.

Notomi se sentait des chaînes mais il fallait attendre.

La femme gémit à l'étage. Pensait-elle aussi à son vieux aux prises avec la rivière ? Mais son souffle bruyant reprit sa régularité. Le ciel se dégagea rapidement, accueillant la ronde éternelle des constellations. Notomi quitta le hamac où il dormait chaque soir, hors d'atteinte des insectes rampants et des serpents.

Le feu avait succombé et une boue de cendres brunes collait aux morceaux de bûches trempées par l'orage. En un rien de temps, le bois sec fut sorti de dessous la cabane et une gerbe d'étincelles enflamma un nouveau foyer. Aussitôt attirés, les papillons de nuit se brûlaient les ailes et, infirmes, se jetaient dans les flammes qui les dévoraient en crépitant. L'heure était au silence, juste avant que la nuit ne prépare la venue du jour, quand s'atténue l'ombre, que les cœurs s'allègent des peurs et des solitudes. Une buée transparente montait des plantes et de la terre. Notomi s'allongea près du feu sur une natte. Rosa eut encore un râle.

L'Ashaninka ne pouvait comprendre. Chez elle, rien ne se réjouissait d'appartenir à la vie. Avec une acceptation et une lassitude qui semblaient originelles, courbée sur ses travaux, fille, petite-fille de Quechuas, elle suivait docilement la lignée de ses ancêtres voués au renoncement. Seule Orianiki lui arrachait une lueur de bonheur, atténuait son ennui d'une pirouette ou d'un sourire.

Orianiki se glissa contre son frère, toute troublée de sommeil et, comme elle lui souhaitait le bonjour en quechua,

Notomi se pencha sur elle pour chercher son regard dans le noir.

« *Quitailtiri*[1], petite sœur. *Quitailtiri*, la reprit-il en ashaninka.

« Je ne connais pas de façon plus belle d'inviter le jour à veiller sur celui que j'aime. »

Orianiki, complètement réveillée, le dévisageait avec sérieux.

« Celui qui viendra pour te demander de dormir sous sa case ne parlera pas d'autre langue que la nôtre. C'est ce que j'espère, Ori, car même si les étrangers sont très nombreux, nous devons rester quelques-uns à être toujours ashaninkas. »

Notomi se leva et tenant sa sœur par la main, ils prirent le sentier qui s'enfonçait dans la Selva. La nuit était encore tapie sous les ramures.

« Regarde. Nous sommes nés là, sur la mousse au pied d'un arbre, la forêt nous a acceptés et nous lui appartenons. »

Il n'était pas nécessaire de poursuivre. Orianiki savait tout cela et bien d'autres secrets. Une nouvelle plainte interrompit leur recueillement, comme un appel à l'aide. En quelques pas, ils rejoignirent la maison.

Rosa délirait. Notomi n'eut pas besoin d'explications.

« *Tonki, tonki*[2], souffla-t-il à sa sœur affalée. Reste avec elle, je vais chercher ce qu'il faut. »

La journée résonna des râles et des tremblements de la malade. Le paludisme frappe plus durement les gens de la montagne, peu préparés à ses attaques.

Rosa s'apaisa vers le soir, calmée par les décoctions que les enfants l'avaient forcée à prendre.

---

1. *Quitailtiri* : que soit le matin.
2. *Tonki* : paludisme ou malaria.

Sur le Ené, toujours furieux, le bruit d'un moteur surgit dominant le vacarme de la crue. Malgré lui, Notomi se précipita vers l'appontement. Le vieux aurait besoin d'aide. Il était seul, ses passagers déjà débarqués. Une amarre atterrit sur la berge et l'Ashaninka s'empressa de l'attacher à l'arbre habituel.

Notomi n'avait pas encore grandi mais ses muscles s'étaient étendus, enveloppant mieux sa charpente. Depuis quatre mois il travaillait comme un homme et sa peine lui offrait l'avantage de gagner en force et en allure.

« J'ai perdu la journée à attendre que le courant faiblisse », grogna Ricardo en guise de salut.

Il faisait meilleur, le Colombien reprenait ses tournées. La saison humide avait interrompu le ramassage de la pasta ; eaux trop hautes, terrains d'atterrissage embourbés et la coca elle-même qui pourrissait sous la pluie.

Debout, à l'avant de la pirogue, ventre en avant, il remontait le Ené. Le poste émetteur était en veille, prêt à recevoir ou à envoyer une information. Tout semblait calme, mais la situation peut évoluer tellement vite dans un coin du monde aussi perdu. Les colons déjà visités avaient satisfait à ses exigences. Quelques dizaines de kilos de « base » alourdissaient l'embarcation. Les subversifs du Sentier Lumineux étaient encore discrets le long du fleuve, tant que, bien entendu, le Colombien leur reversait l'impôt prévu sur chaque chargement ; vingt pour cent de la valeur de la base.

Le moteur tournait au ralenti, un homme sondait régulièrement le cours d'eau avec une perche et de temps en temps lançait un avertissement. Le barreur changeait alors de direction, cherchait l'eau profonde pour éviter un banc de sable.

Le chef, sans se retourner, désigna la rive. Entre les

arbres, une maison se laissait deviner. La manœuvre fut simple. Le Ené était bas, sans courant sur les bords. On accosta. Et aussitôt, les narcos débarquèrent quatre fûts de deux cents litres. Il fallait renouveler la provision de kérosène et d'acétone du planteur.

Ils attendaient toujours le propriétaire de la plantation. Comme on ne pouvait annoncer sa venue par avance, le bruit du bateau servait d'avertisseur et un rien de civile patience permettait d'être reçu sans déranger.

Ricardo n'avait rien à cacher et il déboucha presque aussitôt sur la rive. Tout en gagnant la maison, le gros s'adonna à des salutations démonstratives auxquelles le colon répondait dans la limite de l'indispensable.

Rien n'avait changé depuis leur visite à l'automne précédent. Le vieux cachait son argent. C'était comme il voulait ! Pourtant, le chef des trafiquants appréciait que l'on montrât un peu plus d'enthousiasme à dépenser et à travailler plus encore, pour gagner davantage. Il allait en faire la réflexion quand il avisa tout à coup Orianiki occupée à griller du manioc.

Vêtue comme une enfant de la sierra, jupes courtes superposées et chemise de couleur, elle maniait habilement les racines brûlantes pour les retourner dans la braise. Ses cheveux se tenaient serrés en une natte fine qui chatouillait sa nuque. Sur son épaule, un poulet suivait le mouvement de son torse en battant des ailes.

« Tu as une fille, Ricardo ? s'étonna le Colombien qui appréciait peu de ne pas tout savoir sur ses fournisseurs.

— La fille de ma fille de la sierra, répondit vivement le vieux. Celle-là n'a plus l'âge », ajouta-t-il, désignant Rosa du menton et ricanant grossièrement pour détourner l'attention. Le narco eut à son tour une hilarité un peu forcée et oublia l'affaire.

Pendant que Ricardo sortait les sacs, Rosa, les yeux baissés, servait du café et des gâteaux de maïs aux visiteurs.

Notomi avait disparu.

Soudain Rosa poussa un cri. Mais, confuse, elle s'excusa aussitôt d'une voix tremblante :

« Un serpent. Rien d'autre, pardonnez-moi. Il a déjà disparu. »

Les trois hommes scrutèrent alentour sans rien apercevoir, tandis que la femme, nerveuse, regagnait rapidement son réchaud sous l'auvent.

Notomi l'avait reconnu : gros, pâle de peau, avec ses poils raides et laids sous le nez. L'ennemi ! Le bourreau de sa mère et de son clan. La haine avait surgi, aveuglante. L'urgence de la vengeance s'était emparée de son âme meurtrie.

Le Colombien n'avait dû son salut qu'à la frayeur de Rosa apercevant l'Ashaninka au coin de la maison, arc au poing, le regard meurtrier.

« Un hectare de coca rapporte quatre fois plus qu'un hectare de cacao et trente fois plus qu'un hectare de café. »

Ricardo parlait bas. Non qu'une oreille indiscrète eût pu le surprendre, mais il lui répugnait d'avouer sa faiblesse.

« Voilà pourquoi tu travailles comme moi à ce qu'il en pousse de plus en plus. »

Les narcos étaient repartis. L'avion qui venait ramasser la marchandise avait survolé la plantation dans l'après-midi, pour se poser ensuite sur un terrain tout juste défriché de la rive opposée. Mitraillette au poing, une bande de Colombiens avaient embarqué le chargement.

« Je ne sais pas pourquoi tu en voulais à cet homme, poursuivit Ricardo, mais sa mort entraînerait la nôtre, la tienne et celle de ta sœur. Alors, tiens-toi tranquille. La vengeance vient avec le temps et il n'est pas toujours nécessaire de commander le bras qui doit frapper. Le mal se brise de lui-même, fils. »

Ricardo ne ressemblait plus à l'homme aigri et autoritaire que Notomi connaissait. La tentative de l'Ashaninka bouleversait l'équilibre de cette curieuse famille.

Le colon n'avait jamais imaginé que cet enfant ait eu un passé, des racines, une raison d'être là dans sa maison. Sans doute un orphelin. Tout à coup, le scénario débordait d'évidence. Le vieux passait en revue ses misères quotidiennes, les mensonges qu'il s'inventait pour se pardonner de collaborer à la cocaïne, le mal qu'il se donnait pour ne pas succomber face à son propre désaveu. Les enfants qu'il nourrissait depuis une saison avaient, eux, survécu à l'enfer.

Notomi ne se souciait pas des états d'âme de Ricardo. Il était trop tard. Il avait perçu le mot « fils », mais que lui apportait cette marque inattendue d'affection ? Le vieux n'était pas son père et ne le serait jamais.

Le crépuscule rendit plus secrètes les pensées. C'était l'heure où l'on alimente le feu pour se garder de la solitude et éloigner les insectes, où les remords marquent les visages comme l'empreinte du jaguar la terre humide de rosée. L'instant de vérité entre le clair et l'obscur durant lequel le souffle créateur pose sur le monde son regard paternel.

11

Les cheveux coupés court, sa cushma oubliée depuis longtemps, habillé d'un pantalon et d'une chemise, Notomi devenait docile, presque souriant. Cependant, malgré son accoutrement de paysan quechua, ses traits d'Ashaninka marqués d'une nouvelle maturité démentaient cette appartenance.

Orianiki babillait dans toutes les langues, happant au passage ce que la vie lui accordait. Ronde, jolie, sa bouche rieuse dévorant ce que les yeux noirs avaient laissé de visage. Irrésistible de charme et d'aplomb, son poulet toujours à sa suite.

Depuis la dernière visite des Colombiens, la vie avait pris une allure plus tranquille. Un semblant de sérénité tentait de s'imposer. Le vieux, lui, changeait pour de bon. On le voyait le soir contempler femme et enfants. Puis il parlait du fleuve et des plantations. Bientôt, il laisserait la coca ; il voulait faire du café. Bien sûr, ce serait moins facile mais on avait déjà tout ce qu'il fallait.

Notomi écoutait, le regard absent, toujours à l'écart du flamboiement des bûches. Il rentrait de plus en plus tard de ses chasses nocturnes. Orianiki l'attendait, les yeux ouverts, jusqu'à ce qu'il se glisse dans le hamac qui pendait vide à côté du sien.

Ils veillaient, tour à tour, quand une crise de paludisme

privait l'un d'eux de ses facultés ou lorsqu'un accès pulmonaire, provoqué par trop d'humidité, troublait le sommeil de l'un ou de l'autre.

Pour la septième fois, la lune grosse et lumineuse déborda de l'horizon au crépuscule.

Le Colombien avait été généreux et, à la veillée, Ricardo annonça d'une voix où pointait une note de bonheur qu'à l'aube suivante ils iraient tous ensemble à Satipo.

Des gouttelettes posées sur les branches hésitaient encore entre le rose et le gris, en grelottant sous la brise. Notomi épiait l'aube. Ce serait un grand jour. La forêt le lui soufflait.

La pirogue se glissa en douceur dans le lit du courant et Ricardo lança le moteur. Sur la rive, le poulet encore tout engourdi de sommeil regardait s'éloigner Orianiki. Elle aussi était inquiète, le volatile ne l'avait jamais quittée depuis que le colon le lui avait rapporté. L'animal poussa un piaillement de désespoir et Orianiki s'agita, affolée.

« Calme-toi. Ce soir, il sera là à ton retour, grommela le colon, agacé.

— Non », hurla la gamine, alors que dans la pénombre le poulet qui courait sur le bord disparaissait sous les broussailles.

Notomi, à l'avant, armé de la perche, surveillait le fond. Impossible à consoler, Orianiki pleurait de toute son âme.

« La poule doit laisser sa mère, comme tu as laissé la tienne. Ori, aujourd'hui tu es grande et tu veilles sur moi maintenant. »

Bien que le garçon eût parlé ashaninka, Ricardo comprit que le propos dépassait une simple histoire de volaille. Orianiki s'était tue instantanément. Soupçonneux, le colon allait demander des explications quand la pirogue buta contre un objet.

Le choc fut silencieux. Par réflexe, l'homme avait coupé le moteur. La chose flasque et d'un assez large volume ballotta contre la coque. Attrapant une rame qui traînait à ses pieds, Ricardo écarta l'épave. La tête apparut, gonflée de putréfaction. Les yeux étaient mangés. Le nez aussi. Rosa étouffa un cri. Deux trous perçaient la chemise sous les épaules.

« Dans le dos », maugréa Ricardo, en repoussant le cadavre qui s'obstinait à se coller à l'embarcation.

Notomi jeta un coup d'œil. Cheveux, vêtements, forme du visage : c'était un colon. Un *cholo* de la sierra. Sans importance ! Son indifférence rassura sa sœur qui ignorait l'attitude à adopter. Chaque fois qu'un événement nouveau se présentait, elle calquait son attitude sur la sienne, guettant un indice, un signe pour déguerpir, réagir ou se taire. Là, elle comprenait le message : cette chose, molle et laide, qui clapotait dans le fleuve ne les concernait pas, ni elle ni son frère.

Dans le contre-jour, la maison noyée dans la végétation s'étirait. Notomi laissa glisser son regard sur l'arête de la toiture, la berge dégagée, le sentier qui partait rejoindre la case et, le visage impassible, il leva son front vers les étoiles qui se mouraient, dans une lueur d'or et de pourpre.

« Forêt, je suis né de toi. »

Ses yeux prirent une couleur de terre et un sentiment d'amour l'envahit. Il eut envie d'embrasser le paysage tout entier, comme un adieu. Son sentiment prit une telle ampleur que les larmes inondèrent son visage. Notomi ne se sentit plus qu'instinct et impulsion, happé par le désir de rejoindre au plus profond le domaine libre de la Selva.

L'équipage croisa d'autres pirogues. Saluts distants. Coup d'œil d'inspection. Rien à signaler. Tous étaient du même monde : labeur, récoltes et familles à nourrir. Le Ené s'ouvrait en plusieurs bras, épargnant un banc de sable ou un îlot dévoré par la végétation ivre de sève et de soleil.

Parfois, une case montait la garde au détour d'une anse abritée du courant. Une maison de bois se réfugiait sur des pilotis, timidement surélevée, elle prenait grand soin de ne pas mouiller son jupon de planches. Une frange irrégulière de palmes fraîchement coupées achevait de lui donner un aspect accueillant, fragile et tendre.

Quelques gosses couraient sur la rive en agitant les mains. Mais si les barques s'approchaient un peu trop ou ralentissaient, la marmaille s'envolait aussitôt, observant, tapie derrière les talus, ceux qui osaient s'aventurer chez eux.

Ailleurs, quelques huttes fumaient en silence, émergeant à peine du flot de plantes tropicales, refuge d'Indiens natifs de la forêt.

Piros ou Shipihuas, Notomi ne se reconnut pas dans leur allure ou leur habitat. Pour retrouver les siens, il aurait dû inverser sa route, remonter la rivière, puis grimper les contreforts de Vilcabamba. Pourtant, il ne parvenait pas à en souffrir. Il avait beau réfléchir, son esprit était en paix. Pendant des mois, il avait patienté chez Ricardo, sachant que le Ené calmerait sa course, que la crue abandonnerait les rives et qu'alors le voyage de retour pourrait commencer. Mais la pirogue filait vers l'aval et Notomi sentait son cœur vibrer d'un nouveau souffle. Tous ces paysages qu'il n'avait jamais contemplés ! Le fleuve prenait de l'envergure, la plaine étalait ses flancs. L'horizon n'était plus découpé de collines et de falaises.

Le long des berges, l'eau prenait l'aspect d'une plaque de métal noir et glacé. Le pli de l'onde courait devant la pirogue puis s'enfuyait sur ses flancs et renaissait sans cesse sous le nez du canot. Notomi s'enivrait du voyage. Le fleuve caressait ses rives. Un murmure immense et sourd montait des grands fonds, comme un cœur battant dans les entrailles du rio. L'Ashaninka se pencha par-dessus l'étrave. Dans ce ventre s'agitaient les poissons ; ceux de la pleine eau qu'un seul mouvement lance au milieu du courant ; ceux des vases qui barbotent, corps flasque et moustaches collées contre le fond ; les géants des cavernes aux allures inquiétantes.

La lumière inondait le Ené, sa surface tremblant entre les vapeurs de chaleur. De chaque côté, derrière le mur luxuriant éclaboussé de miroitants reflets, régnait l'obscurité.

Le soleil avait mangé les ombres, frappant droit sur la cime des arbres, quand Notomi aperçut le plus grand ensemble de maisons qu'il eût jamais rencontré. La pirogue se rangea contre un appontement, sous un panneau annonçant en flambantes lettres bleues : Puerto Prado. Orianiki n'avait pas dit un seul mot durant les six heures de trajet, perdue entre la somnolence et son chagrin, elle n'avait pas levé le nez du fond de la barque.

Ricardo débarqua sa marchandise. Sa fierté : cent kilos de café, du cacao, du coton. Le village se tassait sous la chaleur, sans un mouvement. Un autobus décoré de breloques et d'autocollants fluorescents fut la première chose qui intrigua Notomi. Un Jésus, portrait de trente centimètres de côté encadré de dorures pailletées, trônait au milieu du pare-brise, tel un copilote toujours aux aguets. Tout était plus formidable que sur les journaux ! Déchargeant l'embarcation, il dévorait des yeux les moindres détails : les voitures fatiguées par les pistes défoncées ; les scies circulaires de l'atelier de menuiserie, prêtes à tailler les planches que réclamait la carcasse d'une barque ; une boutique débordante de bric-à-brac.

Le visage du garçon, transfiguré par le spectacle, reprenait la tendresse et l'éclat de l'enfance. Beau, émerveillé, avide de découvrir comme il était autrefois, auprès des siens.

Un camion partait pour Satipo. C'était moins cher que l'autobus et Ricardo savait économiser.

« *¡ Familia !* », cria-t-il pour rassembler Orianiki courant après des chatons, Rosa écroulée à l'ombre d'une baraque et Notomi subjugué par une télévision qui hurlait dans un bar.

On chargea café, coton, cacao, femme et enfants. Ricardo frappa deux coups sur la ridelle du camion. « *¡ Vamos !* », tonna-t-il avec l'autorité du chef de famille.

Il cracha par terre en signe de satisfaction, fier des siens et de leur allure, sa figure ridée tout épanouie de contentement. Puis il enfonça bien son chapeau pour se protéger de la poussière ocre du chemin.

Notomi, entre deux cahots, remontait son pantalon trop long comme s'il lui fallait être présentable pour ce premier contact avec le nouveau monde. Dehors ! Pour la première fois il sortait. On dit *dedans* pour parler de l'univers des arbres qui dévorent le ciel du haut de leurs soixante mètres, *dehors* pour nommer le territoire conquis, là où la Selva a cédé sous la pression de l'homme ; abattue, brûlée, repoussée. On *rentre* et on *sort*. Comme dans un temple.

Il n'y eut aucun arrêt. Personne n'espérait du passage par une telle chaleur. Seuls deux hommes sur la route marchaient tête basse, trop pauvres pour demander à monter, desséchés par les privations, accablés par la fournaise.

On ne s'arrête pas par pitié. La charité est un luxe et, même si on peut offrir de l'aide, le bénéficiaire en sera plus effrayé que soulagé. Alors, ceux qui doivent marcher marchent et celui qui paye monte dans la benne d'un camion ou mieux, achète une place dans l'autobus. Chacun connaît sa condition et la garde. Et si l'on tente d'en sortir, c'est par vocation, guidé par une force intérieure, une crise qui vous fait entrer dans le rang des subversifs, et à laquelle famille et voisins évitent de s'associer.

Les structures archaïques du Pérou vacillaient sous le coup de ces révoltes.

Satipo était en beauté. On y préparait la fête d'un saint patron de la ville. Ricardo l'avait oublié et cette première visite en famille, juste pour l'événement, lui parut de bon augure.

Pour Notomi, paralysé par l'agitation et le bruit, la différence entre fête et vie quotidienne n'était pas compréhensible. Sa sœur avait disparu dans les jupons de Rosa. Seules dépassaient des jambes brunes qui cherchaient encore à se dissimuler derrière celles de la femme. Le vieux riait de plaisir, taquinant sans rudesse la gamine affolée.

Une épicerie proposait jusque sur le trottoir ses bonbons, gâteaux, pains au sucre de couleur à l'effigie du saint à l'honneur. Toutes les boutiques avaient envahi les rues, mêlant à la ferveur religieuse la joie commerçante.

« Allons manger », suggéra Ricardo, lui aussi fatigué de l'agitation et de la musique qui braillait, crachotant de ses haut-parleurs autant de parasites électriques que de notes.

Ils descendirent vers la place d'armes, décorée de rubans de papier, et prirent la rue du Marché. L'Azul était comble. Ricardo regretta de ne pouvoir sacrifier à son habitude et entraîna sa troupe vers un autre bistrot.

Notomi découvrait les cholos, indiens quechuas, métissés par le sang ou le refus de leurs traditions. D'autres gens, beaucoup plus clairs, évoluaient de façon différente. Certains passaient seuls au volant de leur camionnette tandis que l'on s'écartait vivement. L'un d'eux s'arrêta à la hauteur du garçon pétrifié. Des cheveux jaunes, affreux, couronnaient sa tête aux yeux pâles comme un ciel délavé par la chaleur. L'Ashaninka pensa à une anomalie, une maladie peut-être, inconnue en forêt. Mais l'homme revint avec deux enfants plus blonds que lui et si blancs que les veines marquaient leur chemin bleu sous la peau. Notomi les trouva tellement laids qu'il recula pour ne pas les frôler.

Durant tout l'après-midi, l'Ashaninka eut du mal à ne pas succomber à ses émotions. Tant d'objets, de nourriture, de voitures et de visages. Derrière le marché, coulait le rio Satipo, jolie rivière limpide où les femmes viennent laver le linge. Rosa y trouva refuge avec les enfants pendant que son époux s'occupait des achats. On avait égorgé une vache et le sang s'égouttait le long du talus, souillant la transparence de l'eau claire. Pour Notomi, l'animal jusqu'alors inconnu s'ajouta à la liste des leçons du jour.

Le soleil perdit de son agressivité. Alors la vraie fête commença. Défilés, danses en costumes flamboyants. Puis les premiers pétards saluèrent le crépuscule. Rosa, Notomi et Orianiki abandonnèrent alors les festivités pour rejoindre une pièce louée pour la nuit. Ricardo, déjà ivre, poursuivait la tournée des débits de bière et de *chicha* [1] au milieu de ces hommes déracinés qui lui ressemblaient.

Boissons, musiques, jeux de cartes et de dominos : la fête religieuse se gavait de vices bon marché qui soûlaient le peuple tout autant que la litanie et les sermons. Dans la mêlée titubante, les Indiens de la sierra, devenus cholos puis colonos et cocaleros, se tapaient sur l'épaule. Frères de sang, prisonniers de la misère ; celle qui habitait leur corps ou leur âme suivant qu'ils vivaient dans la région depuis six mois ou cinq ans.

1. *Chicha* : bière fermentée à base de maïs.

12

La fête avait semé quelques épaves : ivrognes endormis dans leurs vomissures, bancs et chaises renversés sous les arbres du square, papiers, banderoles et confetti dispersés dans les rues. En sortant de la pièce étroite où ils avaient tous les quatre pendu leur hamac, Notomi ne s'intéressa pas à ces vestiges. Les turbulences de la veille l'avaient étonné et amusé puis le sommeil avait anéanti sa curiosité. Il avait accueilli le matin, les yeux ouverts sur les panneaux en bois du plafond, d'humeur plutôt morose. Depuis quelques jours, une douleur s'agitait en lui, une façon qu'avait la liberté d'appeler au secours. Il sentait frémir ses lèvres comme si elles se préparaient à un cri mais seul un gémissement affaibli lui échappait parfois.

Au coin d'une maison, le dos appuyé contre un mur, une femme maigre, les cheveux noirs et lisses, somnolait, un bébé sur les genoux. Déjà Rosa s'éloignait avec Orianiki, impatiente de grignoter quelques douceurs. Ricardo grommelait sans conviction, en traînant la patte, pour une fois suivant sa femme. La rue, à l'écart du centre, était calme.

« Ina », souffla Notomi bouleversé par l'Ashaninka endormie. Les paupières cillèrent mais la femme resta immobile.

« Ina, que fais-tu là ? » insista-t-il.

L'Indienne ouvrit les yeux, crispant les doigts sur sa cushma usée.

« Je n'ai rien pour toi. Va-t'en », siffla-t-elle en s'agitant misérablement. Elle saisit une pierre, les yeux allumés de fièvre et leva un bras décharné.

« Attends. Je ne te veux pas de mal », s'écria le garçon, surpris, en sautant en arrière pour éviter le projectile. Mais la malheureuse cherchait un autre caillou, en proie à une incontrôlable démence.

« Alors, que fais-tu ? » Désemparé, Notomi réagit à la voix lointaine de Ricardo revenu sur ses pas. Il s'éloigna en courant alors que plusieurs pierres s'écrasaient, sans force, contre son dos.

Perturbé par l'incompréhensible échange, Notomi mangea peu. Il sentait la honte couvrir son front, la désolation rebondir jusqu'à lui. Que se passait-il pour son peuple ? La femme vivait-elle de mendicité ? Sans mari, sans fils, sans père. Séparée d'une famille ou seule survivante d'un massacre ? Son infortune lui sembla soudain légère. D'autres Ashaninkas devaient supporter des atrocités encore plus terribles. Tous les élans de joie, l'envie de connaître qui l'avait animé la veille, se brisaient à cette pensée. Il ne savait rien. Ni du monde extérieur ni de l'avenir réservé aux siens, aux enfants perdus loin de la Selva protectrice, comme lui et sa sœur. Il fut obligé de quitter la table pour faire quelques pas dans la rue.

Satipo s'ébrouait lentement et digérait ses abus nocturnes. L'atmosphère était déplaisante. D'un seul coup, Notomi eut envie de s'échapper. Il eût cédé à cette impulsion intenable si, en se retournant vivement, il n'avait aperçu Orianiki, raide comme un piquet de bois sur le trottoir d'en face, qui le dévisageait.

Ils traînèrent d'étal en boutique durant la matinée. Ricardo avait tout à fait perdu sa gaieté. Rosa tenait très fort la main de sa poupée adorée, prise au jeu de l'habiller de neuf: jupons rouges, jupons jaunes, corsage blanc et foulard à rayures.

« Il est trop grand pour toi, ma beauté, mais il va bien

falloir que tu grandisses », disait-elle un peu fort, pour oublier que la « beauté » n'était pas sortie de son ventre.

La foule reprit possession de la ville dans l'après-midi. Bruyante, goûtant encore quelques bribes de plaisir en un éclat de rire volé au souvenir de la veille. Mais déjà on acceptait le retour à la vie quotidienne.

Aux stations d'autobus, les vendeurs de billets hélaient les clients. Los Andes faisait face à Lobato et les adolescents chargés de racoler les passagers hurlaient tour à tour, jusqu'à se briser la voix. Sur les toits on empilait les marchandises et les bagages.

« Viens m'aider, toi. » Ricardo bouscula Notomi de plus en plus absent. « Femme, attends ici. »

Rosa prit Orianiki dans ses bras et s'abrita du soleil sous l'auvent d'un magasin de matériaux de construction. Le vieux poussa l'Ashaninka à l'intérieur.

À Satipo les boutiques sont toutes semblables, pareilles à de vastes entrepôts sans fenêtres où des amas de marchandises attendent sans qu'on ait besoin de se mettre en frais d'emballages et de présentation alléchante. Des planches, des briques, du fil de fer, des clous en pagaille. Ricardo demanda à choisir des tôles ondulées.

« Prends celle-là, elle est belle. Mets-la dehors. » Notomi obéit sans entrain.

La lumière l'éblouit. Là-bas, sur les bus, les vendeurs de billets s'égosillaient. « Lima. Pour le départ immédiat. »

« Huancayo. *Diez minutos* », répondait l'écho.

Notomi replongea dans l'obscurité. Une seconde fois il réapparut. Orianiki se débattit pour le rejoindre, sautant des bras qui l'enserraient. En riant, elle tapa sur la feuille d'aluminium pour la faire résonner.

« Garde-les, lui demanda son frère pour la remercier du bonheur qu'elle lui offrait en courant ainsi vers lui.

— Je ne bouge pas », précisa-t-elle avec sérieux, en témoignage de tout l'amour qu'elle lui portait.

« Huancayo », insista la voix à l'autre bout de la place.

Notomi disparut. Le marchand de crème glacée sourit à Orianiki en passant à sa hauteur. Le coffre jaune plus volumineux que le gamin écrasait ses épaules chétives.

« C'est lourd », lança-t-elle avec sympathie et son regard retourna se poser sur l'effervescence qui animait le coin de la place.

« Le garçon qui vend les billets va-t-il voyager sur le toit ? demanda la fillette inquiète quand son frère resurgit avec une autre tôle.

— Il verra mieux le paysage », répliqua-t-il sans réfléchir.

« Départ immédiat ! » annonça la compagnie Lobato.

« Huancayo. *Cinco minutos* », rétorqua celle de Los Andes.

Orianiki, seule de nouveau, ne pouvait plus quitter des yeux l'adolescent qui attachait les paquets sur la galerie du véhicule.

« Attention, Ori. Pousse-toi. » Notomi déposa sa charge et, reprenant son souffle, parcourut machinalement du regard ce que lui montrait sa sœur.

« Ils vont partir vers la forêt, murmura-t-elle.

— Je ne sais pas, répondit-il, soudain ému. Je ne sais pas. »

Les passagers tendaient toujours des sacs et des colis à entasser sous le filet qui protégeait le chargement. Certains avaient pris place à l'intérieur. Des caisses ajourées laissaient s'échapper des touffes de poils ou de plumes. Un cochonnet couinait de détresse, affolant poules et canards étouffés les uns contre les autres sous des claies trop serrées. Pour la dixième fois Notomi quitta le trottoir, abandonnant Orianiki, pensive. Rosa de son côté mangeait des yeux une cuisinière à pétrole dans l'entrée du magasin et, lentement attirée vers l'intérieur, elle finit par rejoindre son mari.

« Huancayo, señores, Huancayo. »

Le cri accueillit l'Ashaninka une fois de plus. On pouvait voir le chauffeur maintenant. Il achetait un cornet de beignets à une vieille qui traînait sa charrette de gâteaux autour de la station. Puis l'autobus démarra !

« Départ immédiat, señores », hurla le gamin sur le toit.

Un vieux monsieur arrivait en courant. Il tendit une valise que quelqu'un attrapa par une fenêtre et, en pestant, il se hissa sur le marchepied.

« Dépêche-toi, *padre* », rigolait l'insolent perché sur les bagages.

Le pot d'échappement cracha une fumée noire. Trois fois on écrasa l'accélérateur pour chauffer le moteur ou prouver sa puissance. Dans l'habitacle, des hochements de tête confirmaient l'intérêt pris à la démonstration. Il y eut le grincement rassurant de la boîte de vitesses, la première entra en action et les roues firent un tour. Vrombissements, patinage d'embrayage ; la voiture ballotta dans une ornière et rejoignit le milieu de la rue.

Notomi demeurait hypnotisé par les bruits de ferraille, les soubresauts des essieux, le klaxon qui retentit vigoureusement tandis que l'autobus s'ébranlait tel un animal monstrueux et invincible. Orianiki partageait la même émotion car ses mains, suivant son habitude, enveloppèrent celles de son frère en signe de ralliement. Le cœur battant, Notomi la serra contre sa jambe.

« Tu ne voudrais pas partir aussi, Ori ? » lui lança-t-il subitement, assez fort pour couvrir la pétarade.

La tête brune à la natte maigrelette se cacha sous le bras fraternel, dans une réaction confuse de panique et de timidité. Un tremblement qu'ils ne voulaient plus contrôler s'était emparé des enfants. À l'arrière du bus qui n'avait encore fait que quelques mètres, l'échelle qui permet de grimper sur la galerie les invitait à bondir.

« Alors, tu rêves. Ça n'est pas terminé. »

Entraîné brusquement vers l'intérieur, Notomi avait lâché sa sœur. Hagard, il reçut entre les mains un sac de ciment. Vacillant, il visa la lumière qui l'attirait au-dehors et, serrant les dents, il se traîna avec difficulté vers la sortie.

Il serait parti. Dommage. Il aurait aimé le voir disparaître dans la poussière, avec « l'autre » au-dessus en train de crier encore « Huancayo, señores... ». Orianiki poussa un cri de joie à la réapparition de son frère. Désignant le véhicule de Los Andes, elle frappa dans ses mains en sautillant sur place. L'engin faisait péniblement le tour de la place d'armes et le même adolescent, perché tout droit sur la galerie, tentait encore de vendre les dernières places. Crachotant un nuage noirâtre, l'autobus s'arrêta de nouveau devant sa station. Le garçon descendit et, après avoir gratifié la carrosserie d'une grande claque amicale, il ponctua son travail d'un ultime : « Huancayo. *Vamos.* »

La masse de tôles s'ébranla pour de bon et, amorçant un demi-tour, offrit son arrière fumant aux deux Ashaninkas. Pour Notomi plus rien ne fut contrôlable. Ni ses doigts qui agrippaient le bras d'Orianiki, ni ses jambes qui se mirent à marcher, puis à courir. Pas plus que la force avec laquelle il souleva sa sœur pour la poser sur l'échelle ni la façon dont il la poussa. Il fallut gravir les échelons. Très vite. Avant d'être surpris et de voir se briser le rêve. Enfin ils s'aplatirent au milieu des paquets et des caisses sans plus bouger.

Le chauffeur avait le bras à la portière. À grand renfort de saluts il prit congé, lança un juron à un compagnon, héla une sœur ou une cousine qui trottinait sur le bas-côté, s'engagea dans la rue principale vers la sortie de la ville et ralentit au passage du contrôle :

« *Tchao.*

— *Que te vaya bien.* »

Conduisant d'une seule main il s'installa en professionnel au fond de son fauteuil et alluma la radio. Il était le maître à bord, le protecteur du voyage. Le jeune copilote observait avec respect. Il lui fallait encore apprendre le métier, les trucs infaillibles qui prouvent la capacité du bonhomme et attestent la confiance que la compagnie lui accorde. La poussière noyait déjà Satipo dans l'oubli. Sur le toit, Orianiki se redressa.

« Mon poulet ! s'écria-t-elle, déconcertée.

— Tais-toi. » Notomi lui rabattit la tête entre les sacs.

« Je veux mon poulet », supplia-t-elle, les larmes aux yeux.

Notomi avait plaqué sa main sur sa bouche. Le moteur ronflait comme s'il accordait là, avec effort, un dernier voyage à la carcasse rouillée. Les planches craquèrent au passage du pont qui enjambe le Satipo mais Notomi craignit qu'elle n'eût crié très fort. Une fois sur l'autre rive le chauffeur s'arrêta. Un homme courtaud descendit et contourna la voiture. Sur le toit les enfants ne voyaient rien. Chaque seconde qui passait accélérait les battements sourds qui frappaient leur poitrine. « Dépêche-toi », beugla une femme par une fenêtre, impatiente, donnant là le signal des réclamations. Alors quarante bouches grognèrent un « *Vamos* » de principe. On était déjà englué dans ce qu'il y avait de mieux à faire : dormir.

Enfin, prenant de l'élan pour se hisser hors de la berge, le bus atteignit la route de terre rougeâtre qui file vers la Merced, San Ramón et Huancayo. Notomi avait lâché sa sœur encore secouée de sanglots.

« Nous partons, Ori. Toi et moi, tout seuls, nous partons. »

Le soleil éblouissait l'Ouest droit devant, tandis que dans le lointain la lumière offrait une dernière caresse à la grande forêt. Notomi poussa un tel soupir qu'il crut en mourir. Il sentit à nouveau, sur sa gauche, la présence étrange dont il n'avait plus peur. Épuisé et serein il s'endormit, Orianiki entre les bras.

DEUXIÈME PARTIE

La sierra

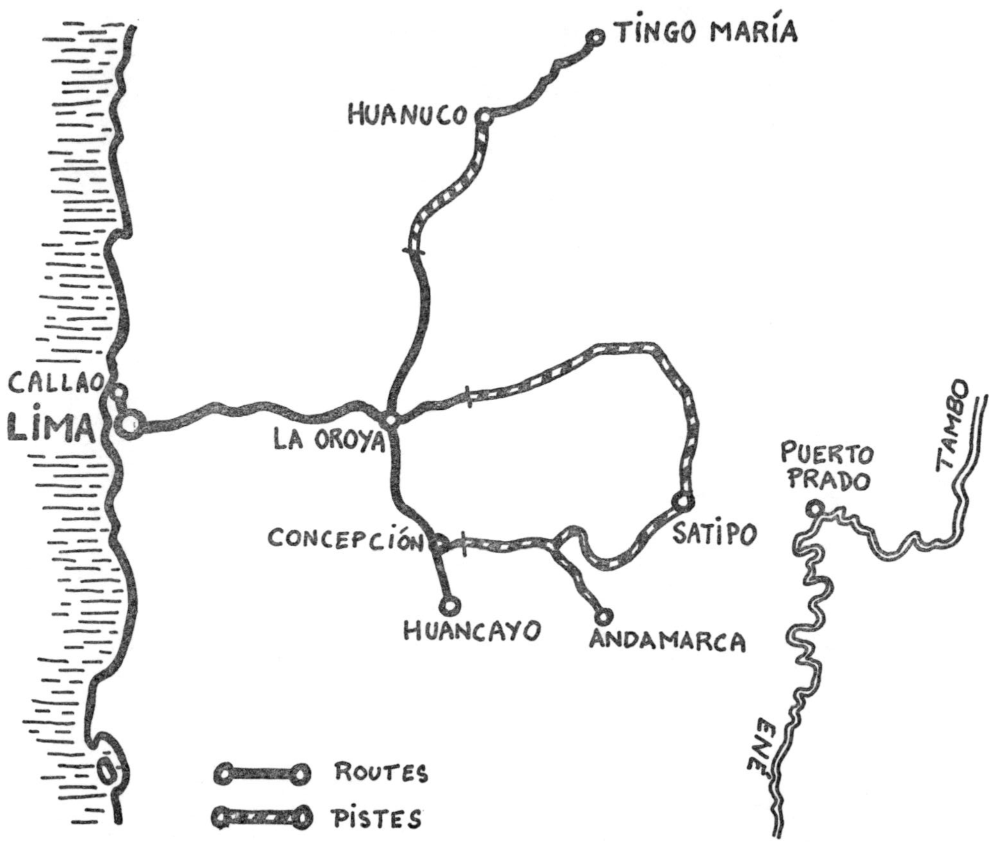
TINGO MARÍA
HUANUCO
CALLAO
LIMA
LA OROYA
CONCEPCIÓN
HUANCAYO
ANDAMARCA
SATIPO
PUERTO PRADO
TAMBO
ENE
ROUTES
PISTES

13

Mika s'appelait Michael mais il avait choisi depuis longtemps d'abandonner son prénom de baptême trop bien adapté à sa peau blanche et à sa famille. Famille de colons, mais pas de ces cholos burinés, noirs d'yeux et de cheveux, toujours courbés sur quelques travaux. Mika, lui, descendait de l'un de ces deux cents Autrichiens et Allemands installés depuis le milieu du XIXe siècle près d'Oxapampa, région de rivières et de pâturages à mille huit cents mètres d'altitude qui fit la fortune de cette immigration occidentale. Né à la plantation de café de son grand-père en 1930, Michael ne savait rien de cette Allemagne, ni la langue ni la culture. Il n'en conservait que le souvenir de vieilles photos et quelques coutumes chéries par ses grands-parents, comme le sapin et le gâteau de Noël. Et des yeux bleus, véritables lacs de lumière sur son visage tanné. Ses cheveux avaient cessé d'être blonds, pâlissant jusqu'à un gris lumineux, parsemés de légers reflets bleutés comme la neige des Andes. L'allure paisible de son corps maigre mais musclé ne trahissait pas son âge. On le sentait d'aplomb, sans timidité, préférant néanmoins l'isolement à la fréquentation des hommes.

Ses études auraient dû faire de lui un pharmacien mais il aimait tant les plantes qu'il délaissa l'officine paternelle et se mit à parcourir la campagne pour multiplier expériences et connaissances. Porté par ses escapades, le cœur vibrant à tous ces paysages d'une beauté enivrante, il avait respiré d'autres parfums, écouté des chants invisibles et s'était abreuvé de liberté.

Jeune homme, régulièrement il quittait Oxapampa pour découvrir l'altiplano. Malgré son aspect de gringo, il avait attiré les gens par des gestes simples, ses recherches originales sur les herbes et les plantes, et un sérieux sans prétention qui dérouta les plus méfiants. Il était devenu un habitué de la région de Huancayo. D'année en année, ses absences se remarquèrent davantage que ses allées et venues à travers les montagnes. Une vieille guérisseuse mourut un jour d'été, lui laissant une maison de pierre à flanc de vallon, à deux heures de marche d'Andamarca. Ce village dressait en rangs serrés ses demeures paysannes, blotties le dos au vent autour de la place traditionnelle. Par la route on était à une centaine de kilomètres de Huancayo. Mais en passant de mont en vallée puis par le chemin de Pariahuanca, la ville semblait plus accessible. Durant l'hiver, les vents sauvages s'y poursuivaient en hurlant, tenaces et capricieux, fouettant les roches millénaires. Mika finit par ne plus rendre visite à sa famille. Prisonnier heureux de l'espace et du silence, son amour de la nature et sa passion à soulager les maux d'autrui le firent échapper à la solitude.

Son sac de récolte gonflé de plantes et de racines, Mika suivait la sente hérissée de pierrailles coupantes. En contrebas la plaine ondulait sous les lueurs du couchant. Le chemin s'accrochait à la pente, tournant à angle droit en lacets resserrés qui évitaient les blocs de granit ou les groupes d'arbustes. L'abîme avalait la terre sèche et les brindilles que chaque pas décollait du sol. Érodée par la bise et l'orage la montagne s'effritait et le temps redessinait les courbes et les arêtes, modelant, comblant, proposant sans cesse une ligne nouvelle au paysage.

El Alemán vivait sans histoires. On répondait à son salut, on s'en honorait même. Les Indiens de la sierra le voyaient arriver sans poser de questions, comme s'il avait toujours été d'ici. Et puisqu'il se taisait, on lui racontait : les récoltes de pommes de terre, le froid, les naissances et la mort. Lui, offrait une potion, un sachet de graines pilées ou un conseil. Ces échanges ravissaient son âme. Il avait sa place au sein des montagnes.

En débouchant sur le vallon, Mika héla en quechua un gardien de troupeau. Les lamas relevèrent leur tête inquiète, oreilles bien droites, les narines humant l'air à la recherche d'une odeur rassurante. Le berger, accroupi sur un rocher, agita lentement un bras hors du poncho qui le couvrait tout entier. Les longs cous gainés de laine plongèrent de nouveau dans l'herbe odorante, leurs corps parcourus de frissons de contentement. La nuit s'avançait. Quand Mika posa son sac sur la large dalle devant sa maison, elle avait dévoré les derniers restes de lumière. Sa récolte serait vendue ou troquée le lendemain au marché. Sur le plateau, le troupeau rabattu par un chien reprenait le chemin de son enclos, suivi du berger qui n'était plus qu'une ombre. L'Aleman ne fermait pas sa porte ; pas avant que le froid du soir ne l'obligeât à se priver du grand spectacle. En contrebas, à un instant de marche, les étoiles se baignaient dans un lac, flottant sur la noirceur de l'eau immobile. Un peu plus loin, le flanc du vallon s'arrondissait de collines jusqu'à la plaine où des flambées tremblaient au carré des fenêtres d'Andamarca.

De l'autre côté, la montagne touchait le ciel. Rehaussée de flèches larges aux pointes acérées, la masse s'élançait d'un pur élan pour capturer les nuages. La sérénité du crépuscule s'attardait. Pendant un instant il n'exista plus ni lutte ni espoir ; arrêt bienfaisant dans la Ronde éternelle. Puis les pierres claquèrent, surprises par le froid qui se glissa sur la lande, comme sorti de la terre, et qui bondit dans la maison. Le feu se coucha sous l'attaque et, à regret, Mika rabattit le battant de bois sur la nuit.

Le marché commençait tôt. On se rendait ensuite à l'église, et l'après-midi résonnait de musiques sautillantes et du rire des hommes dans les tavernes. C'était ainsi tous les premiers dimanches du mois. Mika s'installait l'un des premiers. Il avait pris plaisir à se lever dans la froidure pour descendre à pas rapides jusqu'au village, dans l'obscurité. El Alemán allait, vêtu du pantalon en laine de lama au tissage grossier, du poncho et du bonnet pointu qui couvre bien les oreilles. À ses pieds, des sandales de cuir, à même sa peau, craquelées par la boue et la poussière abrasive de l'altiplano.

La place respirait à peine. Les marchands déjà arrivés s'offraient un somme sous leur étals, enroulés dans une couverture. Bientôt, l'endroit pullulerait de badauds, de curieux et de clients remuants.

« *¡ Hola ! ¿ Cómo vas ?* lança un Indien en déposant une pioche et un pic en bois contre un étalage.

— Carlos ! » Mika se leva pour saluer son ami avec chaleur puis poursuivit à voix basse. « Y a-t-il du nouveau ?

— Tout a l'air tranquille, *hermano.* »

L'homme était sec, on eût dit une branche noueuse tombée d'un arbre mort. Ses cheveux noirs se dressaient en mèches courtes, ses mains épaisses tripotaient timidement un chapeau de couleur terreuse, ramolli de soleil et de pluie. Le visage sévère s'était éclairé du sourire adressé à Mika.

Après quelques échanges sans importance, juste pour prolonger le plaisir d'être ensemble, les deux hommes se donnèrent une accolade dénotant une évidente amitié.

Carlos reprit ses outils.

« *Adiós* », dit-il en désignant du menton les pâtures lointaines qu'il devait rejoindre, là où il travaillait un arpent de terre caillouteuse qu'il tentait d'acheter. « Je monterai chez toi demain. »

Longeant le muret d'une cour qui donnait sur la place, il s'éloigna. Il pencha son buste en avant pour accélérer le pas, son bras replié posé sur la pioche et le pic en équilibre sur son épaule, son chapeau flétri collé à sa nuque.

Mika sourit. Comme il l'aimait celui-là ! Ce compagnon discret avec lequel il partageait sa guerre.

Les marchandes avaient assis les bébés au milieu des étalages. On se rassemblait par clans. Ainsi on trouvait, là des chapeaux ronds, ici les galettes noires, lourdes de clochettes ou de rubans tressés. Puis, du côté des hommes, différentes couleurs de ponchos, des dessins plus ou moins élaborés sur le devant des pulls en alpaga.

La musique s'essayait sur des flûtes et des tambourins. Et les femmes apportaient la chicha, bien fermentée, d'une belle nuance jaune argentée, faite pour réjouir les esprits. Les bouches tachées de salive verdâtre crachaient la boulette de feuilles de coca, mâchouillée depuis l'aube ; calée contre la joue du paysan qui était descendu, sa récolte sur le dos, jusqu'au village. Après un revers de manche sur les lèvres, on goûtait la boisson, sans oublier jamais d'en verser d'abord quelques gouttes sur le sol en hommage à la Pachamama : terre déesse et mère de la création.

Le bourdonnement de la foule s'enflait peu à peu à mesure que les négociations débutaient. Peu d'argent, beaucoup de trocs. À l'ancienne. Un tas de pommes de terre, de ces jolies jaunes à la peau fine et brillante, contre des panouilles de maïs ; de la viande fumée de mouton pour du miel ou un fromage ; une peau de lama contre un coq et ses poules. Les discussions duraient, on se quittait puis on revenait pour tenter de conclure.

Ceux de la Selva montaient aussi, avec leurs dollars et cette allure de nouveau riche qui attisait les commentaires. Avec la coca pour mère, le dollar pour tuteur et comme marraine la révolution, les cholos cocaleros, devenus les frères du narco-trafic et du terrorisme, effrayaient leurs parents restés dans la sierra et, du même coup, supportaient mal d'être mis au banc de leur propre société.

La plupart d'entre eux attiraient mépris et quolibets mais ils amenaient surtout la peur dans leur sillage. La rumeur enjouée baissait d'un ton sur la place du Marché dès qu'apparaissait une camionnette rutilante conduite par un homme coiffé d'un sombrero trop neuf et pressé d'acheter à profusion de la viande, de la laine, des peaux tannées et des fromages.

14

Mika choisissait une herbe pour une vieille femme quand un mouvement de foule se répercuta jusqu'à son étalage. Aussitôt des cris tentèrent de donner l'alerte. Mais trop tard. El Alemán abandonna rapidement sa marchandise et se mêla à la foule, son bonnet un peu plus rabattu sur les sourcils, le dos courbé pour diminuer sa taille.

« En arrière », hurlait une jeune femme tandis que l'on reculait en pagaille.

« Tous contre le mur. »

La même voix agressive entraînait pêle-mêle hommes et femmes à s'écraser les uns contre les autres.

Mika l'aperçut tandis qu'une centaine de personnes affolées se pressaient avec des gestes anxieux autour de lui : petite, les pommettes saillantes des Indiens de l'altiplano, tee-shirt kaki, jeans et baskets blanches. *Una sendera*, « *cholita de la revolución* » !

À sa hauteur marchaient cinq ou six adolescents, kalachnikov au poing. Une quinzaine d'autres filles et garçons les suivaient, tous vêtus comme leur chef, armés de pistolets automatiques et de machettes. Quelques-uns se chargeaient de ramasser la nourriture tandis que les autres avançaient rapidement, renversant les tables, brisant les poteries, écrasant les paniers. Vêtements et objets s'éparpillaient sur le sol, piétinés dans la poussière.

« Nous sommes des guérilleros, membres du Sentier Lumineux, hurla la jeune femme. Vous nous connaissez. »

Comme personne n'osait répondre, elle bondit sur le muret de la cour.

« Je suis la voix du peuple. Camarades, nous sommes en guerre contre les chiens impérialistes. »

L'expression de son regard pétrifiait la foule muette et obéissante. Sa pommette droite était marquée par une curieuse cicatrice en étoile. Un demi-cercle de guérilleros armés prévenaient toute velléité de se soustraire à la leçon. Tâchant d'être attentifs au discours, malgré la peur qui encombrait leur esprit, les paysans écoutaient l'« enseignement » du parti.

« La révolution se fait par la lutte et le boycott. Au moment des élections vous devez aller voter et obéir au parti. Rayez les noms des candidats esclaves du pouvoir gouvernemental, ou barrez le bulletin de vote d'une faucille et d'un marteau. Votre seul devoir : empêcher que les chiens impérialistes gardent le pouvoir ! »

Un autre avait repris la harangue. Plus âgé, il parlait plus posément, avec des façons de père protecteur. Pourtant le monologue restait vindicatif, comme si personne d'autre que lui ne défendait la cause. En pantalon serré aux chevilles dans des rangers noirs, les jambes plantées entre les pierres du muret qui lui servait d'estrade, les mains posées sur les hanches, il se laissait gagner par la passion malgré un évident effort de demeurer maître de cette haine qui recouvrait tout ce qui n'était pas sa révolution.

Mika avait remarqué plusieurs personnes retenues à l'écart et encadrées de près par les senderos.

« Un flot de sang lavera la terre. » La déclamation s'étayait de paroles brutales et dura près d'une heure, rebondissant de slogans en mots d'ordre, de louanges au camarade Gonzalo en hurlements contre le pouvoir.

« Avez-vous des questions ? »

La stupéfaction nouait les gorges. Seul un vieillard, avec la paisible assurance de son âge, osa émettre un son.

« Peut-on cultiver la coca ? »

La masse tétanisée frémit de peur pour l'audacieux. Mais la réponse tomba, immédiate, parfaitement programmée.

« La cocaïne contribue à l'effondrement de l'État nord-américain, notre ennemi ! Et la coca vous nourrit, vous paysans serranos, fils de la révolution. »

Une adolescente collecta ensuite l'impôt révolutionnaire. « Pour les médicaments nécessaires aux camarades blessés », lança-t-elle à la ronde.

La somme était importante et la plupart des paysans de l'altiplano, étrangers au commerce de la coca, ne pouvaient s'en acquitter. Mais heureusement leur incapacité de payer ne déclencha pas la colère du parti. Puis la jeune fille à la cicatrice donna le signal. Tous les camarades senderos entonnèrent *L'Internationale*, le visage contracté, les yeux brillants, le corps tendu.

Bousculés, dépossédés de leurs marchandises ou de leurs achats, forcés d'écouter, de plier face à la force armée, aucun paysan ne songea à réagir. Si souvent soumis à la loi du plus fort ils adoptaient l'attitude servile qui, de la domination de l'Empire inca à celle de la couronne espagnole, avait toujours réglé leur existence.

En fait quelle importance y avait-il vraiment à choisir un camp ou un autre ? Ils n'avaient de toute façon rien à perdre ! Et le Sentier Lumineux, même s'il les épouvantait, était l'expression la plus radicale de ce qu'ils n'avaient jamais osé depuis des générations.

Ces Quechuas, Indiens de la sierra esclaves des métis qui les traitent plus mal que des bêtes, eux-mêmes tenus au bout d'une laisse plus ou moins longue par la société blanche, ont ignoré pendant des décennies qu'ils étaient le peuple le plus démuni d'Amérique [1].

1. Sept millions de personnes, un tiers de la population du Pérou.

Les quarante-cinq années que dure leur courte vie se passent sur des hauts plateaux qui s'élèvent jusqu'à quatre mille mètres, dans des conditions d'existence moyenâgeuses, que le plan de réforme agraire n'a pas encore effleurées. Victime du mépris social et racial dès qu'il quitte sa montagne, le serrano inscrit pourtant toujours en quechua, au fronton de sa maison en pierre, cette maxime :

« *Ama sua* : ne vole pas. »

« *Ama kella* : ne sois pas paresseux. »

« *Ama ilulla* : ne mens pas. »

Il ne parle pas l'espagnol, est quasiment analphabète, porte un poncho et va son chemin avec de grossières sandales, autrefois en cuir de lama, aujourd'hui débris de pneumatique et courroies de plastique, sa coca en réserve sur son ventre dans une pochette tissée par sa femme. Coulé dans le même moule que son père, et le père de son père, droit et juste, il respecte les traditions. Tous ensemble, les Quechuas possèdent la terre où pâturent lamas et moutons et celle où, courbés sur d'archaïques outils de bois, ils plantent des centaines de plants de pommes de terre de qualités différentes, unique production supportant l'altitude.

Au pied des neiges éternelles, toute la communauté échange des services, pratique le troc et se rassemble pour accomplir les lourdes tâches. Sous l'égide d'un chef élu par tous et fréquemment renouvelé, ils pratiquent une religion animiste, antérieure à l'invasion inca et dont la figure la plus fréquemment invoquée est la terre : la Pachamama.

Pour la première fois quelqu'un leur parlait d'un moyen pour échapper à la misère, leur promettait un châtiment pour les oppresseurs, usuriers, hommes de main, marchands et voleurs qui bouleversaient constamment l'humble harmonie de leur existence.

« Nous reviendrons. Alors ceux qui le voudront pourront nous suivre », annonça le chef sendériste, aussitôt l'hymne achevé.

La tactique était toujours la même, une fois le Sentier Lumineux parti, la population se réunissait. Ceux qui ouvertement affichaient leur opposition aux terroristes étaient repérés et dénoncés par le mouchard en place dans presque tous les villages. Méthode efficace, parfois détournée pour se débarrasser d'un rival, d'un gêneur ou d'un ennemi. La délation permettait de se faire bien noter par le parti.

« Maintenant regardez », hurla à son tour la jeune fille en désignant un groupe d'hommes tenus à part.

Il y avait là le maire et ses conseillers, un riche commerçant de Huancayo et les six policiers en fonction au village. Traînés sur le sol jusqu'à la foule des villageois, ils s'écroulèrent sur les décombres du marché. La tension rendait la peur palpable. Les visages burinés se plissaient d'inquiétude tandis que les doigts se crispaient nerveusement sur le bord des ponchos ou s'accrochaient aux couvertures bigarrées qui alourdissaient les épaules des paysannes. Même les bébés n'osaient pas pleurer, calés sur le dos de leurs mères.

« Ainsi meurent les traîtres à la révolution », beugla le chef en agitant son arme.

« Pour l'exemple », ajouta la fille.

La tête du maire éclata la première. Une balle en pleine tempe. Ses collaborateurs périrent à l'arme blanche. Il fallait économiser les munitions. La terre buvait le sang qui s'écoulait des ventres et des gorges béantes. Une odeur de viscères envahit la place. Quelques femmes enfouirent leur visage dans les plis d'un vêtement, contre l'épaule d'un mari ou d'un fils. Mais la plupart d'entre eux ne fermaient pas les yeux. Les rites ancestraux avaient toujours sacrifié l'homme à la terre. La Déesse-mère avait besoin d'offrandes pour être fécondée et donner des récoltes.

Le marchand de Huancayo, à genoux, gémissait, éclaboussé par les premiers sacrifiés.

« Faites taire ce chien », grimaça le chef sendériste.

L'épouse du malheureux surgit hors de la foule, grelottant

de peur, sa robe de marchande enrichie déchirée par la bousculade. Préférant s'adresser à une femme, elle se jeta suppliante aux pieds de la terroriste. Ses jambes s'entaillèrent sur des débris de poterie.

« Laissez-le, je vous en prie. Nous avons beaucoup d'argent. Prenez tout... »

La chola révolutionnaire symbolisait toute la force vitale du parti.

« Les femmes non mariées, jeunes, sans enfant, sont les meilleurs éléments de la révolution. Plus sûrement elles tuent sans pitié et sans crainte », avait coutume de proclamer le camarade Président.

« Écarte-toi ou tu meurs avec lui. »

Un coup de crosse en finit avec la pleureuse qui s'écroula sur le flanc. Le mari sanglotait. Une machette le frappa en plein poitrail puis entailla son abdomen dont déborda aussitôt un amas de chairs molles. Le corps fut secoué de spasmes le temps de l'insupportable agonie. Les guérilleros, avec des cris sauvages, tranchèrent les têtes des martyrs pour les planter sur des pics fichés en terre. Des gens pleuraient en silence dans la foule. Le moindre bruit pouvait être pris pour un signe de rébellion.

« Suivez-nous. Vos exploiteurs ont payé leurs infamies. Venez combattre pour défendre les opprimés ; luttez pour le peuple contre les représentants du pouvoir. » La population terrorisée avait abandonné toute idée de résistance. La démonstration fut suffisamment prise au sérieux pour que trois jeunes gens se détachent du lot, écartelés entre l'exaltation et la peur mais prêts à tout pour se libérer de la frustration du simple droit d'exister.

Une explosion arracha une exclamation à la foule. Le poste de police à la sortie du village venait de voler en éclats.

Les gardes civils agrippés les uns aux autres, secoués de soubresauts, attendaient toujours.

« Le tribunal populaire de la révolution a décidé de

l'exécution de ces traîtres au service du pouvoir gouvernemental », aboya une voix terroriste.

Les condamnés furent traînés à l'écart ; on les entendit hurler « grâce ». Une fusillade éclata.

Les senderos restés sur la place se regroupèrent aussitôt et lancèrent un dernier ordre.

« Les camarades révolutionnaires interdisent tout rassemblement pour vendre et acheter. Plus de troc, plus de production. La mort pour les traîtres. »

Ils disparurent, laissant le village anéanti.

Mika quitta le village ravagé. En dépassant les dernières maisons, il découvrit les six cadavres mutilés des policiers. Yeux crevés. Langues arrachées. Un écriteau jeté au milieu des corps mentionnait : « Ainsi meurent les collaborateurs du pouvoir. »

On ne se contente pas de tuer dans les Andes. On torture. On mutile, comme le veulent les croyances indiennes, pour qu'après la mort les victimes ne puissent ni reconnaître ni désigner leurs assassins.

Mika remarqua que l'un des morts, repoussé légèrement à l'écart, avait les membres brisés en plus de morceaux qu'il n'y avait eu de larmes sur son visage. Il ne comprit pas le symbole d'un tel acharnement.

El Alemán regarda vers la montagne. Les terroristes s'étaient évaporés, absorbés par les rocs et le vent, rejoignant par des chemins secrets la hauteur des glaciers où même les condors ne pourraient jamais faire leur nid.

15

L'amour étaie le courage et Carlos y puisait toutes ses ressources. Il avait le privilège d'être aimé et d'aimer. Luzmila lui apportait l'espoir. Elle gardait leur troupeau à la sortie d'Andamarca, tandis qu'il cultivait trois arpents de cailloux. Les deux enfants à qui ils avaient donné la vie avaient disparu bien vite. Le petit garçon dormait au cimetière du village dans le cercueil à la taille de ses trois ans. La fille disparut un dimanche de marché alors qu'elle allait toute en beauté sur ses sept ou huit ans. Depuis, ils survivaient dans la souffrance, côte à côte, se protégeant mutuellement. Ils s'étaient mariés tard et plus aucun enfant ne viendrait désormais.

Forts de cette alliance, ils traversaient la pauvreté. Et le pouvoir de leurs cœurs aimants leur accordait le reste d'un bonheur à défendre. Carlos, machette et bâton sur l'épaule, entra au village en courant. Il avait dévalé la combe sans ralentir, son sang battant ses tempes, les muscles tremblants. Il croisa des hommes qui remontaient la rue, pelles à la main, en direction du cimetière.

« J'ai entendu les coups de feu », s'écria-t-il, dérouté de ne rien savoir encore.

Sur la place, les têtes descendues des perches attendaient, plus ou moins proches des corps auxquels elles avaient donné la parole. Aucune couverture ne recouvrait les cadavres.

Carlos, bouche ouverte, fut pris d'un frisson de dégoût qui secoua son ventre maigre.

« Carlos. » La voix étouffée avait jailli de sa gorge contre la volonté de Luzmila. Elle se jeta dans ses bras.

« J'ai eu si peur qu'ils te trouvent dans la montagne.

— Mais pourquoi ? Je n'ai rien fait contre eux.

— Ceux-là non plus ! »

Elle éclata en sanglots. La femme était encore belle, mince et l'allure volontaire, des fils blancs éclairaient sa natte noire.

Une charrette tirée par des paysans emmena les morts jusqu'à leur tombe. Carlos et sa femme suivirent à pas lents, comme tout le monde, muets et sans expression. Qui était responsable ? Un voisin, un parent, un ami ? Et d'ailleurs, y avait-il une raison d'avoir eu à subir une telle punition ?

« Pourquoi ? » murmura Luzmila. Les cadavres hideux s'entassaient dans la fosse. Les familles osèrent une dernière fois manifester leur douleur et leur incompréhension mais les plaintes et la colère s'éteignirent face à la peur qui étreignait toujours l'assistance. Le curé ne sut que dire et expédia son office, bouleversé par tant d'ignominie. Carlos, serrant plus étroitement sa femme contre lui, retourna vers sa maison. Même les chiens marchaient à ras du sol, queue entre les jambes, oreilles écrasées sur le cou, reniflant pour la dixième fois les flaques de sang mélangées à la terre.

« Le malheur est arrivé jusqu'à nous, hoqueta Luzmila en refermant la porte. J'ai peur de tout ce qui peut se passer encore.

— Il faut tenir. Ils attaquent partout, dans les villes, les villages et les fermes sur tout l'altiplano. Il faut tenir, *querida* [1], parce que les autres aussi viendront. » Ils s'embrassèrent avec passion, hantés par l'idée d'être séparés par la mort ou par les hommes.

1. *Querida* : ma chérie.

Il n'y avait pas une ouverture qui n'eût été renforcée, de fenêtre bardée des montants de bois prévus pour les tempêtes. Mais on dormait mal. L'odeur de la mort collait aux narines et, malgré la fraîcheur de la nuit, les hommes trop agités désertaient la chaleur du lit. La première détonation fut presque un soulagement, puis la terreur s'empara du village. Des cris déchirèrent ce silence inquiétant qui étreignait les rues.

« Les *sinchis* ! » annonça Carlos à son épouse.

C'était certain. Ils venaient toujours après le passage du Sentier Lumineux. Les sinchis, les « invincibles » en quechua. Luzmila ouvrit la porte. Cela valait mieux. Les soldats défonçaient tout, à coups de crosse et de machette. Elle avait jeté un châle sur son corsage de drap.

Des rafales soutenues poursuivaient déjà les fuyards ou balayaient ceux qui, trop pressés de prouver leur innocence, s'avançaient en gesticulant. Dans plusieurs maisons, suivant l'humeur des soldats, des familles entières n'avaient déjà plus le loisir de s'expliquer. Mais ces hommes voulaient-ils savoir quelque chose de l'atrocité que venait de supporter Andamarca ? Carlos serrait les dents et, malgré le danger si on l'y découvrait, glissa à sa ceinture un poignard de chasse. « S'ils la touchent », grinça-t-il entre ses mâchoires crispées.

« Dehors ! »

Luzmila et Carlos sortirent sans précipitation, l'air accablé, les bras repliés sur la poitrine, enfermés dans leur détresse.

De toutes parts des cris, des lamentations, des fracas de planches arrachées et de vitres éclatées, des fusillades et des ordres hurlés. Le souffle de la terreur passait pour la seconde fois.

« Bande de chiens subversifs. Terroristes, nous vous tuerons tous. » Le militaire bavait de rage.

« Toi. » Il arracha un cholo à la masse compacte des

hommes et le jeta à ses pieds. Le faisceau d'une lampe s'agitait sur les visages consternés. « Si tu es vivant, tu es des leurs. »

Tirant sa baïonnette, il agrippa la chevelure du Quechua, tira brutalement sa tête en arrière et lui trancha la gorge.

« Pour supprimer dix subversifs, il faut tuer cent paysans », hurla-t-il à l'adresse de ses hommes qui encerclaient la population. Treillis militaires, bottines noires, et cartouchières à la ceinture. Exercés à la violence, rompus aux exercices les plus audacieux en matière de lutte antiterroriste, les sinchis étaient chargés de nettoyer la région : carte blanche pour briser la subversion et... veiller à la sauvegarde de la population !

« Faites le tri », grogna sournoisement le capitaine en fouettant l'air glacé de sa badine en osier. À la lueur des torches, comme du bétail, les femmes et les fillettes furent poussées en arrière de la foule, les plus âgées, ignorées, se cramponnaient à leurs maris. Parmi les hommes, les soldats désignèrent une vingtaine des plus jeunes et quelques autres. Carlos sentit une main agressive le frôler et choisir son voisin. Luzmila avait déjà été arrachée à ses bras par un soldat méprisant ou tout simplement ignorant, irresponsable et néanmoins couvert par la loi.

Les coutelas sacrifièrent les « subversifs » puis les « protecteurs du peuple » s'intéressèrent aux femmes. Durant des heures, dans le froid mordant de l'altiplano, le viol, le pillage et la torture étanchèrent la soif de vengeance des militaires, bafoués par la ruse, la supériorité évidente sur le terrain des membres du Sentier Lumineux.

« Un paysan mort est un risque de moins de se retrouver un jour en face d'un terroriste sanguinaire », ne cessait de répéter le chef avant chaque intervention.

Sur la voûte de la nuit, les étoiles étaient témoins mais impuissantes à calmer la furie de l'homme.

À l'aube, les femmes violées et les fillettes torturées furent fusillées, tandis que pour le plaisir on attachait deux bâtons de dynamite en travers du poitrail d'un vieil homme terrorisé et à demi inconscient. On fit sauter avec lui un monceau de cadavres charcutés. Après cette dernière démonstration, les quarante hommes de la brigade spéciale antiterroriste abandonnèrent leur champ d'action.

Comme dans les autres villages les survivants devaient choisir : fuir et abandonner le terrain aux charognards ou enterrer leurs morts. Hagards, la plupart d'entre eux s'éloignèrent à pas lents sur la route de Huancayo. Les autres tentèrent d'effacer le cauchemar. Luzmila avait été finalement délaissée, sauvée par quelques cheveux gris. Carlos tomba à genoux, louant les cieux et la terre en la retrouvant au matin terrée derrière leur maison.

Mais le moindre semblant de bonheur avait cessé d'être possible. Harcelé par la misère, soupçonné par tous, criminel parce que encore en vie et tourmenté par l'angoisse de prochaines visites assassines, plus aucun Indien de la sierra ne pourrait vivre un jour de paix.

Le Pérou harassé par dix années de luttes armées se mourait de détresse.

16

Ceux qui avaient voyagé debout dans l'allée centrale de l'autobus sortirent les premiers. L'arrivée à Huancayo n'était jamais agréable. En pleine nuit, en plein froid. Un lampadaire crasseux veillait au-dessus de l'écriteau « *Los Andes. Terminal. 3 271 metros.* » La lumière glauque tachait le trottoir d'un cercle jaunâtre. Le chauffeur se glissa sous le rideau de fer légèrement soulevé. Il pénétra à l'intérieur du garage. Un gamin entortillé dans un poncho dormait profondément sur des sacs de marchandise. « Oh, viens décharger ! » brailla le conducteur fatigué. Sans même vérifier si l'autre avait compris, il se dirigea vers la salle attenante au guichet. Un grabat l'y attendait et, exténué par le maniement du véhicule sur les routes défoncées, il se laissa tomber sur le lit de fortune.

À l'extérieur, les plus pauvres s'éloignaient déjà. Les autres voyageurs s'agitaient, mécontents que personne ne descende leurs paquets. Le couvre-feu commençait à onze heures mais les soldats des patrouilles savaient à peine lire leur montre et les représailles avaient souvent un temps d'avance.

Notomi percevait vaguement une rumeur étrange. Les mouvements désordonnés du véhicule avaient cessé. Plusieurs arrêts l'avaient déjà alarmé pour rien : un contrôle de police peu approfondi, une brève halte devant une taverne pour engloutir une soupe de pommes de terre et l'arrêt pipi du vieil homme qui avait retardé le départ après le passage du pont de Satipo. Cette fois une torpeur douloureuse emprisonnait le garçon. Calée entre une cage de poulets et un sac de laine, Orianiki s'était abandonnée.

L'Ashaninka sursauta, quelqu'un tirait les ballots sous ses pieds. Il agrippa sa sœur par ses jupons et son corsage. La peau glacée de ses jambes le fit frissonner. Lui aussi avait froid. Et son crâne qui allait éclater ! Il en avait envie de vomir. Ensemble ils sautèrent. C'était mou. Huancayo ne pouvait pas s'offrir de paver toutes ses rues.

Orianiki gémit en portant son bras à sa tête. Elle aussi souffrait du *sorocho*, le mal de l'altitude qui surprend ceux qui ne se sont jamais aventurés vers les sommets. Notomi claquait des dents. Tout était si laid ici. Le bel élan de liberté s'était brisé.

Les enfants, transis, courbatus et souffrants, s'effondrèrent dans une encoignure. Une lune pleine projetait sur la rue les silhouettes des bâtiments, contraste violent avec la clarté qui inondait les toits. Puis, cachée par une colonne de nuages, elle laissa les reliefs reprendre leur présence.

Non loin de là, des piétinements sur l'avenue principale résonnèrent. L'heure approchait. Là-haut, l'étoile qui, d'après l'Ashaninka, avait dû guider le chauffeur, perdait de l'altitude. Ils s'étaient dirigés vers l'ouest puis vers le sud pendant que le garçon lisait la route dans le ciel de la nuit.

Serrant contre lui son sarrato et sa sœur, il ne contrôlait plus son malaise. Orianiki grelottait dans ses bras. Le vent hurla tout à coup, balayant la poussière le long du mur, tourbillonnant autour du véhicule désormais abandonné.

Pour l'enfant de la Selva, rien ne pouvait être réel : ni la triste lumière qui maintenant se balançait au hasard des façades, ni la température, jamais imaginée même quand Ricardo avait essayé d'expliquer la neige et le gel, pas plus que cet endroit désert, ces maisons inhospitalières, aux portes et fenêtres aveugles, indifférentes à la misère des sans-logis.

« On meurt de froid dans la sierra. » La voix de Ricardo résonna dans sa tête vide.

Peu à peu une douceur l'envahit. Ses pieds, tout à l'heure endoloris, ses bras aussi qui protégeaient toujours sa sœur, ne ressentaient plus le froid. Il se laissa aller à la somnolence. Seule sa tête, pilonnée par la souffrance, l'empêchait de sombrer tout à fait. Il cessa pourtant de prêter l'oreille aux bruits, incapable de déchiffrer l'approche du danger.

L'air vibrait. Ça venait des montagnes et des vallées aux pâturages épais. Notomi sentit à travers sa lente descente vers l'inconscience quelque chose qu'il eût été bon de connaître, d'aimer peut-être. Une vie nouvelle.

Un hoquet secoua la petite fille, un autre la propulsa en avant et, pliée par un spasme, elle vomit un repas imaginaire. L'enfant cria, tordue sous la douleur du sorocho. Ses membres répondirent difficilement quand Notomi voulut se lever.

« Il faut marcher, Ori. Viens. Il faut remuer. C'est ce que disait le vieux. »

Mais Orianiki tomba sur le sol, sans plus de volonté. Il la tira sur quelques mètres puis la reprit contre lui. La rue s'étendait comme un long tunnel de silencieuse et lugubre désolation. Là, une maison montrait une façade ensanglantée de lettres rouges, ici une explosion de signes et de dessins défigurait une surface passée à la chaux. Des affiches terrifiantes accompagnaient leur parcours. Pas même un chien n'avait cherché refuge sous les marches des escaliers de bois qui grimpaient aux greniers des plus hautes bâtisses.

Une silhouette, dénoncée soudain par la lune surgissant d'un troupeau de nuages, paralysa le jeune Indien. À moins de vingt mètres, quelqu'un avançait en titubant d'un pas lourd. Notomi s'arrêta. Il aurait dû fuir. Mais comment même l'envisager, l'engourdissement, la charge épuisante d'Orianiki et la faim empêchaient tout repli.

À deux longueurs de bras l'individu s'immobilisa. Pendant un moment Notomi attendit le châtiment et, enveloppant plus étroitement l'enfant transie, il ne pensa qu'à lui éviter les coups. Le poing de l'inconnu s'éleva dans un effort visible et s'abattit sur le battant du portail qui fermait le mur d'enceinte d'une propriété. Plusieurs fois le son mat des coups sur les planches disjointes ricocha dans le vide de la rue, comme un avant-signe de persécution.

« *La puerta, muchacha... Hola cholita. Abre la puerta*[1]. » L'ivresse épaississait la voix de l'homme qui chancelait dans son pantalon de drap noir.

Des pas légers et précipités approchèrent. « *La Escala* » disait le panneau grinçant au-dessus du mur. Une énorme clef grinça lentement, l'anneau qui servait de poignée tourna et la porte s'entrouvrit sur une cour encombrée de charrettes et de tonneaux. L'ivrogne la poussa d'un coup d'épaule tandis qu'une forme minuscule bondissait en arrière pour éviter d'être écrasée. Un ricanement grossier salua l'élégance de l'esquive.

« Toujours aussi maligne, hein, moustique ! »

Orianiki avait suivi la scène et la découverte de cet être sautillant qui avait ouvert le logis lui arracha un gémissement de joie. D'une main plus haute, guère plus large, la même natte tortueuse et maigrelette sur les épaules... elle reconnut là une compagne. D'un bond elle échappa à son frère et s'engouffra derrière le maître des lieux que son ébriété rendait incapable de rien discerner.

Notomi n'avait plus le choix. Il la suivit. Le portail se referma dans un crissement laborieux. Au bout de la rue une patrouille fouillait la nuit, lançant des exclamations propres à faire fuir l'ennemi plutôt qu'à le surprendre en flagrant délit.

La gamine n'avait rien dit. Ses mollets étroits s'échappaient d'une jupe trop longue. Chez elle tout paraissait

1. La porte, fillette... Hé ! cholita. Ouvre la porte.

avoir grandi sans qu'elle eût jamais mangé suffisamment. Sa bouche fine semblait happer l'air avec avidité, comme si elle y trouvait un complément vital. Sous la lune qui persistait à éclairer la scène, son visage sans beauté bénéficiait de demi-teintes bleutées rehaussant la tendresse innocente de son âge.

L'homme était parti vers la maison.

Orianiki, trop affaiblie pour parler ou même sourire, prit la main décharnée qui sortait d'une veste en laine. Les doigts tièdes réagirent au contact de ceux de l'Ashaninka.

« Tu es presque gelée », murmura aussitôt la fillette. Et ses trois ans de plus lui accordant déjà le statut de protectrice, elle entraîna Orianiki vers la grange. Notomi, grelottant dans son tee-shirt de coton, s'abandonna sans réfléchir à cette providence. Le foin sentait bon ; ils se blottirent dans une meule et s'endormirent aussitôt.

À travers Huancayo endormie, des ombres se coulaient hors des demeures à l'insu des soldats de garde. On se faufilait. On se regroupait. L'avenir du Pérou se façonnait en secret.

Un hurlement de terreur déchiqueta le silence. La ville se tassa sur elle-même comme un animal soumis. Deux profils masqués traînaient la dépouille pantelante d'un chien égorgé. La bête ligotée par les pattes se vida de son sang sur les marches de la maison choisie ; une corde l'éleva contre la porte entre les poutres de l'auvent. Le chien pendu servait de premier avertissement. Ce serait le seul. Une mise à mort en découlait de façon presque certaine.

Ce spectacle était devenu banal. Le choc ne serait réel que pour le destinataire du message. Et encore ! Le marchand, le banquier et le transporteur, enrichis par leur travail ou leur habilité à exploiter hommes et conjoncture, étaient soudain visés par le châtiment. Et ils avaient tant prié Dieu, au long des nuits sans sommeil, pour être épargnés que la sentence était presque un soulagement.

Au matin, le comploteur prendrait l'expression d'un passant pressé, sans émettre de commentaire à propos des nouvelles arrivant des montagnes, sur de nouveaux pillages, meurtres et punitions. On était trop familiarisé avec l'enfer pour en ressentir encore la brûlure.

17

Les vaches dans l'étable reniflaient les corps endormis, remuant les oreilles pour chasser les mouches qui commençaient leurs tracasseries quotidiennes. Notomi soupira. Sur ses traits se mêlaient l'homme et l'enfant. Douceur du modelé, charme des yeux clos sur les joues brunes. Mais la marque d'un souci restait gravé sur le front et au coin de la bouche la lassitude inscrivait un sillon nerveux. Puis l'expression s'apaisa. Le souffle régulier d'Orianiki rythmait le passage serein du temps.

Une brebis appela la bergère fascinée par Notomi. Elle fit rapidement sortir les bêtes et s'enfuit.

Le fumet qui s'échappait d'un panier posé à leurs pieds les réveilla. Le rosé du ciel filtrait entre les planches de la baraque. Un coq chanta, autoritaire. Dans la grange le panier se vidait : fromage, maïs bouilli, du pain et le lait tiède d'une jarre disparurent dans les bouches épanouies de satisfaction.

Les roues d'une charrette crissèrent sur les pavés de la cour et des poules caquetèrent d'un ton mécontent. Un chien enchaîna, aussitôt interrompu par une voix coléreuse. Il était temps de sortir d'ici.

Les bêtes paissaient sur le talus, peu pressées de rejoindre un pâturage. Le soleil échappait à l'étreinte des Andes et la montagne scintilla. La journée était belle mais à l'horizon un filet de nuées floconneuses annonçait un changement.

La première pâture descendait jusqu'à la base d'une colline que des moutons tachetaient de brun et de blanc. Notomi, depuis la route de poussière qui serpentait hors de la ville droit vers le sud, reconnut l'allure sautillante de leur hôtesse. Arrivant à sa hauteur il la salua avec un respect étudié.

La gamine éclata d'un rire timide, cachant sa bouche sous le pli du coude tout en mordillant sa veste en laine rouge. Orianiki, complice, laissa monter une joie cristalline tout en notes pointues. La silhouette malingre fit quelques pas vers les bêtes pour se réfugier dans son travail, troublée par tant de naturelle amitié.

« Tu viens avec nous », proposa sans embarras Orianiki en quechua. L'autre se retourna, surprise, et de peur de briser le charme, elle répondit dans la même langue.

« Pas aujourd'hui ! », puis elle courut après son troupeau.

Un peu de chaleur arrivait du soleil. Notomi étira ses bras vers le ciel et, la tête renversée en arrière, le regarda comme s'il ne l'avait jamais vu. Le bleu en était si clair qu'on y sentait la profondeur de l'infini. Le paysage se déployait de tous côtés, coiffé de monts, creusé de vallées et de torrents. Pas de forêt ici, aucun rideau de verdure ne limitait la vision. Dans le lointain, la neige et les glaciers miroitaient sur les sommets. Notomi ne bougeait plus, ébloui par ce nouvel espace qui déjà touchait son cœur.

Un autobus grimpait la côte. La bergère poussa ses bêtes hors de la piste. Pour Notomi ce jour semblait déjà vouloir effacer les blessures du passé. Une paix inconnue l'invitait à vivre. Il était libre. Un vertige intérieur l'étourdit, puis son esprit retrouva sa clarté et une bouffée d'exaltation lui donna envie de crier. Empli de courage, il mit sa sœur sur ses épaules et reprit son voyage.

« Je m'appelle Méché », cria de loin la fillette perchée sur un rocher.

Notomi lui fit un signe amical et Orianiki frappa dans ses mains. Après une brève hésitation la gamine reprit de sa voix aiguë, en désignant la sierra. « Par là il y a des méchants ! »

Mais le garçon ne se retourna pas. Pouvait-on aller ailleurs ? Si elle l'avait su, la petite Quechua ne serait pas restée dans cette bourgade où les gens se cachaient pour dormir. Il accéléra le pas.

À son zénith, le soleil écrasait jusqu'à la poussière de la route que souffletait le vent. Notomi pensa s'asseoir à l'abri d'un bouquet d'arbres mais l'ombre elle-même fondait le long des troncs minces et des branches décharnées. La ligne des sommets fumait, découpée sur le gris lumineux d'une masse nuageuse. Des oiseaux noirs d'une immense envergure planaient dans la fraîcheur de l'altitude. L'Ashaninka s'étonna de leur taille, passionné par tout l'inconnu qu'il aurait à découvrir.

Au centre d'une vallée hérissée de rochers tachés de lichens, quelques fermes confondaient leur toiture de pierres plates avec la nature sauvage. Un chien déboucha d'une sente. Surpris de la rencontre, il se fit aussitôt menaçant. Preste, Notomi ramassa deux projectiles. Le premier atteignit violemment le molosse à l'épaule. Déjà l'autre caillou armait son bras. La bête céda le passage.

Des lamas broutaient sagement de loin en loin à travers les vallons puis leurs troupeaux s'étoffèrent. Ils observaient les voyageurs de côté, cils battants sur des regards enjôleurs. Orianiki s'était émerveillée en les découvrant. Mais son enchantement s'évanouit : la faim la tourmentait à nouveau. Elle avançait, morose, ignorant les cous graciles, les attitudes élégantes des alpagas et des vigognes.

Le corps des enfants se révoltait contre tant d'efforts. Ils burent, avides, la bouche collée à une roche, un mince filet d'eau glacé échappé d'une source souterraine, et secouèrent la tête pour ôter la morsure liquide du froid sur leurs dents. Notomi pensa à la forêt. Là-bas il aurait su agir mais ici, pas de quoi bâtir un refuge, pas de gibier qu'il eût connu et su chasser. Il tenta de lancer quelques pierres sur des passereaux étourdis. Mais la volonté n'y était pas.

Las, ils répondirent à l'invitation d'un carré d'herbage au bord du chemin.

Un bruit de moteur les remit sur leurs jambes. Un camion approchait. « On vous emmène, les enfants », proposa le chauffeur en s'arrêtant au milieu de la route. Le bonhomme inspirait la sympathie. Malheureusement, il redescendait vers Huancayo.

« Nous allons par là », lança Notomi d'un air découragé, indiquant les montagnes.

Le chauffeur observa les gosses quelques secondes. « Vers Pariahunca ? »

Notomi confirma d'un hochement du menton.

« C'est trop loin pour y être ce soir et le temps va changer.

Tu as de quoi manger au moins.

— J'ai faim, père », s'écria Orianiki aussitôt intéressée.

Sans quitter son siège, l'homme lui jeta une brassée de pommes de terres qu'elle ramassa vivement, puis il embraya en criant encore par la portière. « Dans moins d'une heure vous trouverez une vieille maison. Abritez-vous. Il ne va pas faire bon. »

Le ronflement du moteur mangea les derniers mots. Longtemps Notomi suivit du regard la traînée de sable soulevée par le camion. Le front marqué à nouveau d'un pli sévère, il entraîna sa sœur.

18

Des moutons, pressés d'échapper à la pluie, descendaient par une brèche. Leur toison d'hiver épaisse s'accrochait aux épineux, parsemant de fleurs de laine les arbustes desséchés. La masure, sous cette lumière orageuse, prenait des allures de forteresse. Notomi s'y dirigea avec plaisir. L'édifice ne ressemblait plus vraiment à une maison. Les murs écroulés lui donnaient l'air d'un animal accroupi. Au centre, l'une des pièces se couvrait encore d'un morceau de toit rassurant. Notomi referma les quatre planches, vestige de la porte basse, mince ouverture faite pour se garantir du froid et du vent. Une fumée bienveillante s'éleva entre les pierres du foyer. Les pommes de terre s'enfoncèrent sous la cendre, mais la faim rend impatient et les premiers tubercules à peine tiédis furent retirés du feu et dévorés.

Le temps passa lentement dans la somnolence. Les rafales rasaient la toiture délabrée et secouaient les précaires battants de bois comme si elles voulaient en finir avec ces décombres. La fatigue avait alourdi les paupières et les enfants, dos contre les braises, récupéraient.

Le ciel avait retrouvé sa pureté, la saison sèche s'annonçait. Le soleil se posa sur l'échancrure de deux pics vermeils.

Le feu s'éteignit. Notomi se redressa tout d'un coup. Il faisait froid, pourtant il devina une autre cause à son réveil.

Lentement le garçon ouvrit la porte. Le vallon se comblait d'ombres, mais à l'est une clarté laiteuse, en contre-jour des sommets, annonçait la relève. Il laissa errer son regard. Une brise fraîche ébouriffait les cheveux. Le soir s'avançait avec langueur, déversant des nuages un ruissellement de pastels orangés, tirant sur les ombres des montagnes pour les coudre l'une à l'autre et façonner la voile mouchetée où soufflerait la nuit. Puis la lune éclaboussa les corniches lointaines avant de se faufiler au creux des ravins ; son œil pâle déposa une larme d'ivoire sur chaque roche, chaque brin d'herbe folle, éveillant les sources dans leur creuset de mousse. Tout n'était que paix et douceur transies.

Un éclat de voix se perdit dans la nuit. Notomi sursauta. Un groupe d'individus approchaient. Leur aspect deviné dans la pénombre et l'élan saccadé de leur marche avertirent l'Ashaninka d'un danger. Secouée violemment Orianiki ouvrit des yeux affolés. Il la chargea d'une vieille couverture trouvée dans la masure et sarrato en bandoulière, une peau de lama mitée sous le bras, il l'entraîna à toute allure.

Ils quittèrent la route, évitant même un sentier qui les aurait peut-être menés à une ferme. Son corps l'alertait, ces gens-là n'étaient pas à connaître. En arrière, plus aucun son ne troublait la quiétude nocturne mais on devinait la tension de la traque dans le noir. L'odeur du feu avait dû être repérée.

Après une heure de fuite à travers les broussailles, les enfants retrouvèrent une sente. Bien nette, elle contournait les roches, échappait aux gorges, choisissait le passage le plus sûr. Tout était limpide : les nues, l'air saupoudré des parfums nocturnes qui piquaient les narines embuées par le froid, le décor envoûtant. Ils débouchèrent sur un large plateau. Dans les vallées, la brume s'allongeait mollement sur un divan de terre et d'arbres. Au loin, des lueurs limitaient l'infini d'un pointillé tremblant. Notomi pensa au village qu'on leur avait promis au bout du chemin. Ils s'en éloignaient maintenant. Au-dessus du hameau qui veillait, une guirlande de montagnes se détachait. Notomi écouta les battements réguliers de son cœur. La quiétude du monde emplissait l'âme d'un ravissement étrange, avivé par les odeurs de la terre mouillée et des plantes dans lesquelles se réveillait la force tumultueuse de la sève.

La sente les conduisit à une caverne sur le flanc d'un promontoire rocheux. Ils s'endormirent, protégés par leurs oripeaux. Une sorte d'exaltation débordait de leur cœur, effrayant l'inquiétude. Après tous ces mois vécus chez Ricardo, ils se sentaient enfin libres, enfants protégés de Tasorensti qui veillait sur eux. Avant de sombrer complètement, Notomi devina l'étrange présence amie couchée à son côté et il s'entendit lui dire : « Aide-moi. » Dans la noirceur pavée de chemins d'étoiles, une comète s'enfuyait le long d'une arabesque. La lune effleura leurs fronts et aperçut les visages baignés d'espérance.

Cette liberté sembla bien inutile à Orianiki quand, avant l'aube, son estomac commença à porter plainte, la tirant du sommeil. Elle regarda sans bouger la vallée qui s'ouvrait au-devant de la grotte et les montagnes qui s'éveillaient : bleues, roses, grises et brunes. Mais cette beauté n'avait plus d'attrait. Ses vêtements trop minces, poussiéreux et humides, lui donnaient dans le jour hésitant un air lamentable. Une quinte de toux réveilla Notomi. La nuque raidie, il grimaça avant de se relever. « Ori, tu es malade ? » La gamine émit un gémissement d'animal désemparé.

Quand le soleil eut repoussé le froid, Orianiki se sentit mieux. Ils délaissèrent leur refuge à regret, inexorablement attirés au-dehors par la faim et reprirent leur route au hasard des ravins et des torrents. Au creux d'une vallée, une maison de pierre laissait de temps à autre deviner ses formes un peu arrondies. Mais si loin qu'étaient les voyageurs, les chiens donnaient l'alerte. Ou, trottinant derrière un troupeau, le museau interrogeant le vent, ils lançaient dans l'espace de l'altiplano des jappements brefs.

Des bêlements plaintifs encourageaient par intervalles leurs efforts de surveillance.

Le couchant dévora la crête hirsute de l'horizon de sa large bouche violacée et le jour s'habilla de son deuil quotidien. Le vent surgit en bruissant dans les feuilles, portant sur son aile la froideur de l'ombre. La terre perdit sa souplesse et sa tiédeur. Le soir n'avait pas offert d'abri. Les enfants s'accroupirent sous des buissons, les yeux creusés de fatigue et pour Orianiki, commença une nuit de souffrance. Tandis qu'elle sombrait anéantie par la fièvre, Notomi supplia celle qui le suivait depuis tant de jours.

« Ramène-nous en forêt ou... » Son appel rebondit sur les rochers nappés d'une coulée d'argent puis se perdit dans l'espace fourmillant de présences attentives. Notomi murmura à peine les derniers mots. « Je crois que nous allons mourir. »

Un chien sauvage rôdait autour des buissons. Notomi le devina, haletant, humant l'air pour démêler les odeurs, le pelage frémissant. Des bruits inconnus naissait un monde : claquements de pierres, insectes, serpents. Le froissement d'une aile se coula avec aisance au ras du sol, suivi d'un appel traînant et suraigu. Des regards minuscules se penchaient, curieux, sur les enfants recroquevillés, laissant une seconde palpiter les ocelles de leurs pupilles lumineuses.

Tout à coup, une détonation étrangère à la nature écrasa les messages millénaires. À la salve suivante, le chant du monde se tut tout à fait. Les constellations se tinrent aux aguets sur le flot lisse du ciel noir. La distance étouffait les détails de l'agression. Puis l'Homme cessa son agitation bruyante et la Terre reprit le rythme de ses luttes, de ses louanges et de ses interrogations.

La lumière jaillit comme elle savait le faire sous ces latitudes tropicales, allumant aussitôt chaque goutte de rosée éparpillée sur les herbes hautes. Des brassées de couleur s'éveillaient : le vert des touffes d'ajoncs ; le bistre de l'humus ; l'ocre et le gris des roches. Des fleurs fragiles dans leurs couffins d'herbage se coiffaient de mauve et de carmin.

Notomi souleva sa sœur, perdue entre le sommeil et la fièvre. Seul un gémissement inconscient signalait la présence d'une vie sous la couverture.

Pendant tout le jour l'Ashaninka se traîna, de haltes en brèves étapes, égratignant ses bras et ses genoux aux ronces et chutant sur les cailloux. La détresse renforçait son air farouche. Enfin, au passage d'une crête, il aperçut au loin des toits de pierre, comme des dés gris et rose jetés du haut de la montagne sur le tapis des pâturages. Les nuages se bousculaient en fumant, s'évanouissaient en une spirale ascendante pour renaître, éblouissants, au-dessus de la plaine. En contrebas un faisceau de pluie avançait.

Le crépuscule jeta sur la cordillère quelques flocons de mauve et d'or puis la nuit ouvrit ses ailes pour blottir la terre contre son flanc.

La promesse d'un réconfort poussa Notomi jusqu'au village. On ne voyait aucune lanterne. Aucun feu non plus. Juste une odeur étrange, entêtante, prouvait une présence. Notomi attendit. Pas une ombre, pas un bruit : l'endroit était désert. L'émanation qui s'exhaltait d'entre les bâtisses s'alourdit. Assis contre un mur, Orianiki toujours silencieuse en travers de ses jambes, Notomi pensa la laisser là, le temps de chercher du secours ou un abri. Des grognements s'échangèrent à peu de distance. Notomi se redressa brusquement et soudain reconnut l'odeur : c'était celle du sang. Il y avait là du gibier fraîchement tué que devaient dévorer des loups ou des chiens. La peur resurgit mais malgré tout il s'engagea dans la rue de poussière. Les portes des maisons étaient ouvertes. Au bout du chemin il devina plusieurs bêtes acharnées sur une proie.

Anéanti par la peur et la fatigue, Notomi avança. Aussitôt il buta sur quelque chose et roula lourdement sur la terre desséchée. L'obstacle avait des bras et des jambes, une tête à la bouche béante. À sa droite, un autre corps recroquevillé sur ses blessures s'était figé dans une flaque noirâtre. Hagard, Notomi reprit son fardeau et chercha une issue à ce cauchemar. La rue pavée de morts semblait ne plus mener nulle part. Son regard allant de cadavre en cadavre, il traversa le hameau. Là, une femme avait perdu ses jupons. Des enfants égorgés s'embrassaient, jetés l'un contre l'autre au hasard de l'agonie. Au sortir du village, un arbre tenait entre ses branches un crucifié dont la peau pendait par lambeaux.

Le sentier courait maintenant dans un vallon. Notomi ne sut s'il avait vu ou imaginé ce carnage. Il lui sembla suivre un chemin tracé par le vent entre la terre et le ciel ; un vent qui le poussait à poursuivre son chemin.

La solitude enveloppait les montagnes comme si plus rien de vivant ne respirait alentour. Notomi trébucha à nouveau et s'effondra dans la nuit glacée, Orianiki serrée contre lui.

19

En quittant Andamarca, la colonne des terroristes se sépara en deux groupes. Felipe commandait le premier. Il marchait, rapide et sûr, entraîné à tous les efforts, suivi d'une dizaine de camarades aveuglément soumis à ses ordres.

Les terroristes étaient surchargés par la nourriture ramassée sur les étalages, mais l'armement surtout pesait. Ils avaient récupéré les pistolets, les fusils et les grenades au poste de police et les armes des gardes civils assassinés. Pourtant la fuite avait été rapide. Les senderos auraient fait honte à bien des bataillons militaires.

Felipe jeta un coup d'œil à sa troupe. Elle ne l'avait pas déçu. Surtout Estela, cette jeune fille étonnante qui l'avait suivi spontanément un an auparavant. Elle n'avait cessé de l'étonner par sa rage à s'entraîner, son aptitude à diriger ses compagnons. Sans doute avait-elle ses raisons. Certes elle était un élément d'exception, pourtant, aujourd'hui, Felipe s'était étonné de la voir s'acharner sur l'un des cadavres. Avec le manche d'un outil ramassé dans le village, Estela avait roué de coups le corps inanimé, pulvérisant l'ossature. Saisissant son poignet il avait dû l'arrêter ; le temps pressait.

Le contact soudain avec sa chair brûlante l'avait fait frémir et les yeux de la sendera l'avaient foudroyé au travers de la visière de sa cagoule. La jeune fille avait arraché d'un geste son masque en jetant violemment l'outil aux pieds de son chef. « On ne touche pas une camarade. » Des perles de sueur avaient fait briller la cicatrice sur sa pommette.

José menait l'autre groupe. L'allure était la même. À vingt ans, quatre de plus que sa sœur, il n'avait pas la fraîcheur d'Estela ni cette énergie aveugle qui la portait au-delà des fatigues et des angoisses.

Tous deux avaient enduré les mêmes épreuves et personne mieux que lui ne connaissait la souffrance. C'était Estela cependant qui avait pris la décision de suivre le Sentier Lumineux. Elle voulait la lutte, elle cherchait la justice, incapable de vivre plus longtemps dans l'horreur. Ils ignoraient alors que, de gré ou de force, leur destinée allait être la même. Les senderos ne demandaient pas leur avis aux centaines d'adolescents attrapés et emmenés dans leurs camps au cœur de la Selva, pour six mois de formation intensive. Même si certains s'engageaient volontairement, comme Estela et José, pour échapper à l'oppression et au dénuement ou bien ébranlés par la vision d'actes révoltants, la plupart des nouvelles recrues quittaient le foyer paternel sous la menace des fusils. Ils allaient pourtant former la base d'appui de la guérilla sendera. En une saison, l'endoctrinement implacable des communistes maoïstes ferait d'eux de farouches et inébranlables prosélytes.

José aperçut l'autre colonne se faufilant vers les hauteurs. Il pensa à Felipe, à la façon dont il avait jeté le gringo hors du camion sur la route de Huancayo, après des heures de voyage. L'Américain s'était sûrement cassé le cou. Mais que lui importait le sort d'un ennemi du peuple, il n'avait qu'une seule préoccupation : Estela. Même si elle n'avait pas besoin de lui, le hasard ne les avait pas séparés. Peu de leurs compagnons connaissaient leurs liens de parenté. C'était sans importance. La révolution n'engendrait que des camarades, plus frères, plus unis que les enfants d'un même sang. Envoûtés par la discipline et alliés au combat.

José pensait autrement et, s'il n'avait pas croisé trois fois par jour la fine silhouette de sa sœur, le parti aurait pu deviner qu'il n'était pas un élément auquel confier des responsabilités : elle le subjuguait et, copiant son attitude, il donnait le change à ses éducateurs.

L'endroit était désert. José savait que Felipe s'était arrêté. Dans la vallée, la nouvelle devait maintenant s'être répandue. Les yeux plissés par l'effort, José scruta la pente où la végétation se clairsemait. Il fallait rester là car le paysage trop dégagé ne pouvait être traversé en pleine journée. L'infanterie de marine parcourait la région. Et même si l'armée n'avait jamais tenté de poursuites en montagne, bien trop périlleuses, mieux valait ne pas risquer d'indiquer la direction des refuges en s'exposant aux jumelles des sentinelles. Sur une étendue à découvert, des lamas beiges, blancs ou noirs déambulaient, nonchalants, autour d'un lac miniature ceinturé de roseaux et de sagittaires. À distance, une maisonnette réchauffait ses tuiles en pierre autour de la cheminée muette. José connaissait l'endroit et le vieux qui vivait là ; un fou qui mangeait des plantes et des pierres, disait-on, et auquel plus personne ne prenait garde.

Seul le bétail avait de l'intérêt et tant que le vieillard en prenait soin il contribuait à la révolution. Un jour José viendrait chercher les bêtes.

À tour de rôle, les guérilleros montèrent la garde.

Pour la première fois Luiza quittait le camp de forêt où elle était arrivée des mois auparavant, et aujourd'hui, elle avait dix-sept ans. Des oiseaux se chamaillaient dans les buissons, voletant en piaillant. La sendera aperçut un homme dans le lointain qui montait péniblement, alourdi par une charge. Luiza voulut réveiller son chef. À une vingtaine de mètres, le guetteur surveillant l'autre côté ne l'avait pas repéré. José soupira dans son sommeil et gémit. Elle suspendit son geste. Fallait-il le réveiller après tant de fatigues : le voyage de la veille, l'attaque du village et la fuite ? Elle le regardait, si doux dans son sommeil, presque vulnérable. La jeune fille rougit. Un combattant du parti ne pouvait attirer de telles réflexions.

Elle se redressa. L'homme longeait le lac maintenant. Sans doute habitait-il la maison qui se distinguait au bord d'un pâturage.

José s'agita. D'un geste hésitant, il chercha vaguement à protéger ses yeux puis se dressa à demi, balbutia un ordre incompréhensible et se retourna sur le côté. Luiza, désemparée, regarda autour d'elle mais chacun demeurait dans ses propres cauchemars.

En contrebas le vieux gagnait sa demeure. La sendera s'approcha doucement du borgne. L'expression fragile du visage révélait l'extrême jeunesse même si le labeur et les privations d'autrefois avaient pour toujours marqué ses traits.

Au-dessus de l'incendie du couchant montait la fumée noire de la nuit, le vent se leva pour souffler sur la palette des couleurs et le paysage s'éteignit. Une haleine froide envahit le versant. Luiza, rassurée par la pénombre, s'approcha sans bruit de José. « Camarade, la nuit est là », souffla-t-elle pour n'éveiller que lui. Ses yeux s'ouvrirent, celui où se lisait la vie brilla pour une fois sans fureur, sans refléter cette obligation de devoir toujours incarner la lutte. Luiza eut le temps de le remarquer puis prestement recula pour reprendre sa place.

« Le seul chemin est celui des armes », lança José sans véritable conviction. Les senderos s'éveillèrent, déjà prêts aux combats.

José avait repris la tête de sa troupe. Il gravissait la montagne comme il avait dû le faire depuis ses premiers pas, dès que sa mère l'avait décroché de son dos où elle l'avait porté durant des mois. Ses pieds reconnaissaient les pierres, les racines et la roche. Tous allaient du même pas, fils de la sierra, paysans quechuas dans l'âme et le corps. José savait qu'il irait ainsi tant que la vie coulerait dans ses veines. Guerrier proscrit, maintenant banni par les siens, il lutterait, mais sans haine, tant que l'œil qui lui restait lui montrerait sa route.

Luiza le suivait. Elle le sentait au rang des vainqueurs, même si demain le combat de la révolution le réclamait pour son quota de martyrs, libéré en tout cas, comme elle, de l'esclavage, du mépris. En marge d'un pays qui avait nié ces millions de serranos qui n'avaient plus rien à perdre et tout à défendre et qui s'étaient jetés, sans bien la comprendre, dans les bras d'une rébellion sanguinaire. Péruviens sans Pérou, portés par le sentiment épuisant d'être des émigrés dans leur propre pays. Luiza avait dix-sept ans. Son cœur s'enfla d'orgueil. Le parti avait confiance en elle et le camarade José saurait la guider sur le Sentier Lumineux qui menait à la révolution populaire.

20

Le comportement inhabituel des lamas frappa Mika. Les bêtes, qui aimaient attendre le soir sur la terrasse qui dominait le lac, étaient descendues plus bas. L'horizon semblait serein, aucun orage n'était en vue. Un fauve les aurait-il dérangées ? Pourtant, cette altitude n'attirait pas de jour les pumas.

Mika huma l'air. La terre exhalait de grandes bouffées d'humus et d'herbes sèches. Une bande de moineaux pépiait un peu fort. El Alemán continua son chemin en prenant soin de faire peser ses pas afin de ne pas surprendre. Pas une fois il ne chercha à repérer cette présence que tout son corps ressentait. Le vent du crépuscule s'agita autour du lac comme pour attirer son attention. « Je sais, je sais, chuchota-t-il, calme-toi. »

Il atteignit enfin sa maison.

Quelques pierres roulèrent entre les buissons. Celui ou ceux qui s'étaient tapis l'attendaient-ils ? Il avait craint cet affrontement tant de fois.

Sans attendre, le vieil homme s'enroula dans un poncho aux couleurs de la nuit et, pieds nus pour mieux sentir le relief dans le noir, il déserta son logis.

Sous le couvert des arbrisseaux, il disparut en se pliant à demi et s'éloigna rapidement dans le lit d'un torrent desséché. Peu après il s'engageait dans une brèche quasiment invisible et se hissait sur une avancée parsemée d'épineux, accessible par cet unique et étroit couloir. Les contours d'une bergerie se découpaient, en partie mêlés aux amas de roches et de végétation. Le vieux se détendit ; il passerait la nuit ici. Cette cachette était introuvable.

Mika faillit crier d'effroi. Là, devant le seuil, s'étalait une forme sombre et inquiétante. Une bombe ! L'aurait-on poussé jusqu'à son ultime refuge pour en finir avec lui ? Ce n'était pas un procédé des subversifs. Il recula de quelques pas et se coula, prudent, au coin de la cabane. La forme, trop grosse pour être un chien, remua tout à coup. Mika se rejeta en arrière, à l'abri du mur. Une toux douloureuse égrena la souffrance d'une gorge menue. Surpris tout d'abord, El Alemán se précipita.

Notomi se leva d'un coup.

« Qui est-ce ? cria-t-il pour effrayer l'agresseur.

— Tais-toi », lança Mika en étouffant sa voix, certain que celui-ci, même si le Sentier recrutait dès l'âge de dix ans, n'en faisait pas partie.

« Ils sont là sur le plateau », poursuivit le vieux en s'accroupissant face au garçon pour ne plus l'alarmer. Il découvrit alors le tas recroquevillé dans la couverture, qu'une attaque pulmonaire secouait à nouveau. Notomi dévisageait l'homme. Mika ramassa Orianiki et, poussant la porte du pied, pénétra dans la bergerie...

« Viens, souffla-t-il par-dessus son épaule, et ferme la porte. » Au cœur de la nuit, seul un oiseau de proie s'agitait dans le silence.

Comment ce gamin avait-il fait pour atteindre un endroit pareil ?

Mika ne trouverait pas la réponse et cessa de s'interroger.

« Passe-moi encore de la tisane, là dans ce pot. Et mange s'il te plaît, ou j'aurai deux moribonds sur les bras. »

Seules les crises d'Orianiki avaient perturbé la nuit et, dès l'aube, ils avaient rejoint la maison sur le pâturage.

Mika redressa la tête de la malade, ses lèvres sur le bord du gobelet grimacèrent de dégoût, puis il la recoucha. Elle respirait à peine et, malgré l'énorme feu qui brûlait dans la cheminée, grelottait. Orianiki avait perdu contact avec la réalité et ne reconnaissait même pas son frère assis à son chevet. Celui-ci finit un bol de soupe puis se rapprocha un peu plus. Le lit était si grand pour un si petit être, les couvertures et les peaux de lamas bien trop lourdes pour si peu de chair. Elle ne toussait plus. Son corps n'en avait plus la force et son souffle s'échappait au bord de ses narines pincées par la fièvre en sifflant une note sinistre. Notomi regarda le carré de bleu que découpait la fenêtre étroite, si pur et parfait qu'il en eut mal : Orianiki gisait les yeux clos.

La pièce était simple ; le lit, une table et sa chaise. Un placard, dont les portes avaient déjà servi à réparer le volet de la fenêtre, gardait des livres et quelques vêtements. Des plantes suspendues par leur tige se balançaient doucement au plafond chaque fois qu'une goulée d'air se laissait aspirer par la cheminée.

Notomi ne s'était jamais senti aussi vulnérable. Pourtant, immédiatement Mika et l'Ashaninka avaient su accorder leurs gestes et leurs pensées.

« Elle va mourir ? »

Notomi n'était pas un être auquel on allait raconter de mauvaises fables alors que la mort déjà guettait.

« Dieu choisira l'heure. C'est Lui qui décide de tout », murmura Mika.

Le garçon perçut toute la force de la réponse et après un long moment de silence osa une confidence : « Dieu chez moi s'appelle Tasorensti. Et nous pouvons lui parler.

— Alors parle-lui et lutte contre celle qui veut entrer ici. »

Lutter ! Mika ne put cacher son découragement en contemplant la maigreur des enfants, les pieds ensanglantés du garçon, les épines qui avaient martyrisé ses bras et ses mollets, déchiré ses vêtements. Sans qu'aucune question eût été posée, le vieil homme savait que ces gosses se battaient depuis longtemps. Ils n'étaient pas serranos. El Alemán connaissait peu les natifs de la Selva, pourtant il la devina à travers Notomi. Quelle adversité les avait rejetés dans la nuit jusqu'ici à peine vêtus, affamés, presque morts ?

Jusqu'au soir, Notomi, anéanti, ne quitta pas le chevet de sa sœur. Mika donnait la potion, espérait les progrès. Mais en vain. Orianiki sombrait lentement. Avant que ne descende l'ombre, on frappa à la porte. Notomi saisit la main brûlante de sa sœur.

« *¿ Quién es ?* demanda Mika avec autorité.

— Carlos, hermano. »

El Alemán ouvrit précipitamment.

« Ils sont venus ? » demanda Mika avant même que le serrano, le visage bouleversé, ne fût entré dans la pièce. Celui-ci fit un signe affirmatif de la tête. « Cette nuit », précisa-t-il.

« D'où sortent-ils ceux-là ! dit-il en apercevant Notomi et le corps minuscule au fond du lit.

— Ce n'est rien, Carlos. Encore de la misère et des larmes enfantées par les affrontements. » Mika soupira, ses mains calleuses posées sur les genoux. « Ils sont partout. Ce gamin-là a dû naître en bas dans la Selva, mais il semble que même les fleuves se mettent à couler à l'envers, et les étoiles se trompent de route. Bientôt le soleil va pleurer des larmes de sang. »

Carlos s'assit discrètement, le regard naviguant entre les flammes du foyer et le visage de l'Ashaninka, à nouveau penché sur le lit.

« Luzmila ? murmura El Alemán.

— Elle va bien. » Mais d'une voix cassée Carlos ajouta : « Beaucoup d'autres ont succombé... Des fillettes, tellement jeunes... »

On n'entendait plus que les crépitements dans la cheminée et un vent léger qui tournait autour de la toiture.

« J'ai trouvé ça. » Carlos sortit de sa poche une coupure de journal poissée de sang. Mika la prit. Carlos ne savait pas lire.

« L'armée a lancé une vaste offensive pour reprendre le contrôle des vallées andines tropicales, bastion des subversifs du Sentier Lumineux et des trafiquants de cocaïne. On attend beaucoup de succès de cette entreprise grâce à la mise en service d'hélicoptères qui lanceront des bombes incendiaires. La population civile est prévenue que toute forme de soutien en faveur des subversifs et des trafiquants sera sévèrement contrôlée et punie. »

« C'est un véritable génocide », conclut Mika en jetant le papier dans le feu. Le visage de Carlos s'était desséché un peu plus et son fragile sourire l'avait pour de bon déserté. Mais le paysan restait calme. Mika l'appréciait pour cette sérénité fataliste qui rendait la vie supportable.

« Ils étaient là-haut le soir dernier, fuyant vers les hauteurs, l'informa El Alemán.

— Hermano, les sinchis sont pires. Ceux-là nous tueront tous.

— C'est la *guerra sucia* [1], Carlos. Tout le monde tue tout le monde. Nous ne devons pas céder à la violence des communistes. Jamais le Pérou ne trouvera la paix en pariant sur le massacre et la torture. Jamais. Nous devons résister sans succomber à la haine que développent en nous les abus gouvernementaux. »

Avec lassitude Mika conclut plus bas : « L'armée n'a plus aucun discernement. Ses soldats sont guidés par la peur et le besoin d'oublier. »

Des bols de soupe fumant entre les mains, les trois hommes mangeaient sans un mot. Notomi perdu dans sa tristesse, Carlos avec l'avidité d'un corps robuste servant une vie difficile, Mika avec la sagesse de l'aïeul.

---

1. *Guerra sucia* : guerre sale. Nom de la guerre civile qui sévit au Pérou depuis 1981.

Puis Carlos rejoignit le mystère de la nuit. « Sois prudent », glissa El Alemán dans un murmure. Le salut était empreint d'inquiétude et d'amitié.

21

Quelle folie ! Notomi ruminait son désespoir. Au-dessus de la couche où délirait Orianiki, le carré de la fenêtre était noir maintenant, sans une étoile. Le vent hurlait depuis le départ de Carlos et les moutons, dans l'enclos adossé à la maison, bêlaient par intervalles, inquiets de cette colère du printemps. Les mâles renâclaient nerveusement, impatients de se battre, demain ou bientôt, pour écarter les plus faibles et courtiser les femelles ; elles, toutes perturbées, poussées par l'éternelle nécessité de perpétuer la race et l'envie de nourrir une nouvelle vendange de petits.

La pluie s'abattait sur l'altiplano, frappait en rafales les tuiles et les carreaux, le feu haletait. Comme tout cela était différent ! Notomi resserra autour de lui le poncho trop large que lui avait enfilé Mika.

« Je n'aurais pas dû fuir. » Il baissa les paupières. Alors surgirent les cascades illuminées de soleil, les grands aras criant leur joie en traversant le ciel par-dessus les chutes, les rochers rouge et gris reposant le long de la rivière. Sur la berge les lianes se balançaient aux branches habillées de feuillage généreux. Ici et là des orchidées s'épanouissaient en corolles blanches ou carmin. Les oiseaux bleus, les jaunes, ceux dont varient les nuances au cours des saisons. Et puis un bonheur simple, doux comme la mousse du sous-bois, caressant comme la brise tiède qui se promenait alanguie le long du fleuve.

L'Ashaninka sortit brusquement de son rêve ; il écarta les fourrures et le corps de la malade eut un soubresaut avant de retomber dans son apathie. Notomi commença.

« Dans la grande forêt vivait Orianiki. Elle était fille d'Ashaninka. Ceux qui sont des Hommes et écoutent parler les animaux et le vent... »

Mika sortit de sa somnolence. La langue lui était inconnue mais il l'écouta, attentif au ton passionné et solennel de l'enfant.

« Elle aimait son frère. Celui qui chassait l'écureuil et le perroquet tout le long du jour. Orianiki savait les histoires du monde. Celle de Tasorensti, le dieu de l'univers. »

Sur les murs de la maison défilaient les paysages, entre les flammes dansaient les animaux. La chambre s'agrandit et s'emplit de lumière. Notomi appela le soleil, les oiseaux, et ceux-ci volèrent gaiement en ronde autour du lit. Il invita les fées et les entités de la forêt puis il parla aux ancêtres qui s'approchèrent en cercle pour veiller sur l'enfant. Notomi chuchota la brise, incarna le jaguar, siffla entre les pierres comme le serpent. Tour à tour chacun des habitants de la Selva vint saluer Orianiki qui se mourait.

Tout à coup Notomi se leva : « Mais qui es-tu ? »

Mika, intrigué, osait à peine respirer. S'adressait-il vraiment à quelqu'un ?

« Ne la touchez pas », chuchota l'Ashaninka. Il restait figé, regardant au-delà du monde. Dans ses yeux passaient des ombres et des nuages. La beauté limpide de ses traits bouleversa l'Aleman : l'enfance a accès à des univers dont l'adulte ne conserve même pas le souvenir.

La malade s'agita, lançant en avant ses bras maigres. Notomi avait bondi. « Je vous connais maintenant. Je n'ai plus peur. Vous êtes la mort. Prenez-moi, mais pas elle. »

Mika avait de la peine à suivre et ne pouvait se résoudre à croire la scène. La mort était là, rôdant dans sa demeure.

Cette fois elle ne s'armait pas d'une machette ou de dynamite ; plus sournoise mais moins sûre d'elle aussi. Orianiki la repoussait comme une flamme trop vive qui la brûlait déjà. Mais son souffle perdait de sa force. Elle poussa un faible cri. Notomi tomba à genoux pour la saisir.

« Ô Tasorensti, je veux partir avec elle. Que j'oublie ces peines dont je suis responsable, ces joies que je n'ai pas su goûter, laisse-nous être vent et poussière, fleur et papillon, ciel et oiseau. »

Mika s'était levé. Une telle force d'amour pouvait encore sauver l'enfant !

El Alemán se dirigea vers le lac. Les brouillards écrasaient les herbes d'une humidité luisante, l'eau noire happait les berges sans en rendre le reflet. Une serpette à la main, Mika sacrifia des plantes bien drues, pleines de vie. Il chancela sur le sentier, la brassée de feuilles et de branches couchée entre ses bras.

« Allez, vieillard, chaque seconde la tue », murmura-t-il afin de faire jaillir l'énergie nécessaire pour rejoindre sa porte.

Notomi tremblait, le visage en pleurs.

« Viens, hurla Mika saisi par le spectacle. Sors-la du lit, vite. »

Il avait jeté son fardeau sur le sol et, étalant une couverture devant l'âtre, attrapa l'enfant et lui ôta sa chemise trempée.

« Mais viens donc. Aide-moi. »

Saisissant une poignée d'herbes, Mika se mit à frotter le corps éteint. Les frictions ranimaient le sang. La peau rougit.

Le monceau de plantes fraîches diminua, offrant, heure après heure, sa nature généreuse. Mika se redressa, le dos douloureux et les bras raides. Notomi rejeta la dernière poignée de graminées écrasées.

« Nous l'avons tuée... ou sauvée », dit le vieil homme exténué en s'allongeant pour reprendre haleine.

Ayant recouvert sa sœur du poncho, Notomi s'assit en tailleur et entonna un chant, celui que le sorcier autrefois fredonnait tandis que les hommes du village voyageaient au loin dans les mondes secrets de la liane magique : *camarempi* [1].

---

1. *Camarempi* : plante hallucinogène consommée de façon rituelle.

22

« Pouvez-vous les décrire ?

— Mais ils sont tous pareils !... L'un d'eux était borgne.

— Et la fille...

— Quoi, la fille ? Je ne sais plus. »

Le policier posa sa plume, découragé.

« Monsieur Calder, les États-Unis entretiennent des relations délicates avec notre pays. Mais il est de mon devoir de ne pas laisser impunis les sévices perpétrés contre l'un de ses ressortissants. »

Mark Calder releva la tête.

« Comment voulez-vous que je vous aide ! Il n'y avait que des arbres autour de nous. Et des dizaines d'individus, à la peau foncée, aux yeux et aux cheveux noirs, comme vingt millions de Péruviens.

— On parlait quechua, m'avez-vous dit ?

— Entre eux, oui. Espagnol avec moi.

— Et le retour ? Voyons... »

L'homme chercha dans ses dossiers.

« Huancayo, c'est cela... Un bras cassé et sans connaissance. Vous avez eu de la chance qu'une patrouille de l'infanterie de marine vous découvre.

— De la chance ! Il m'a fallu trois heures pour les persuader que j'étais américain, journaliste et que mon ambassade avait mis tout en œuvre pour me retrouver !

— Monsieur Calder, nous vivons une sorte de guerre contre des éléments subversifs extrêmement dangereux. La prudence s'impose.

— La prudence les obligeait-elle à me rouer de coups avant de me poser les questions utiles ? »

Calder grimaça. Le bras cassé était plâtré et son corps, couvert d'ecchymoses, lui arrachait des plaintes à chaque mouvement.

« Le retour, je vous prie.

— Les yeux bandés, grogna l'Américain furieux, tout est déjà dans le rapport. »

On frappa à la porte et sans attendre d'autorisation entra un homme élégant. Blond, avenant, le cheveu court.

« Calder ! Dieu soit béni », s'écria-t-il en anglais.

Les deux hommes se serrèrent la main longuement.

« Je vous avais dit que c'était une folie ! », puis se retournant enfin vers le policier, il enchaîna en espagnol avec un merveilleux sourire diplomatique. « Clarence Burney, attaché d'ambassade. »

On ne se serra pas la main.

« L'ambassade des États-Unis apprécie votre coopération et vous adresse ses sincères remerciements, señor.

— Mais, monsieur Burney, nous luttons de concert contre le terrorisme et le trafic de la drogue. »

Le sourire du Péruvien rivalisait d'hypocrisie avec celui du diplomate. Il poursuivit :

« Je voudrais pourtant souligner à quel point il est imprudent de s'avancer aussi loin à l'intérieur de certaines régions. L'état d'urgence est déclaré dans dix-sept provinces. Vous ne l'ignorez pas ?

— Ah ! Vous savez, ces gens de presse sont intenables. »

Déjà l'attaché d'ambassade poussait négligemment son compatriote vers la porte du bureau poussiéreux. Le policier ne fit pas un geste mais, avant que le loquet ne tourne, il reprit la parole.

« Une petite signature, monsieur Calder. »

Les Américains firent volte-face. Plusieurs feuillets en désordre attendaient sur la table.

« Faites un faux », souffla le conseiller.

Le chauffeur referma la portière sur les deux hommes.

« Quel cinéma ! Tout ça pour nous prévenir de ne pas mettre le nez dans leurs affaires. » Calder s'était effondré sur la banquette.

« Heureusement que cette femme nous a appelés. Vous n'étiez pas à l'hôpital militaire ?

— Je ne sais pas à vrai dire. L'infirmière était sympathique, j'ai osé lui demander de l'aide.

— Elle a été formidable, mais vous aviez quitté son service quand nous sommes arrivés. Deux jours pour mettre la main sur vous ! »

La voiture roulait en direction des beaux quartiers. Lima était grise, oubliée par l'été qui ne visite les bords du Pacifique que de décembre à avril. Calder fronçait les sourcils et releva sa mèche.

« Je ne suis plus capable de dire ce qui a été le plus pénible : le camp sendériste ou les quarante-huit heures de cachot à Huancayo.

— Oubliez, Calder. Dans quelques jours vous volerez vers les États-Unis. »

La pluie salissait le pare-brise du véhicule.

« Je reviendrai... Je me le suis juré. Je reviendrai. »

Le diplomate regarda le jeune homme ; il ne plaisantait pas. Alors, songeant à ce qu'il connaissait, lui, du Pérou, il fut certain que Calder en avait vu beaucoup plus qu'il ne voulait le raconter.

23

Notomi s'était assis sous un boqueteau couvert de baies mûres, camaïeu de rouge corail, aux feuilles vernissées. Des colchiques réchauffaient leurs corolles mauves aux rayons ardents qui éveillaient la fragrance sucrée des fleurs. Il avait suivi, avant même le lever du jour, un chemin accroché à la pente.

Un condor tournoya et s'éloigna en visant le soleil. Sur les ailes noires la lumière bleutée ondulait en accord avec les battements immenses, puis il disparut, consumé par la brûlure éclatante. Notomi pensa n'avoir jamais contemplé ligne plus pure, allure plus victorieuse : un demi-cercle de montagnes croisaient leurs à-pics, leurs arêtes échancrées. À la suite de son regard son âme s'envola vers les sommets pour effleurer la majesté du monde.

La sierra toisait les plateaux et les vallons, emmitouflée dans ses fourrures de neige qui, protégées par la glaciale altitude, n'avaient rien à craindre de l'ardeur du soleil. Les névés bleus plissaient leurs rides millénaires jusqu'à s'affaisser dans une combe. Dans la plaine, les champs et les prairies inventaient une mosaïque colorée. Or craquant des maïs, amarante des terres labourées, opaline d'un pâturage, émeraude d'une vallée fertile. Réduits à la taille de moucherons, les lamas paissaient autour de la maison de Mika.

Notomi remercia son Dieu. Le vent approchait et sa chanson s'élevait en vagues lentes, sautant par-dessus les arbustes, s'étouffant dans les creux. Il écouta. L'espace tourbillonnait entre lui et les hauteurs, comme si la montagne respirait. Quand le soleil fut au milieu du ciel, il se remit en marche et d'un pas régulier entreprit la descente. Il aimait ce pays.

Orianiki vint au-devant de son frère, arrivé à l'enclos. Encore faible, elle renaissait doucement. Depuis deux semaines il chassait, courait la montagne, sa fronde abattant les oiseaux et les rongeurs pour donner à sa sœur du sang neuf et un sourire.

« Noto », cria-t-elle de toute sa voix.

Elle réapprenait à rire, ses yeux scintillaient de joie. Le garçon la prit par la main et tandis qu'elle babillait ils regagnèrent la maison.

Le soleil s'effaça trop vite, coupé par un horizon tracé à l'encre bleue sur la page du soir.

Le temps passait avec tant de calme que Notomi pensait vivre perpétuellement la même journée, paisible et belle. La vie avait déjà coulé ainsi dans son village et il savourait la plénitude retrouvée.

Mika avait pris les choses en main. Notomi récitait déjà l'alphabet, la suite viendrait vite. Le soir les enfants s'asseyaient au bord du lac, et Notomi, en mémoire de la nuit durant laquelle Orianiki avait été sauvée, lui racontait une histoire, un conte évoquant le bonheur et l'espoir. Il avait oublié son désir de vengeance et, sans parler de pardon, il se détachait du souvenir de l'assassinat de ses parents. Au cœur des nénuphars, les grenouilles chantaient le printemps. Puis les notes montèrent en puissance et en couleur : ce fut l'été.

Orianiki grandissait, Notomi conservait sa silhouette bien bâtie mais menue. Un Ashaninka, à son âge, pouvait prétendre s'occuper d'une famille.

Maintenant il lisait l'espagnol, écrivait un peu, emmagasinait tout ce que Mika lui apprenait ou simplement écoutait le vent lui raconter le monde.

El Alemán s'absentait fréquemment : des plantes à cueillir sur d'autres versants, des malades à visiter qu'un paysan voisin était venu signaler. Depuis deux mois la région était tranquille, ni visite ni mission punitive. Mais un tel calme était presque inquiétant.

Un soir après la leçon d'écriture qui se passait devant la maison, Mika parut préoccupé.

« Je ne vous ai jamais parlé du Pachacuti, commença-t-il avec douceur. Approchez-vous et écoutez. »

Il prit une inspiration et observa les montagnes. Les versants s'estompaient empourprés de nuances crépusculaires. Plus haut éclatait le chaos de cimes drapées d'ombre. Au front des névés flottaient des rubans grenat. Mika détacha son regard des reflets fauves qui s'accrochaient encore à une coulée de neige. Très loin dans la vallée, des lampes à huile vacillaient, trop faibles pour écarter la noirceur envahissante. D'innombrables étoiles leur répondirent bientôt.

« Si les hommes se battent c'est qu'ils croient en la vie », commença Mika.

Notomi frémit d'impatience.

« Il est une prédiction que les Indiens quechuas de tout le continent sud-américain se répètent de génération en génération. » Mika reprit sa respiration.

« Raconte, Père, raconte », lança Orianiki blottie contre les genoux du vieil homme.

24

Les sinchis, comme à leur habitude, sillonnaient les rues en hurlant, le torse nu maculé du sang de quelques chiens attrapés au hasard de la ville et égorgés. Les plus raffinés se pavanaient avec la tête de l'animal, yeux exorbités et langue pendante entre les crocs inutiles, plantée sur la baïonnette du fusil, les viscères puants enroulés autour de leur cou de brute.

Cette façon de faire leur était familière. À la fin de leur apprentissage, chaque homme de l'unité spéciale antiguérilla devait prouver son courage en tuant, à mains nues, un molosse. La technique la plus prisée consistait à l'égorger avec les dents. L'affrontement se déroulait dans une arène de sable. Prisonnier d'une cage étroite jusqu'au moment où il voyait sa mort dans le regard d'un soldat ivre du désir de réussir, le chien enrageait, fou d'angoisse. Il était peu étonnant que la plupart de ces hommes confondent, ou se plaisent à confondre, population civile innocente et terroristes.

Les rues de Huancayo résonnaient ce soir-là des échos de leur fanatisme, tandis qu'ils prenaient pour de l'héroïsme l'efficacité meurtrière qu'ils devaient à leur nombre et à leurs armes.

À La Escala, Méché s'était précipitée pour fermer le

portail derrière les bêtes. Par groupes de dix, les soldats passaient le long de la cour en vociférant.

« Vous êtes des chiens et nous boirons votre sang ! »

L'avertissement aurait dû s'adresser aux senderos mais Méché, qui n'était jamais parvenue à suivre tous les épisodes de ces affrontements, se voyait déjà dévorée vive par ces figurants d'épouvante.

Et d'ailleurs c'était possible. Les sympathisants du Sentier Lumineux n'étaient pas identifiables. Toute la population devenait victime de la répression infligée par l'armée. Arrivant de Lima sans parler un mot de quechua, chaque sinchi était persuadé que tout serrano cachait un *terruco* [1].

Méché referma la grange et resta un instant dos à la porte. Les vaches meuglaient, perturbées par la tension qui régnait dans la ville. Courageuse, la gamine attendait. Ce sang qu'ils voulaient boire incluait peut-être aussi celui du bétail. Elle les empêcherait.

Il n'y avait jamais eu personne pour l'aimer. À part le soleil. Lui, la regardait marcher depuis les nuages quand elle gardait les bêtes et, elle en était sûre, lui souriait. Les vaches non plus ne lui avaient jamais fait de mal. Méché abandonna son poste. Le faubourg était plus calme. Les soldats préféraient le centre ville, là où se cachaient les subversifs. Il en existait deux définitions. Les petits bourgeois instruits, professeurs ou instituteurs, médecins même ou avocats, issus de paysans serranos. Et le vrai militant de base que les archives militaires avaient permis de cerner : jeune, analphabète, au métier peu défini, indien, cherchant à émigrer vers les villes, obligé de survivre dans la misère, en marge d'une économie incapable de lui proposer une intégration. Ce portrait-robot qui s'appliquait à quinze millions de Péruviens déroutait les autorités chargées de

1. *Terruco* : terroriste.

juguler le mouvement plutôt qu'il ne les aidait à y voir clair.

Dans la taverne cinq hommes buvaient de la chicha tandis que le patron, crayon en main, faisait ses comptes. Les sinchis ne l'effrayaient pas : tout le monde savait que son nom de commerçant et d'usurier s'inscrivait sur la liste noire du Sentier Lumineux. « *Cabezas negras* », ceux qu'il faut abattre. Mais cela ne l'inquiétait pas non plus. Ses affaires marchaient. Les sendéristes ayant interdit aux paysans de produire pour affamer les villes, ceux-ci ne savaient plus où vendre leurs denrées, et les prix avaient chuté. À La Escala on achetait pour rien, prétextant le danger de se faire surprendre. Mais à peine le serrano avait-il tourné les talons, quelques centimes en poche, que le patron préparait les colis de fromage et de viande à destination de Lima. La clientèle urbaine se félicitait de trouver encore un choix de cette qualité, hors de prix, certes, mais si rare en ces temps troublés.

Méché ne comprenait rien aux calculs mais lisait les expressions des visages. Elle ne parlait pas car personne n'avait rien à lui répondre. Elle écoutait.

« Comment vais-je te payer ? On ne vend plus. Tu sais comme c'est difficile. »

La tirade du commerçant ne variait guère. L'Indien cédait et, n'osant plus regarder que le bout de ses sandales, rampait hors de la cour.

Méché ne savait pas haïr et cela lui manquait. Souvent elle cherchait de l'air pour expulser ce trop-plein de détresse qui l'étreignait mais le cri restait muet.

« Te voilà, moustique. Ils ne t'ont pas mangée ? »

La terreur alluma ses yeux noirs mais le patron arrêta là son jeu. La journée avait été exceptionnelle et il lui fallait mettre de l'ordre dans la comptabilité.

« Apporte une bière. »

Méché trottina vers l'arrière-salle. À tâtons elle trouva les allumettes et alluma la lampe à pétrole.

« Ça vient ? » grogna le commerçant.

Elle resurgit, une bouteille glacée à la main et la posa rapidement sur le comptoir en bois, essayant d'éviter le geste rituel qui la mortifiait. Inutile ! Le patron y tenait trop pour s'en priver. Une main boudinée curieusement agile s'élança et pinça entre deux doigts la joue creuse de la petite bonne.

« Tu grandis, moustique. Tu grandis ! »

Et gonflé d'importance, croyant avoir donné là une indubitable marque d'affection, il s'adressa, comme chaque fois, à ceux qui finissaient leur verre. « Je l'ai trouvée dans un ruisseau. » Puis il ajouta d'un ton professionnel. « On ferme, messieurs. »

Méché s'était tapie auprès de la cheminée, la pommette rougie par le pinçon redoutable. Depuis deux ans qu'elle récurait l'auberge, balayait l'entrepôt, sortait les bêtes, elle croyait appartenir à cet homme taciturne qui la nourrissait. Et cette marque sur son visage, qui certaines fois ne s'effaçait pas d'un jour sur l'autre, lui semblait un tatouage.

Une clameur à l'extérieur ranima la peur dans la salle.

« Finalement ils font plus de bruit que les autres », maugréa un vieux devant son verre.

La réflexion provoqua les commentaires.

« Chez nous, on a plus peur de ceux-là que des rouges.

— Tu as raison. En tout cas, les soldats ils aident jamais les pauvres gens.

— Non, ils n'aident pas », approuva un autre.

La suite ne pouvait être proférée en public. On n'était pas du Sentier mais on souffrait de tout ce remue-ménage. Le vieil homme se perdit dans ses pensées. « Tue, tue, tue, c'est ton devoir. Pour cela tu ne seras jamais puni mais glorifié », avait dit un jour un homme en cagoule venu avec quelques autres parler au village. Ils avaient bien égorgé l'épicer du hameau mais c'était un voleur et personne ne l'avait pleuré.

Des coups de feu réveillèrent la nuit. Le terrorisme et la répression se confondaient. Le vieux pensa à sa famille, dans le froid de la sierra. Qui sait si les autres n'y étaient pas ce soir pendant que les soldats menaient ici leur sarabande ? Dans la montagne plus rien n'allait comme avant. On ne l'écoutait plus, comme il avait écouté, lui, son père et son grand-père. La souffrance et le doute avaient désuni les communautés, écartelées par l'escalade vers la tuerie.

« Rejoignons le Sentier Lumineux, avait un jour hurlé son fils aîné. Nous aurons un ennemi de moins ! » Le fils était parti, croyant sans doute pouvoir se défendre enfin et n'être plus la proie docile des uns ou des autres. Le Sentier savait punir les *abusivos*, les exploiteurs, et le paysan serrano ne voyait là que justice après une exploitation millénaire et tant de précarité.

Devant le foyer, Méché s'était endormie. La lueur orangée dansait sur son visage. Ce corps frêle recroquevillé sur les dalles, épuisé de fatigue, aurait pu à lui seul être une raison de lutter. Mais contre qui exactement ?

« Moustique ! » Le patron leva sa figure rougeaude. « Fainéante ! La soupe, je dois l'attendre ! »

Le vieux paysan paya son verre et, les dents serrées sur quelque décision d'importance, quitta l'auberge.

25

À Huancayo, l'infanterie de marine avait rejoint les troupes d'élite. L'objectif était clair : carte blanche pour nettoyer la région. Le capitaine de frégate Pablo de la Rioja regroupa ses hommes.

« Ils sont partout, cachés dans la sierra, les fermes, les villages, se fondent avec la population. »

La voix était ferme. Ou du moins le capitaine dissimulait-il avec habileté le doute qui l'oppressait.

Issu d'une famille où l'on était depuis le milieu du XIXe siècle militaire de père en fils, il avait été élevé par une gouvernante habile à préparer les petits garçons à suivre le chemin de leurs aïeux, dont l'album de photographies retraçait la conduite exemplaire.

Tout en tournant savamment sa veste pour ne pas en ternir les galons, l'armée avait toujours servi une oligarchie imbue d'elle-même, raciste et intransigeante. Mais cette fois les forces armées devenaient l'instrument même de cette minorité dominante, avec un seul but : son maintien au pouvoir.

Pablo de la Rioja ne coupait jamais trop court ses cheveux afin de ne pas cacher qu'il était blond. Souvenir lointain d'un caractère plus européen que strictement espagnol et qui indiquait avec arrogance que le capitaine était de la race des seigneurs. Il s'était rêvé poète, son devoir familial l'obligea à suivre la carrière des armes, ce dont il s'acquitta avec brio. Il était simple de se pavaner dans les salons, de se montrer aux concours hippiques et de fréquenter le yacht-club qui organisait les régates de printemps autour des îlots, face à Callao.

Mais ce matin-là, au cœur de la cordillère, ses études aux États-Unis, ses trophées de pêche, les livres reliés de sa bibliothèque et le souvenir des épais tapis de la demeure paternelle ne pouvaient guère le soutenir dans son travail d'officier.

Un soldat accourut, le fusil en bandoulière, un papier à la main.

« *Capitán*, on signale une colonne de subversifs à une heure de la ville. »

La Rioja parcourut la dépêche. Après avoir mis au garde-à-vous ses hommes dont les tenues apparaissaient plus ou moins nettes après la nuit de voyage, il se campa sur ses jambes avec plus d'aplomb.

« Votre jugement sera le bon, lança-t-il avec emphase aux quatre-vingts soldats figés sur la place. Ils doivent tous disparaître. Vous allez les croiser dans leur maison, leur commerce, leur rues. Ils sont fils de paysans, tous animés d'une foi fanatique. Des assassins et des tortionnaires. Souvenez-vous-en ! » Le ton montait. L'élan patriotique, le désir de vaincre, de pourfendre l'ennemi prenaient le pas sur l'âme de poète.

« Pour un sergent, exécutez trois d'entre eux. Pour un officier, supprimez toute une communauté. »

Les soldats sentaient renaître leurs forces. Ils étaient jeunes. Du même âge que ceux qu'ils allaient traquer dans la montagne. Ils avaient peur aussi.

« Allez, démasquez-les. Le pays vous envoie. » Le bataillon se reforma en plusieurs groupes. La Rioja avait choisi ses soldats. « Ne les bridez pas trop, avait expliqué le commandant. Les autres sont des monstres exécutant de sang-froid. Ne perdez pas des hommes en tergiversant au nom d'idées nouvelles sur les droits de l'homme. Ce ne sont que des *indios*. Des serranos envahissants. Faites votre devoir. »

L'ennemi était armé et bien armé ; le nombre d'hommes aussi impressionnait, d'autant qu'il restait inconnu. Les milliers de morts, les charniers, les attentats et les exécutions sommaires avaient enfiévré les esprits. De plus les ordres pouvaient paraître contradictoires : si le haut commandement soutenait que les senderos s'infiltraient partout, il affirmait aussi qu'il était indispensable de recruter des renforts dans les villages.

Homme raffiné, Pablo de la Rioja se sentit déconcerté quand son sergent harangua les paysans ; fourches, machettes et couteaux en main, tous rassemblés de force sur la place. Les Quechuas, prostrés, apprenaient qu'ils faisaient dorénavant partie de la milice d'autodéfense et que, dirigés par l'armée, ils partaient sur-le-champ participer aux recherches contre les terroristes. La milice prenait l'air d'une horde de bagnards obligés à quelques travaux inutiles sous la surveillance de gardiens de plus en plus tendus par la situation, la peur au ventre, et le visage dissimulé par un passe-montagne, afin de ne surtout pas être reconnu.

La Rioja n'évaluait pas toute l'étendue du drame. Les hommes qu'il venait d'embaucher contre leur gré étaient perdus. Tête basse, ils soupiraient sur ce nouveau malheur, pire que tous les autres, un embarquement vers la mort ou l'exil. Le mouchard, car il y en a toujours un pour un camp ou un autre, les dénoncerait au retour. Ou bien, la terreur des représailles sendéristes suffirait à les faire fuir. Sans même rentrer chez eux, renonçant à leurs maisons, à leurs femmes et à leurs enfants, à tout espoir d'existence normale, ils iraient grossir les bidonvilles qui asphyxient Lima.

« Dehors ! Où sont les terroristes ? »

Les maisons se vidaient de leurs habitants.

« Personne ne manque ici ! Pourquoi vous ont-ils épargnés ? »

Le sergent, impatient, lançait à son supérieur des œillades entendues.

Le capitaine, ne pouvant détacher son regard d'un enfant qui serrait dans ses bras un jouet de chiffon crasseux, se réfugia derrière la décision qui peut-être le sauverait des cauchemars.

« Pas les enfants. » Il s'éloigna aussitôt.

« À mort les subversifs », hurla le sergent, avide de venger plusieurs compagnons d'armes tombés au cours de précédentes attaques. Soit que l'on oubliât l'ordre soit qu'il fût mal compris, pas une âme de ce village-ci n'échappa au massacre. Puis on brûla les cadavres qui perdirent, dans la purification des flammes, le masque inhumain tatoué sur leurs visages par la douleur et la peur.

Des têtes plantées sur des pics à l'entrée du village suivant narguèrent les forces gouvernementales.

Plus loin encore, la population avait abandonné précipitamment un hameau. La milice d'autodéfense fit une razzia sur les vivres et le bétail.

Le sergent fit étaler les ossements et les lambeaux de chair carbonisés dans une mise en scène réservée aux paysans, pour leur retour. Certains soldats bouleversés par le carnage avaient eux aussi revêtus les cagoules ramassées sur des cadavres. Pablo de la Rioja laissa le sergent organiser le campement à la sortie du village déserté. On égorgea moutons et volailles pour nourrir les combattants.

La « guerre sale » rugissait de haine. Régime de la terreur absolue, mettant le suspect à un rang plus effrayant que le coupable. Paralysé par la peur permanente de mal situer l'ennemi, on procédait à des exécutions systématiques, seul moyen d'échapper à l'incertitude.

À l'aube il apparut qu'une bonne moitié de la milice

d'autodéfense avait déserté. Au cours de la matinée le capitaine reconnut les visages blêmes de plusieurs paysans hier embauchés sous ses ordres ; ils gisaient dans la poussière du chemin. Égorgés par ceux d'un village voisin, enrôlés eux aussi de force par un autre bataillon, celui des terroristes.

On assassinait un frère, devenu traître sous la contrainte, afin de se réhabiliter aux yeux du Sentier Lumineux et d'échapper au châtiment. Un acte subversif qui scellait son destin.

26

Carlos ressemblait à ces arbres qui déroulent leurs racines dans de secrets souterrains pour mieux ancrer leur corps à la terre et élancer leur frondaison. Libre et sans cesse menacé, comme la nature, il luttait pour conserver un équilibre dans le chaos de la guerre civile.

L'Indien avait dormi dans le hameau où vivait son frère. Il n'y avait là que des hommes et des plus vaillants. Fidèles aux coutumes ancestrales, ils accomplissaient ensemble les travaux de la communauté.

Les bâtisses se tassaient en désordre sur une butte en terrasse, comme un sanctuaire sans défense face au dénuement des montagnes.

Lorsqu'un berger donna l'alerte, ils bondissaient déjà sur le terre-plein, mitraillettes pointées et cagoules sur le visage.

« Où se cache le mouchard ? »

La question ne signifiait rien pour les paysans.

Ils furent regroupés comme du bétail devant la plus grande des maisons.

« Où est le traître ? » répéta la même voix. Celle d'une femme.

« Dénoncez-le et suivez-nous. Les soldats arrivent. Vous allez tous mourir. Suivez le parti de la révolution », vociférait la sendera.

Carlos comprit sur-le-champ l'intention des terroristes : ils manquaient d'effectifs pour faire face aux militaires.

« Hé ! toi qui te caches », lança au hasard un autre des subversifs et il agrippa un Indien par la manche. « C'est lui le traître. »

D'un mouvement désordonné les paysans s'écartèrent instinctivement de ce frère choisi pour la curée. Déjà mis à genoux, l'homme frissonnait de tremblements nerveux.

« Faites justice vous-mêmes », cria un sendériste d'une voix plus mûre et plus féroce aussi.

Il n'y avait que cinq assaillants. Carlos pensa se défendre et sauver son compagnon mais quel moyen avait-il de résister aux armes automatiques braquées sous son nez ?

« Vous êtes sauvés, lança encore le même révolutionnaire. Faites justice et suivez-nous. »

Les mitraillettes se braquaient plus ostensiblement sur les malheureux, forçant leur choix.

« La révolution n'attend pas. » Le cri sauvage de la fille provoqua un premier mouvement dans l'assemblée.

« Il a trahi ? hésita l'un des paysans.

— Il a trahi », hurla un sendero.

Carlos sentit ses forces s'évanouir. L'air lui manquait. Une rafale impatiente éclata. Un homme s'écroula, criblé de balles. « À mort le mouchard », grimaça aussitôt l'un des villageois cherchant une arme du regard ; un autre lui passa un coutelas. « Non ! Des cordes. » L'ordre sendériste sema une vague d'épouvante sur les visages. « Des cordes ! Dépêchez-vous. »

Alors un Indien s'éloigna en courant vers une bergerie et rapporta quatre épais filins de chanvre. Il s'approcha de celui qui était son voisin depuis l'enfance. L'homme n'avait pas encore compris. Effondré sur le sol, il attendait la mort, mais pas l'acharnement cruel ni le fratricide.

« Camarades, châtiez-le pour l'exemple. » La sendera frémissait. De joie ou d'horreur ? Carlos remarqua que l'homme qui se tenait sans cesse à ses côtés était borgne.

Les Indiens s'activaient autour du sacrifié. Deux d'entre eux lui tenaient un pied autour duquel un troisième passa un nœud coulant. D'autres attrapaient un poignet. En une minute il fut allongé sur le dos, les bras et les jambes écartées.

« Allez-y. Les soldats arrivent. »

Le ton montait. La sueur coulait sur les fronts.

« Tous, ordonna le terroriste, tous sur les cordes ! »

Mieux valait tourner le dos. Pas besoin de regarder pour tirer. On évitait de voir ainsi sa propre lâcheté, son renoncement aux liens d'amitié et familiaux. Mais les cris, les hurlements de douleur... les paysans assassins ne pouvaient y échapper.

Ils n'osaient pas vraiment tirer, sans doute pour moins se sentir coupables, et prolongeaient ainsi le supplice.

Carlos, à bout, incapable de supporter plus longtemps les lamentations devenues inhumaines, lâcha le filin et face à l'horrible spectacle hurla de rage et de désespoir.

« Tirez, par Dieu qui nous sauve. Tirez. »

Les autres entendirent la prière et, d'un coup, les articulations cédèrent.

Inconscient, le martyr gisait dans la poussière soulevée par les piétinements, peut-être déjà mort. On ne pouvait plus qualifier ce tas informe aux vêtements déchirés. Les membres s'allongeaient démesurément et, sur le visage intact, l'assemblée maintenant immobile pouvait lire l'angoisse et l'incompréhension.

« Suivez-nous. »

L'exclamation sembla surgir d'un autre monde. Carlos, une main écrasée sur sa tempe pour ne pas défaillir, vit que même les senderos avaient marqué un temps d'arrêt. Le borgne surtout, frappé d'une stupeur que l'on n'aurait pas attendue d'un bourreau. Lentement, chacun ramassait un outil, un couteau, une besace et de la nourriture. Ils se mirent en marche.

27

La neige avait laissé place à de tendres moissons d'herbes grêles et de corolles éphémères. Les bouquetins firent leurs petits, les marmottes aussi. Puis les lynx, les lièvres et les renards. L'aigle et le condor avaient élevé leurs couvées. Les jeunes s'ébattaient dans la douceur de la saison, la croyant éternelle.

Orianiki dansait en courant dans les pâturages. C'était le plein été dans la montagne. Les moutons se gavaient et les lamas engraissaient avec application. Notomi gardait ce monde à quatre pattes en compagnie de sa sœur. Le travail n'était pas monotone, ils aimaient s'accroupir dans l'herbe fraîche et observer les bêtes. Parfois un bélier grincheux poursuivait un alpaga, alors Orianiki bondissait pour régler le différend en agitant les bras au-dessus de sa tête, profitant de son élan pour se laisser rouler sur le sol gorgé de la senteur des plantes.

Ils ne menaient jamais sur la même pâture le troupeau toujours en quête de plus appétissante nourriture. Parfois Notomi faisait un feu pour cuire sa chasse. Et souvent ils chantaient. Le garçon s'appliquait à parler toujours asha-ninka. Il se présentait à Orianiki comme un guerrier de la forêt régnant sur un monde imaginaire. À son éternelle question : « Allons-nous retourner là-bas ? », il répondait sans hésiter : « Nous sommes sur le chemin du retour. »

Notomi luttait contre le temps qui efface le goût du passé. Au bord du lac, après sa leçon d'écriture, il faisait revivre la Selva. Et ses contes s'égrenaient dans le vent du soir, repris par les batraciens qui écoutaient dans les roseaux tandis que le rire d'Orianiki pétillait dans le crépuscule. Elle se réinventait alors une vie car sa mémoire enfantine avait laissé échapper ses souvenirs. Puis l'appel grêle d'un agneau les ramenait à la montagne. Un grand duc ululait son départ à la chasse et les enfants se taisaient, sentant autour d'eux se tisser l'épaisseur nocturne. C'était alors au lac de chanter la nature triomphante par la voix des grillons et de mille gosiers vibrant dans la douceur du soir.

Derrière sa palissade de bois et d'épines, la maison attendait, voilée d'une fumée bleue, Mika assis à sa porte ouverte. Le foyer sur lequel la soupe bouillonnait lançait des signaux aux allures de feux follets contre les murs de pierre, alors que les pots de cuivre posés sur la terre battue se renvoyaient l'un à l'autre le message joyeux des flammes.

« Regarde. »

Notomi arma sa fronde. Ses yeux s'allumèrent de joie. Orianiki ne bougeait plus, subjuguée par le chasseur. C'était un jeu qu'ils avaient décidé en silence. Un temps d'arrêt dans leur vie qui filait vers l'inconnu. Le bras de Notomi accélérait son mouvement. La lanière tournoyait en sifflant, l'extrémité bien enroulée autour du poignet du garçon. Orianiki retint son souffle. Là-bas un lapin se dressait, curieux de ce son inhabituel. La fronde fouettait l'air, si vive qu'on la voyait partout à la fois. Comme s'il y en avait eu des centaines à tourner côte à côte. C'était cela qu'elle aimait tant. Son frère la laissa profiter de l'illusion une seconde encore puis son corps se raidit et il ouvrit la main. La fronde retomba le long de sa jambe. La pierre disparut, happée par sa propre course et sur la butte le rongeur s'écroula. La mort d'un animal ne provoquait ni tristesse ni bonheur chez des fils de la forêt. Notomi avait accompli son devoir pour sa sœur, Mika et lui-même. Orianiki apporta le lapin par les oreilles et, avec le canif offert par Mika, ils le dépecèrent.

« Tiens-le fort », précisa gentiment Notomi tout en arrachant la peau d'une seule pièce.

Vidé, le gibier enveloppé de feuillages reposait sous une roche, à l'ombre. Le soleil chauffait le cœur des Andes et celui des hommes. Allongé sur la roche, Notomi s'essayait sur une flûte en roseau. Les notes fragiles s'échappaient de l'instrument avec si peu de succès que la petite fille en pleurait de rire.

Il interrompit son récital. Les lamas s'éloignaient, inquiets. La tête haute, à demi retournés, ils observaient la hauteur du versant. Notomi saisit sa sœur par la main et se glissa sous la roche.

« Qu'est-ce qu'il y a ?

— Tais-toi ! »

Il était sûrement trop tard. La flûte, les rires, leurs silhouettes à découvert ! Les bêtes reculaient encore. On allait certainement fondre sur eux et ils ne pourraient pas s'échapper.

Alors, Notomi sorti de sa cachette et se dressa face à la montagne. À moins de cinquante mètres deux hommes et une femme descendaient rapidement. Vestes kaki. Tee-shirts noirs. Armes à la ceinture.

Notomi était trop tendu pour paraître naturel. Orianiki, devant laquelle Mika ne parlait jamais des atrocités commises dans la région, ne semblait pas effrayée.

« Ola ! » salua-t-elle avec gentillesse. Sa curiosité enfantine empêchait la timidité.

On ne répondit pas à l'accueil de la fillette qui ouvrit des yeux démesurés, sans plus sourire, étonnée par tant de froideur. Notomi se tenait à un pas de sa sœur. Ils faisaient front, sans le savoir, joliment habillés de leur poncho tout tissé de fils rouges et jaunes sur un fond de trame noire.

L'Ashaninka avait quitté son bonnet de berger et, choisissant l'humilité, il sourit.

« Où sont tes parents ?

— Très loin dans la vallée. »

L'échange était brusque, Notomi cligna les yeux ; celui qui avait parlé était borgne !

« Vous êtes seuls ? »

Orianiki fit oui du menton, elle aussi fascinée par l'œil blanc qui ne regardait rien.

« Où est ton œil ? »

Notomi, paniqué, prit sa sœur subitement contre lui mais la question ne fut pas relevée. L'intéressé avait presque souri.

« Allons-y. On ne va pas perdre du temps avec des gosses. »

Surpris par la sécheresse du ton, Notomi dévisagea la fille, doutant même de sa féminité. Mais une sensation imprévue le saisit ; une oppression inconnue qui entravait sa poitrine.

« Allons-y », reprit le borgne, se tournant vers les moutons qui s'écartaient. La fille n'avait pas fait un geste. Notomi, planté face à elle, sentit une étrange chaleur glisser à l'intérieur de sa gorge, comme un miel qui de plus en plus vite aurait remplacé le sang dans ses veines. Orianiki perçut le trouble de son frère mais son attention fut aussitôt détournée.

« Noto, ils prennent mes bêtes », cria-t-elle, révoltée. Elle s'élança vers le troupeau.

La jeune fille n'avait toujours pas bougé, les poings à la taille, le buste droit, des cheveux noirs coupés court ombrant une peau claire. Sous le tee-shirt sa poitrine bien marquée se soulevait régulièrement.

Notomi se troubla de plus en plus, pensa à sa mère mais il l'avait presque oubliée ; à ses sœurs plus âgées, il ne s'en souvenait plus. Et il lui sembla soudain n'avoir jamais rencontré aucune femme. Il n'y avait que celle-ci, à quelques mètres, si différente de lui, tellement forte, invincible et d'une beauté !

Les iris de la jeune fille scintillèrent d'une lumière si vive que Notomi en ressentit la brûlure.

« Estela ! Rapplique. Il faut rassembler le troupeau. »

Elle se reprit aussitôt et courut vers les brebis.

« Non. » Le cri haut et vif écorcha l'oreille du garçon, brusquement dégrisé. « Noto ! Noto ! »

Orianiki s'agitait et quelques bêtes effrayées échappèrent au filet de bras tendu par les voleurs de bétail.

Estela se redressa, féroce, et saisit son arme.

« Arrête. » Le borgne avait posé sa main sur l'épaule de sa sœur.

« Elle n'est qu'innocence et pureté. Laisse-la avoir une chance. »

Le poncho d'Orianiki claqua dans le vent comme un adieu vers les moutons qui s'éloignaient en bêlant. La sendera jeta vers Notomi un regard plein d'éclats meurtriers, pendant qu'il lui offrait sans retenue le reflet d'une âme ensorcelée par l'amour.

« Estela », osa-t-il murmurer entre ses lèvres sèches d'émotion.

28

Carlos n'était pas revenu depuis des jours et Mika n'allait plus au marché. D'ailleurs il n'y avait plus aucune foire dans la région.

Quatre alpagas avaient échappé aux sendéristes et le lendemain, le bélier, poussant devant lui une femelle, avait sagement réapparu. Mais le gros du troupeau était perdu et Orianiki avait longtemps pleuré. L'absence des moutons gambadant autour du lac ou au hasard de la prairie brisait le cercle apaisant et sûr qui les protégeait depuis quelques mois.

Une lune amaigrie par les soirs de veille commençait sa ronde.

Un sentiment embarrassant hantait Notomi depuis la confrontation avec Estela. Il avait beau chercher, il ne pouvait reformer sous ses paupières closes l'image de la jeune fille. Il se souvenait de sa réaction, sans bien la comprendre, de cette façon qu'il avait eu de ne plus se sentir lui-même. Mais rien de plus. Rien de ses yeux à elle, de sa bouche ni même de ce torse qui frémissait sous la chemise.

« Noto, comment s'appelle la fille. Je ne m'en souviens plus.

— Comment ? »

Orianiki couchée sur le dos à côté de son frère regardait la voie lactée parcourir le ciel de nuit.

« Elle a des vaches. Peut-être que les mauvais hommes les lui ont volées aussi. »

Notomi ouvrit les yeux et, se relevant sur son avant-bras pour dévisager son bout de sœur étendue contre lui, répondit doucement. « Je crois qu'elle s'appelle Méché. »

Mais Orianiki avait oublié la question et courait déjà derrière le croissant de lune en se laissant tirer par la Grande Ourse.

« Je suis une étoile qui brille et va chercher des amis pour jouer à raconter des histoires. Noto, dis-moi une histoire.

— Une étoile ! s'écria le garçon épanoui. Sur la joue, elle a une étoile. »

Notomi se dit qu'une personne marquée d'un tel sceau ne pouvait se perdre et qu'en suivant les chemins dessinés dans les nues, il la retrouverait. Il se leva rasséréné.

« Rentrons. Mika va fermer la porte. »

Les nuits avaient perdu un peu de leur ardeur glacée. Le soleil qui avait fréquenté les latitudes nord pendant les derniers mois s'était approché de l'hémisphère Sud et avait repassé l'équateur. Octobre était là, avec ses tourmentes et ses nuages bas chargés de pluie.

Un grondement lointain roulait sur la cordillère, l'orage n'atteindrait pas cette nuit le vallon. Pourtant la saison humide allait revenir. Dans la sierra les beaux jours s'étalent d'avril à novembre, comme dans la Selva.

La saison des pluies ! La seconde depuis qu'avait disparu son père. Des coups violents le firent sursauter. Mika avait bondi. Au lieu d'aller à la porte, El Alemán fouillait, fébrile, une étagère. Des plantes entreposées sur la planche échappèrent à leur perchoir, un pot de graines éclata sur le rebord de la table en glissant. Enfin, un pistolet apparut derrière une rangée de livres.

« Si ce sont les terrucos, sauvez-vous. Je te l'ordonne. »

Mika avait parlé bas et précipitamment. Notomi saisit une machette.

Orianiki s'accrochait déjà à son cou. Il s'accroupit contre elle, prêt à recevoir le premier coup ou à l'empêcher de crier. Mais elle ne bougeait plus, consciente que sa vie pouvait s'éteindre là, maintenant.

« Est-ce qu'ils nous mangeront aussi, comme les moutons ? »

Les coups reprirent, semblant vouloir lui répondre. Notomi regarda sa sœur avec une telle chaleur qu'elle éclata d'un sanglot silencieux. Dehors on avait cessé de frapper. Durant un moment qui laissa monter l'angoisse, il n'y eut plus que le silence à la porte. Puis, de nouveau, un grattement discret. Mika se précipita vers le battant de bois, marqua un temps d'arrêt avant de lancer le souffle court :

« Carlos ? »

De faibles coups reprirent, accélérant leur rythme après quelques secondes.

« Carlos ! » cria à nouveau El Alemán, ôtant la barre transversale qui renforçait le panneau.

Le vent s'engouffra le premier, giflant le foyer endormi. Sur le seuil, Carlos s'était affalé, s'abandonnant enfin aux mains amies. Mika et Notomi saisirent le blessé.

« Ferme vite », jeta le vieil homme à Orianiki qui s'arc-bouta contre la porte.

« Les maudits, les assassins. »

Mika ne put retenir son émotion en découvrant les entailles sur le visage et le corps avachi qu'il tenait entre ses bras. Certaines étaient déjà des cicatrices, d'autres dataient à peine de quelques heures.

« Comment as-tu fait ? Oh ! compagnon, comment t'es-tu enfui ? » Mika parlait fort sans s'en rendre compte. Carlos souleva ses paupières. On ne pouvait lire dans ses yeux que souffrance et chaos. Meurtri, précipité par-delà l'enfer, car même le Diable ne pourrait faire aux hommes ce qu'ils s'infligent entre eux, le Quechua haleta. Enfin un son guttural sortit de sa bouche.

« Ils t'ont coupé la langue ! » dit Mika consterné. Il hocha lentement la tête pour rassurer l'ami et masquer son propre désarroi.

« Tu es sauf », ajouta-t-il alors qu'un frisson incontrôlable secouait ses épaules. Et s'il avait été suivi ! Carlos sentit la crainte du vieil homme, battit faiblement des paupières et tenta de sourire.

« Bien, bien », se contenta de souligner Mika pour signifier qu'ils se comprenaient. Dans la cheminée les braises redonnaient des flammes, attisées par Orianiki terrée contre un fagot tel un animal affolé.

Carlos perdit connaissance.

Pendant des jours Mika donna des soins. Notomi chassa alentour et Orianiki entretint le feu, alla chercher de l'eau fraîche à la source, raconta les histoires que son frère lui avait tant de fois répétées. Le malade était sauvé. Puis vint l'inévitable. Après avoir retrouvé un peu d'entrain, Carlos retomba dans un désespoir difficile à contrôler. Il ne savait pas écrire, il ne pouvait plus parler. Ses yeux s'adoucissaient seulement en suivant les allées et venues d'Orianiki et en découvrant les cadeaux de Notomi. Il lui restait aussi son sourire. Mais si franc, si lumineux autrefois, il ne venait plus à ses lèvres que pour quelques secondes. Puis le visage encore marqué des sévices criminels perdait toute expression. On ne parlait pas dans la maison, sans s'être concertés, juste par amitié, pour être au diapason.

Enfin, un soir, Carlos, debout depuis une semaine, fit comprendre qu'il devait partir. Il désigna l'est : la Selva. Mika savait que quelqu'un l'aimait là-bas. Un oncle ou un cousin. Il fallait quitter la région, c'était l'évidence. On fit des préparatifs. Des provisions, de bons vêtements, un couteau et les sandales neuves de Mika. Les adieux furent difficiles et tellement rapides qu'ils laissèrent au cœur de chacun comme une brûlure violente. Carlos prit Mika entre ses bras maigres et le serra contre lui. El Alemán à son tour répéta le geste. Ils restèrent un instant embrassés puis l'exilé sourit aux enfants déroutés et s'éloigna sans se retourner.

Mika ne laissa pas la douleur le figer. La veille il avait proposé d'aller prévenir Luzmila. Carlos l'attendrait. Elle saurait où. Mika devait juste lui dire que Carlos était vivant et caché dans la nuit. Leur amour les réunirait.

« Regarde. »

Mika fit jouer le barillet deux ou trois fois. Puis chargea l'arme.

« Tu as compris ? »

Notomi acquiesça.

« Si tu appuies là, ça tue. »

L'Ashaninka s'empara du pistolet et visa les montagnes.

« Ça tue », répéta-t-il avec conviction. Le visage du garçon était paisible mais son regard fouillait l'horizon comme si l'ennemi était tapi entre les nuages.

« Je serai là avant le coucher du soleil. »

Mika enfila un poncho et un passe-montagne. Le ciel s'était couvert.

« Donne-moi ce sac. Attends. Mets dedans une brassée de plantes. Voilà. » Mika regarda longuement le garçon puis souleva Orianiki et la fit tournoyer dans un élan joyeux.

« J'y vais. Sortez les bêtes. Si on vient, dites qu'il y a un malade dans une ferme que je suis allé voir. »

El Alemán fit quelques pas, puis se ravisant, il se retourna.

« Si un jour je ne revenais pas, partez. Tous les deux, fermez la maison et partez. Promets-le-moi ! »

Notomi fit un geste de refus comme pour se défendre d'une pareille éventualité. Mais, conscient qu'il ne pouvait plus faire l'enfant, il se ravisa et répondit avec solennité :

« Oui, Père. »

Mika sourit, si heureux d'entendre une telle marque d'affection et de l'air le plus gai qu'il put, il ajouta :

« Quand tu retourneras en forêt, j'irai avec vous. »

Brusquement il tourna le dos et, sans plus regarder en arrière, il agita gentiment une main par-dessus sa tête.

Orianiki s'approcha de son frère.

« Il ne reviendra pas ?

— Mais si, Ori. Pourquoi pas ? », et entraînant la petite vers l'enclos il poursuivit : « Sors tes amis. Nous allons parler de la maison que je vais construire au bord du fleuve quand nous serons de retour chez nous.

— Tu la feras pour moi. Parce que je suis ta sœur.

— Oui, Ori. Parce que tu es ma sœur.

— Alors nous serons bien sûrs d'être heureux », murmura-t-elle pensive, tout en caressant le bélier.

Sur le lac une bourrasque rida l'onde paisible.

29

Notomi attendit la nuit, puis calmement ferma la porte et prit Orianiki par la main. Ils firent le tour de la maison.

« Reste là. Je vais revenir dans un moment tellement court que tu ne sauras même pas si je suis parti. »

Orianiki sourit à peine et s'agenouilla contre le flanc de la seule brebis qui lui restait.

« Tu es bien ? Dors avec elle pour qu'elle n'ait pas peur.

— Je t'attends », chuchota une voix de poupée dissimulant mal la peur qui l'étreignait.

Notomi s'évanouit dans l'ombre.

L'enfant resserra une couverture autour d'elle et entama un long monologue, avec l'animal.

Une plainte trembla dans les ténèbres. L'odeur âcre des bêtes mouillées naviguait dans l'enclos. Le bélier aspirait l'air glacé puis soufflait bruyamment tandis que deux jets de buée s'attachaient à son mufle noir.

Orianiki s'était endormie.

« Ori ! Réveille-toi. »

Les mots s'incrustèrent dans son rêve puis elle émergea et se précipita vers son frère.

« Ouvre la porte », grogna Notomi à bout de forces. Il était couvert de sang. Celui de Mika qu'il soutenait depuis des heures avec difficulté.

« Il a mal ?

— Oui, très mal. Mais toi et moi nous allons le soigner. »

Les enfants furent incapables de porter le vieil homme jusqu'à son lit. Il resta là où il était tombé, sur le seuil de sa porte. Notomi lava la plaie : une échancrure de vingt centimètres en travers des côtes. Un coup de machette.

Quand Mika revint à lui, un emplâtre d'herbes tentait de tarir le flot vermeil. Mais les ponchos, les fourrures et la couche de fortune mise en place par Orianiki se nourrissaient toujours de cette pourpre tiède.

« Luzmila... Luzmila est sauve... Ils ont perdu la tête. » Le murmure était presque inaudible.

« Il ne faut pas parler », supplia Notomi.

Mika ferma les yeux et tendit sa main vers le garçon qui saisit les doigts presque froids. Une faible pression le fit s'approcher encore.

« Je ne peux plus rien pour toi, fils. » Le souffle manquait. « Ne te laisse pas ensevelir par l'oubli. Souviens-toi de ton peuple, de sa souffrance, de sa beauté. Rejoins-les. » Mika fut forcé de s'arrêter. Son visage dérivait déjà vers un autre univers, pourtant il se ranima faiblement.

« La vie est une aventure passionnante, mais protège-toi. » Les syllabes se détachaient une à une dans un ultime effort. « Tu verras combien passe vite le temps. N'en perds rien, ni une joie ni une lutte, ni la plus humble des rencontres. Reste en vie, pour toi et pour elle. »

Orianiki pleurait, immobile, l'autre main de Mika serrée dans les siennes. Sur la peau maculée, ses larmes ouvraient des rivières rosées rejoignant celles qui sourdaient du flanc du blessé. El Alemán ouvrit une dernière fois ses yeux de ciel, si pâles dans la mort, et étreignit imperceptiblement les doigts qu'il tenait.

« Vous êtes ce qui doit germer demain. Sois juste, Notomi. N'écoute que ton cœur, pas les hommes, mon fils. Pas les hommes. »

Les parfums du matin se mariaient à celui des récoltes de

plantes séchées. Mais l'odeur doucereuse du sang dominait tout. Mika eut un gémissement et sourit, comme si la douleur l'avait enfin libéré.

« Tu es le miel de la terre, enfant de la Selva », soupira-t-il avec une infinie tendresse.

Notomi laissa errer son regard sur l'étendue de l'altiplano qui ondulait dans la brise de l'aube. Par-dessus les pics enneigés, le soleil lançait sa première gerbe d'or pour effacer la nuit. Du lac montaient des effluves d'eau alourdie de vase. Rapidement les couleurs s'intensifièrent, le soleil dépassa les sommets et, s'accrochant aux nuages, commença son ascension. Orianiki posa son front sur la bouche entrouverte de Mika, recueillant son dernier souffle.

Le visage de Notomi avait perdu toute trace de l'enfance. La mort lui volait ses mondes, ses parents, ses amis, ses espoirs. Celle qui le suivait fidèlement, qu'il avait voulu ignorer et repousser depuis la maladie d'Orianiki, l'avait surpris ce matin. Rien, dans la sensation de cette présence, n'était effrayant. Mika étendu sur le sol semblait dormir. Pourtant il avait commencé un nouveau voyage. Le garçon observa tendrement ce visage déserté par la vie et lâcha enfin la main de celui qui l'avait recueilli et aimé.

« Ori, notre père a besoin de repos. Nous allons le laisser partir au-devant de Tasorensti. »

Les pleurs d'Orianiki avaient cessé dès l'instant où le blessé s'était éteint. Notomi considéra sa sœur, absorbée par le mort. Connaissait-elle aussi cette compagne, constamment à l'affût ? Il n'en douta pas.

Ils creusèrent une tombe devant la maison, là où le vent est moins violent afin que Mika n'ait pas froid, seul dans la terre. Notomi le mit assis, jambes croisées, les bras posés sur le ventre suivant le rite des Ashaninkas. Des objets familiers, des livres disparurent avec le corps. Notomi aurait bien voulu porter Mika sur la crête, pour qu'il domine à jamais ce lieu merveilleux où il avait vécu et repose plus près de son Dieu, comme cela doit se faire. Mais un tel effort exigeait d'autres forces que les siennes.

Ils rangèrent la maison. Le garçon tria ce qui pouvait être utile. Il empaqueta de la nourriture et dans son sarrato se glissèrent fronde, canif et pistolet. Un mouchoir aussi, noué autour d'une mince liasse de billets. Orianiki se chargea de deux couvertures.

Dehors elle ouvrit l'enclos. Les bêtes descendirent avec le même plaisir quotidien boire au bord du lac. En silence, la petite Ashaninka fit ses adieux.

La porte n'avait pas de clé. Tous les deux se recueillirent un moment. Ils prirent, à travers la prairie, la direction de Huancayo. Un lama dressa la tête et derrière ses longs cils les regarda gravir la première colline. Au creux du vallon la maison, poussée par son ombre, semblait vouloir les suivre. Une seule fois Notomi se retourna. Du bord de la crête, avant de plonger dans l'autre versant, il salua la vallée, le lac, Mika endormi sous la terre. Son âme se gonfla de chagrin. Le toit de pierre tendrement collé à l'enclos reflétait déjà la solitude. Çà et là le maigre troupeau sans berger s'éparpillait. Sur le point d'être submergé par le désespoir, il sentit à sa gauche son inséparable alliée lui chuchoter que tout irait bien.

30

Le Pérou avait depuis quelques mois un nouveau président mais c'est à peine si la nouvelle avait traversé la cordillère. Les changements promis, s'ils se ressentaient à Lima, n'avaient pas influencé la vie dans la sierra.

Alberto Fujimori avait été élu démocratiquement le 10 juin 1990. Candidat libre, il était apparu proche des classes moyennes. Et possédait un autre atout majeur : il n'était pas blanc. D'origine japonaise, *el Chino*[1] représentait le compromis idéal. À la fois métis mais pas indien, et blanc sans l'être tout à fait. En novembre, on constata que, contrairement à ses promesses, Alberto Fujimori imposait un plan de rigueur économique draconien. Pourtant sa popularité demeura au plus haut, même si le niveau de vie à Lima s'était encore effondré. Le peuple espérait un changement, celui vers lequel le menait son *Chinito*.

Lorsqu'à Puerto Prado des coups de crosse défoncèrent la porte de l'auberge où Ricardo et Rosa passaient la nuit, ils ne purent identifier leurs agresseurs. Rosa, prostrée depuis

1. *El Chino* : nom d'Alberto Fujimori dans la bouche du peuple péruvien.

la disparition d'Orianiki, ne prit pas la peine de réagir. Elle périt sur-le-champ, encore allongée sur le grabat de la chambre misérable. Ricardo, incapable de se tenir debout tant il était malmené, rejoignit en titubant des gens amassés au bord du fleuve, arrachés à leur sommeil et à demi vêtus.

Militaires, terroristes, milices d'autodéfense ? Ils ne le surent jamais. Bien loin des principes d'obéissance, du respect des aïeux que l'on n'enseignait plus, les tortionnaires, égaux dans leur cruauté, cherchaient tous la même chose : Voler. Manger. Violer. Tuer. La « sale guerre » anéantissait tout espoir de présent et de futur.

Pour Ricardo, le moment était venu. Il rendit un dernier hommage à la dépouille de Rosa et prêta main-forte aux habitants pour enterrer les leurs. Contrairement à ceux qui fuyaient l'isolement de la forêt pour un difficile exode vers la capitale, il choisit de rejoindre les *monteneros* [1]. Le vieux colon se libérait de tous les sentiments encombrants de justice et d'espoir qui avaient tourmenté son âme. Il remplaçait sa rage stérile par la conscience d'une lutte pour un équilibre commun.

Les monteneros se battaient pour conserver la liberté de choisir leur destinée dans ce pays écartelé. Terrés tout le jour dans des cachettes, ils agissaient de nuit, traquant à leur tour les terroristes, massacrant avant d'être éliminés. Isolés, séparés de leur famille, menant inlassablement la guerre à la guérilla, forcés de survivre comme l'ennemi et aussi féroces que lui.

Le Pérou, choqué, désemparé, perpétuel témoin du pire, n'était plus que désespoir.

Plus rien ne pouvait résister à l'infiltration méthodique, à la ténacité exemplaire et au dévouement allant jusqu'à la mort des senderos. Le mouvement terroriste le plus sanglant de la planète grandissait jour après jour, nourri par la plus effroyable des misères paysannes, la corruption, une

1. *Monteneros* : autre mouvement terroriste.

répression acharnée, le mépris, l'injustice et l'indifférence du monde entier. Face à la désespérance d'un peuple, la route sanglante de la révolution pouvait devenir vraiment un Sentier Lumineux qui, dans un jeu d'ombres et d'éclairs, exerçait sur la jeunesse péruvienne une fascination pernicieuse.

31

Le maniement de la dynamite et la fabrication des bombes artisanales n'étaient pas enseignés à n'importe qui. Il fallait se sentir une affinité avec ces engins pour dialoguer avec eux. José dont les autres sens bénéficiaient de sa demi-cécité excellait en la matière. Il avait trouvé là une façon de s'isoler un peu, passant des heures à arranger ses machines, à doser le plastic et inventer de nouveaux camouflages pour dissimuler les explosifs. Depuis qu'il avait perdu son œil, il s'était recroquevillé sur sa semi-pénombre intérieure. Pour lui, l'injustice était histoire de distribution des rôles et la vie en avait offert de bien mauvais à sa famille. Estela, elle, n'avait que huit ans lors du drame mais, quand elle avait découvert son père mourant et son frère mutilé, elle cessa d'un coup d'être une petite fille. À l'opposé de José, jamais elle n'avait accepté de croire que la misère allait de concert avec le langage, la couleur des cheveux, ou la pigmentation de la peau. Elle s'était révoltée, maudissant les auteurs des supplices, consciente qu'une telle ignominie ne pouvait être infligée par la nature ou par Dieu mais relevait de l'aberration humaine. Aussi le jour ou elle entendit Felipe parler de liberté à conquérir par les armes et le sang, de punitions à infliger aux exploiteurs, elle s'élança à sa suite, subjuguée d'avoir entendu dire tout haut ce qu'elle croyait être la seule à ressentir depuis tant d'années. Rapidement elle se détacha des mots et des discours enflammés. Seule comptait l'action. Sa soif de vengeance prenait une telle importance qu'une fois ses classes terminées, elle fit de la violence son quotidien : toujours en tête, elle entraînait les camarades, envoûtant par sa fougue les nouvelles recrues. Elle s'acharnait au-delà du nécessaire et laissait à chaque attaque un cadavre aux membres brisés.

Pour Felipe, Estela était l'égérie de sa cellule révolutionnaire. Lui-même avait découvert son goût pour la lutte dans les textes marxistes empruntés à la bibliothèque paternelle. Fils de professeur, Felipe se trompa de jeu, oubliant les soldats de plomb et les héros de la conquête pour se croire l'âme d'un chevalier en charge de la révolution populaire. Mais il n'avait pas eu à supporter la famine ni la douleur et n'était pas porté par le besoin de se venger. C'est Estela qui armait son bras, qui le poussait, sans le savoir, vers ce qu'il eût été incapable d'accomplir sans elle.

La consigne était sans appel : jamais deux nuits au même endroit. D'abord il fallait faire illusion. De continuels déplacements laissaient supposer qu'ils étaient partout et la croyance populaire exagérant toujours ce qu'elle pense savoir, les effectifs du Sentier Lumineux y gagnaient dix fois leur nombre. Puis la sierra était si déserte par endroits que le moindre indice trahissait une présence inhabituelle. Le rôle des senderos était d'attaquer, pas de se faire surprendre.

Luiza marchait en tête. Elle avait mûri depuis ces derniers mois, obéissant aux ordres suprêmes du camarade Gonzalo Abimael, dont le portrait était gravé dans sa mémoire, restait un héros de papier figé par des couleurs délavées. « El presidente » était le chemin, la loi et le devoir. Mais il fallait autre chose pour supporter les nuits sans sommeil, les marches forcées, le jeûne et l'eau trouble d'une ornière pour se désaltérer.

« Halte. » Felipe jeta son barda sous un buisson. Les

douze camarades imitèrent son geste avec soulagement. Les fusils se posèrent debout contre les sacs, prêts à l'emploi.

« Pas de feu », grogna le chef en poussant rageusement de la pointe de sa bottine les brindilles que Luiza rassemblait déjà.

« On boit, c'est tout. »

On n'entendit pas un mot de plus. Personne n'avait rien à dire. Malgré l'entraînement intensif des camps, les interventions permanentes à travers la sierra, ce soir les corps n'étaient plus que contusions : dormir sur un lit de pierre, marcher, trimbaler armes et matériel, descendre le long des gorges, traverser les torrents glacés, monter, ramper, se taire et ne rien manger. La guérilla imposait une douleur permanente. Comme le sauveur des chrétiens avait traîné sa croix pour racheter les péchés du monde, seule la foi exaltée qu'ils éprouvaient les rendait capables d'endurer tant de souffrances : la foi en la victoire.

Luiza pensa retirer ses bottes mais la nuit de marche avait rouvert les plaies non cicatrisées d'une randonnée précédente. Mieux valait ne pas modifier l'empaquetage de cuir étroitement imbriqué dans les chairs. Pour ne pas laisser une plainte gagner ses lèvres, tant la douleur fulgurait dans l'immobilité, elle agrippa son arme et vérifia son fonctionnement.

Le parti voulait-il aussi que les camarades endurent sans un mouvement la piqûre brûlante des moustiques ? La jeune fille se gratifia d'une claque rageuse et, lâchant son fusil, elle enfouit son visage au creux de son bras.

« Il y a de l'eau à proximité, remarqua José pour expliquer la présence tracassante des insectes.

— On y va, commanda Felipe fébrile. L'objectif est encore loin. »

Chacun ramassa son fusil et son paquetage. La pluie s'avançait vers eux. Bientôt les pieds foulèrent la terre boueuse, les pantalons collèrent aux jambes, enserrant les genoux au passage d'un obstacle. Mais la troupe fonçait.

Toujours alerte. Mêlant la sueur à la pluie sans se départir de son allure déterminée.

Une lande jaunâtre s'étalait, piquée de chardons, de pierres et de flaques marécageuses aux plantes engourdies. La pauvreté du décor ajoutait encore à sa désolation. De loin en loin, au toit d'une bâtisse s'échappait une fumée mince, misérable comme le foyer qui la faisait naître.

La troupe ne s'arrêta pas au couchant, pressée de franchir le col suivant, de gravir une autre pente, de traverser la plaine ou la combe qui la prolongerait. Au loin résonna le grondement d'un éboulis entre deux ravines. Un raidillon s'appliquait à vaincre un coteau, déroulant de boucle en boucle sa trace vers le sommet. Felipe fit signe de ralentir. Se délestant de ses affaires, il rampa prudemment sur les derniers mètres. En contrebas, la route traînait son serpent d'ornières sur l'étendue du paysage à peine esquissé par la lueur d'une lune montante.

En arrivant à Huancayo Notomi se rendit à la station d'autobus. *Los Andes !* Le nom, synonyme du retour vers la forêt, l'avait hanté pendant des mois. Il fut un peu surpris, maintenant qu'il savait lire, de constater que la compagnie possédait tant de véhicules partant pour des destinations différentes. Une carte du Pérou s'étalait sur le mur crasseux de la pièce qui servait de billetterie, d'entrepôt pour les marchandises et de salle d'attente. La grandeur du pays l'impressionna. Satipo était dans une zone de vert. Autour de Huancayo tout se colorait de brun. Et, complètement à gauche, sur une ligne bleue bien marquée, on pouvait lire en gros caractères : Lima. Notomi frissonna. C'était inaccessible !

« Satipo ? À huit heures. » L'employé regarda suspicieux ce très jeune client.

« Je rejoins mon oncle là-bas, avec ma sœur. » Notomi tendit l'argent et reçut deux billets.

« Faut être là à sept heures.

— Oui, monsieur, avant la nuit », répondit calmement l'Ashaninka.

Orianiki, attablée, dévorait des *empanadas*, crêpes de maïs fourrées d'un mélange de viande et de pommes de terre écrasées. Le trajet jusqu'à la ville s'était passé sans encombre, dès qu'ils avaient pu rejoindre la route. L'argent facilitait les voyages. Notomi mangeait aussi mais sans appétit. Il restait une heure avant le départ. Orianiki regardait son frère, satisfaite de son ventre plein mais tourmentée par une idée bien précise. Lui, pensait à la même chose.

« Allons chercher Méché », s'écria-t-il en souriant avec malice.

Elle bondit de son siège.

José aperçut d'abord la lueur des phares du côté de Huancayo. Le véhicule était lent, prenant son temps le long des méandres de la piste, peu pressé de rejoindre l'intersection de Conception. À ce carrefour, sur la droite on filait sur Satipo, la route de gauche, elle, s'inclinait vers Lima. Mais avant la capitale on passait par Jauja, Chacapalca, La Oroya d'où l'on grimpait vers le nord, Morocucha, San Mateo, Chosiaca, puis c'était la grande descente vers le Pacifique.

Le borgne fit signe à Luiza de réveiller Felipe. Elle se leva. Les météores traversaient les ténèbres pour se perdre dans l'inimaginable, laissant un peu d'étincelles dans le si petit ciel des hommes.

« Camarade. On vient sur la route. »

Le chef aussitôt en alerte scruta la nuit.

« C'est encore loin. Un camion sans doute ou un autobus, l'informa José.

— On y va », ordonna Felipe.

Luiza s'empressa de secouer ceux qui somnolaient encore et en quelques minutes ils rejoignirent le bord de la route. Les deux sphères lumineuses poursuivaient leur danse en cahotant dans la nuit. Puis le ronflement du moteur se fit plus précis.

Le chauffeur aperçut un éclat métallique juste avant que surgissent les terroristes, fusil en joue.

« Los terrucos », lança-t-il au copilote endormi qui bascula de son rêve au cauchemar.

Un autobus suivait le camion. Le balayage des faisceaux jaunâtres dans le rétroviseur rassura un peu le chauffeur.

« Nous sommes des membres du Sentier Lumineux. Descendez ! » hurla Felipe, planté à la hauteur de la portière. À l'arrière, José vérifiait le chargement. Viandes séchées, fromages et trois ou quatre centaines de kilos de pommes de terre.

« La production est interdite, aboya Felipe.

— Je ne fais que transporter », gémit le chauffeur en prenant un air d'enfant battu.

À coups de crosse, Estela obligea l'homme à se coucher sur le sol et, pointant l'arme sur sa nuque, posa le pied sur son dos. Le copilote le rejoignit, la bouche dans la poussière. Les camarades déchargeaient rapidement. Ce genre d'attaques nocturnes se multipliait dans l'isolement des kilomètres de désert qui séparaient les bourgades. Le scénario se répéta à l'arrivée de l'autobus.

« Descendez tous. »

Les terroristes passèrent en revue le contenu du véhicule. Les couteaux perçaient les ballots à la recherche d'armement. Les senderos vérifiaient les papiers, s'enquérant de la moindre présence policière ou administrative. Au-dehors les passagers grelottaient.

« Il faut payer l'impôt révolutionnaire. »

Dissimulé derrière les jupons d'une grosse femme, Notomi faisait tout pour donner l'illusion que la matrone était la mère des trois rejetons. Méché tremblait comme un agneau jeté aux loups, encore sous le choc des retrouvailles, de la proposition de fuite et de l'interminable attente à Los Andes. À mesure que les lumières de Huancayo disparaissaient entre les collines, elle avait senti monter en elle une ivresse troublante dont elle ignorait qu'elle avait pour nom : liberté. Méché avait huit ans. Elle ne se rappelait que les coups et l'odeur d'alcool frelaté d'un père qui avait hésité à la jeter au fossé le jour de sa naissance, comme on fait pour les chatons, tandis qu'à peine âgée de quinze ans sa mère se mourait en accouchant. Puis était venu le « Patron » qui l'avait prise comme bonne et bergère, oubliant qu'au XXe siècle il était de bon ton de payer des gages même si la place de son employée était plutôt à l'école et dans la sécurité affective d'une famille.

Il sembla à Notomi que l'une des voix sendéristes ne lui était pas inconnue. Il ne pouvait pas bien discerner ceux qui s'agitaient dans la pénombre. Pourtant un étrange sentiment frappait à l'huis de son cœur. La voix s'évanouit, absorbée par le tumulte général, lui laissant comme un regret.

« J'ai peur, pépia Méché.

— Ils ne font rien aux enfants », balbutia Orianiki, peut-être plus effrayée que sa nouvelle compagne. Mais Méché reculait, échappant à la poigne du garçon qui retenait les deux gamines.

Les senderos récoltaient l'argent, rudoyant ceux qui obéissaient avec mauvaise grâce.

« Où vas-tu ? chuchota Notomi dépassé par l'entêtement de Méché.

— Ils vont me ramener chez le patron. Il va me battre », sanglota-t-elle en reculant encore.

L'angoisse était contagieuse et Orianiki commença à pleurnicher. La grosse femme se lamentait en remuant son flot de jupons, s'exposant à des représailles. La parade n'était plus sûre. Les chauffeurs du poids lourd remontaient à bord. Une partie du chargement s'était volatilisée dans l'ombre et ils pouvaient partir. Une altercation éclata entre l'un des maoïstes et la grosse imprudente. Le conducteur de l'autobus, responsable de ses passagers, voulut s'interposer. Un coup de feu interrompit l'agitation et le chauffeur s'effondra. Notomi, ses deux couvertures pour seul bagage, une fille à chaque main, se glissa hors de vue. Il fallait filer.

Le camion démarra à cet instant. Les filles étaient agiles. Elles s'envolèrent tour à tour au bout du bras de leur compagnon et enjambèrent la ridelle du véhicule. Notomi les suivit, rabattit la bâche et s'allongea contre elles.

« On dort maintenant. »

Assourdie, résonnait encore la voix qui l'avait ému. Soudain il voulut bondir. C'était elle ! La fatigue et le doute le retinrent pourtant. Tandis que sa compagne, la mort, lui susurrait quelques conseils de prudence, il éloigna Estela de ses pensées pour ne plus songer qu'aux grands bois, à la cascade d'eau et de lumière, au manioc cuit sous la braise, à cette maison de bois et de palmes promise à Orianiki. Et, maintenant qu'il l'avait à sa charge, à l'avenir de Méché. Le camion les menait à la forêt.

Mika avait pris l'importance d'un autre père et avait quitté, lui aussi, la ronde des saisons sans prévenir ni laisser d'instructions. Notomi était perdu. Il avait besoin de quelqu'un à écouter pour comprendre, de quelqu'un qui sache. Alors que le camion roulait dans la nuit, le froid était devenu si intense qu'il broyait tout son corps. Relevant la bâche, il s'étonna un instant de voir dans le ciel la même étoile bleutée qui l'avait mené dans la sierra. Un croissant de platine brillait haut, illuminant un chemin caillouteux étroitement accroché aux flancs de gigantesques montagnes. Sur la droite le précipice piquait à la verticale sur un torrent, des dizaines de mètres plus bas. Pas une lumière, personne. Juste un échafaudage de pics et de falaises.

Puis le véhicule atteignit un plateau calé entre des hauteurs affolantes, offrant un répit dans l'escalade difficile. Çà et là des lacs baignaient de rayons de lune leur surface immobile. Notomi n'avait jamais vu un tel endroit. On traversa cette plaine où déferlaient les vents de l'hiver et des tourmentes capables de provoquer des cataclysmes dans les vallées lointaines. Mais ce soir-là, l'Anticona-passe, à 4 843 mètres, était calme.

Dans une bergerie, des têtes curieuses se levèrent puis retournèrent à leur repos. Alors Notomi comprit qu'ils n'allaient pas vers la forêt et une douleur profonde pénétra son âme. Dans la poche de son pantalon de laine les billets pour Satipo avaient été impuissants à dicter sa route au camion. Sans qu'il lui fût possible d'imaginer la destination, il sut que la peine et la peur l'accompagnaient encore. Pour ne pas perturber les petites filles endormies, il enfouit son visage dans son poncho pour crier.

L'altitude décroissant, ils découvrirent une ville triste, avec des mines d'où jaillissaient des wagonnets jusque sur le bord de la route. Des déchets, crachés des ventres ouverts des montagnes, s'amoncelaient aux côtés de maisons toutes semblables, plates et moroses, collées mur à mur, recouvertes de poussière de minerai.

Cette laideur broya le cœur des trois égarés, terrorisés à l'idée d'échouer là, entre une locomotive rejetant sa vapeur et cet amas d'habitations. Mais la route s'inclina de nouveau et rapidement, d'un lacet à l'autre, elle prit du champ, faisant grincer les freins du camion. En bas un fourmillement d'êtres grouillait le long de l'étroite bande côtière recouverte de sables blonds et plantées de maigres collines désertiques : la Costa, où se dressaient les gratte-ciel et se déployaient les bidonvilles.

Au contrôle, à vingt kilomètres encore de la capitale, le

chauffeur, en découvrant les passagers clandestins, menaça de les livrer à la *guardia civil* qui fouillait un à un les véhicules arrêtés devant le poste de police. Notomi tendit l'argent qui lui restait et s'éloigna précipitamment, ses deux protégées agrippées à ses manches.

TROISIÈME PARTIE

La Costa

LiMA
1. PLAZA DE ARMAS
2. PLAZA SAN MARTÍN
AV. TACNA
RIO
RIMAC
PALACIO DEL GOBIERNO
CATHÉDRALE
Jr. DE LA UNIÓN
AV. N. WIESE
Jr. PACHITEA
AV. GRAU
AV. 28 DE JULIO
AV. AREQUIPA
AV. JOSÉ PRADO
OCÉAN
PACIFIQUE
TRIPOLI
BENAVIDES
AV. LARCO
AV. MIRAFLORES

31

Le spectacle était tel que María Elena Moyano crut que son initiative allait provoquer plus de désordre que de réconfort. Devant elle, deux cents enfants se chamaillaient pour atteindre les premières places. Ce n'était pas tant la faim qui les poussait — de celle-là ils avaient trop l'habitude — mais plutôt la curiosité.

Dès l'aube, tout le quartier avait remarqué des allées et venues suspectes. La femme qui surveillait le déchargement d'une camionnette était restée souriante alors que les plus hardis tournaient autour d'elle en lorgnant les préparatifs. La nouvelle s'était répandue à toute allure : on allait distribuer du lait et du pain aux enfants.

Paulo n'habitait pas ici, dans ce *pueblo joven* [1]. Son nid d'oisillon perdu, il l'avait établi dans le centre ville. L'endroit était plus pratique pour exercer ses multiples talents, de cireur de chaussures ou danseur, chanteur ou voleur quand la nécessité ou l'occasion le poussait du coude. Paulo pensait avoir dans les neuf ans, ce qui est déjà un âge vénérable quand on vit dans la rue. Plutôt malingre et habile à jouer le rôle qui convenait, il passait souvent pour plus jeune. Sur son épaule vivait un singe vert, grimaçant, agressif

1. Désigne les bidonvilles, banlieues de misère, qui ceinturent Lima.

envers quiconque voulait s'approcher. L'animal ne quittait jamais son maître ; mais pas à cause de la lanière de cuir qui serrait sa taille, sécurité contre d'autres va-nu-pieds. Le singe, à la suite de mauvais traitements, avait perdu la vue. Paulo l'avait ramassé, mourant, sur un tas d'immondices où les rats l'avaient déjà mis au programme de leur réveillon de Noël. Tout naturellement le singe prit le nom de Navidad et, s'épaulant, l'enfant et l'animal avaient uni leur misère dans une formidable amitié.

Quand son tour arriva devant la camionnette, Paulo prit l'attitude la plus pitoyable de son répertoire ; traînant la jambe, il feignait de dissimuler une infirmité. Puis, s'appliquant à sourire avec naïveté, il tendit une main tremblante vers un second verre de lait. María Elena Moyano faillit succomber mais, au bout de la table dressée contre le mur extérieur d'une masure, une autre bienfaitrice arrêta son geste.

« *¡ Uno, no más*[1] *!* » s'écria la femme.

Le singe attrapa le verre à tâtons et se mit à laper avec avidité. Paulo craignit quelques représailles et chercha sur le visage de Mme Moyano le signe de colère ou de menace qui aurait commandé la retraite immédiate. La femme remarqua à peine l'incident, son attention attirée de l'autre côté de la rue.

Un calme relatif régnait dans la colonne des gosses en guenilles. Futés, ils organisaient eux-mêmes la queue, empêchaient le resquillage et les passages à répétition. Satisfait, Paulo quitta l'attroupement. Ses pieds nus marquaient d'empreintes éphémères la poussière de la rue non goudronnée, pas encore stérilisée par le progrès. Le quartier sans eau ni électricité se souciait d'ailleurs fort peu de l'état de ses chemins. Fier de ses moustaches de lait, mâchonnant son morceau de pain, Paulo remonta le pantalon trop long qui habillait ses jambes maigres. Traînant au bord du

1. Un seulement !

caniveau, il inspecta vaguement les détritus puis jeta un coup d'œil à la ronde. La dame du lait avait quitté sa place et, accroupie, distribuait de larges parts à trois crétins incapables de faire la queue comme tout le monde. Deux filles minuscules et un *macho*, une vraie demi-portion ! Navidad s'agita, inquiet.

« Calme-toi, hermano. À faire les minables, ceux-là en ont plus que nous ! Tu trouves ça normal ? »

Le singe caqueta d'indignation et reprit son travail d'épouillage, tâche assidue prouvant un indicible amour ; sans grande efficacité tout de même quand on ne peut pas voir où se cachent les poux. Navidad fouillant ses cheveux crasseux, Paulo bifurqua en direction de la colline désertique. Il devait ramasser du bois mort, ce qui expliquait sa présence si loin de son logis. L'aventure était d'envergure. D'abord la sécheresse laissait pousser peu d'arbustes et de plus chaque manant avait à défendre son butin, découvert après de longues et lointaines recherches à travers la lande aride. Certains préféraient allumer leur foyer sans fournir le moindre effort et Paulo, cholito rieur et peureux, prompt à prendre le large plutôt qu'à prendre des risques, avait plus d'une fois « perdu » son fagot sur le chemin du retour. Fâcheuse affaire qui n'avait jamais beaucoup plu à la Culevra, le chef de la bande, assez direct dans ses appréciations, « Couard, incapable !... ». Et seules les canines aiguisées de Navidad dispensaient Paulo de quelques raclées bien pesées au retour de chaque mauvaise fortune.

« Allez ! Faut pas traîner », s'écria le gosse en s'adressant à son singe.

Avant de s'engager sur le raidillon caillouteux écrasé de soleil, Paulo jeta un coup d'œil en contrebas. Dans le lointain, à une vingtaine de kilomètres, Lima attendait, patiente, que la matinée dissipe les brumes encore attachées aux vagues rondes du Pacifique. Le soleil était assez proche maintenant, revenu de son escapade annuelle dans les latitudes Nord, pour porter le beau temps au bord de l'océan. À douze degrés Sud, décembre voit ses plages couvertes de monde et de femmes élégantes en robes décolletées. Pour trois ou quatre mois de répit, le courant froid de Humboldt n'a plus la force de noyer le rivage de brouillards poisseux arrachés aux glaciales eaux salées.

Dans la rue l'attroupement s'éparpillait. Les paniers vidés et les bidons léchés remontaient dans la camionnette. Il ne resta plus personne. Seuls les trois mômes écroulés sur le chemin sablonneux n'avaient pas bougé. À côté d'eux un paquet de couvertures ne retenait même plus leur attention. Paulo s'éclaira. « Qu'en penses-tu, Navidad ? Une pour toi, l'autre pour moi. Ou plutôt la seconde ira à la Culevra. Pour une fois il ne va pas me traiter d'incapable. »

Pas besoin de beaucoup d'efforts et aucun risque, cela valait mieux qu'une journée de marche hasardeuse pour quatre morceaux de bois. Pendant quelques secondes il les perdit de vue, le temps de dévaler le sentier pour rejoindre la rue. Les inconscients, visiblement fraîchement débarqués, somnolaient. L'affaire était faite !

Paulo ne put retenir une exclamation de stupeur. Penché sur les gosses, un rival était sur le point de s'emparer du butin.

« Au voleur ! » hurla-t-il, fou de colère à la perspective de voir s'envoler son bien, presque acquis.

Notomi se redressa, les yeux écarquillés, le poing en avant, frappant en pleine tête celui qui s'était approché. Déconcerté, le voleur marqua un temps d'arrêt. Alors Paulo bravant son naturel individualiste et son inclination à s'éclipser, ébahi par tant de réflexes et de courage, fondit sur l'indésirable. Croyant avoir affaire à une bande, l'autre battit en retraite et disparut. Face à face, Notomi et Paulo restèrent muets, s'observant le temps de reprendre leurs esprits.

« Tu nous as sauvés », dit enfin l'Ashaninka avec humilité, en regardant amicalement le singe cramponné au cou de son maître. Paulo eut du mal à comprendre. Il n'avait jamais sauvé quelqu'un ; pas même sa propre personne. Seules ses jambes savaient courir aussi rapidement que possible et s'éloigner d'un désagrément imprévu.

Notomi ému ramassa une couverture et d'un geste franc la lui tendit avec autorité.

« Pour toi ! »

Alors quelque chose bascula dans le cœur de Paulo. Dans la bande il ne connaissait ni tendresse ni amitié. On était ensemble ; quelques enfants misérables autour d'un chef plus âgé. Pour ne pas mourir, pour gagner une nuit sans être violé ou tué par d'autres paumés. Paulo tendit la main pour recevoir le présent.

« Les grands nous prennent tout, murmura-t-il en bafouillant.

— Et nous sommes petits ! » répondit Orianiki toujours assise contre le mur, dévisageant le garçon avec son regard des grands moments.

Paulo reçut là, après la révélation de son courage, le plus sérieux choc de neuf années de vie déjà fournies en émotions. Orianiki se leva prestement, approchant de quelques pas en se dandinant sous ses jupons multicolores.

« C'est ta femme ? » demanda Paulo, dans un aveu spontané.

Notomi contempla sa sœur, étonné et tout à coup conscient du trouble que pouvait susciter la beauté de cette poupée pétillante de malice, il éclata de rire. Orianiki l'imita à son tour en battant des mains. Alors Méché, un peu effrayée tout d'abord, et Paulo, découvrant le goût de la douceur, les rejoignirent dans une exaltation enfantine qui résonna tout au long de la rue.

32

Une cloche lâcha une volée de notes joyeuses. L'église de Santo Domingo rendit à la rue une couvée de chrétiens fraîchement absous et bénis. Des enfants, engoncés dans leurs toilettes dominicales, tentaient quelques pas de biais mais la poigne maternelle, attrapant une manche bien repassée, secouait l'insolent et l'obligeait aux salutations rituelles de bon voisinage. Paulo fit la grimace.

« Dimanche ! » lança-t-il à l'adresse de Notomi en désignant du menton le déballage de fanfreluches et les chevelures parfumées.

« ¡ Vamos ! »

Tous les quatre accélérèrent pour traverser la foule bavarde et indifférente, Paulo méprisant curieusement cette possibilité de glaner un peu de monnaie.

En quittant les banlieues, ils avaient dû marcher longtemps car les nouveaux venus ne savaient pas encore s'accrocher à croupetons à l'arrière des bus qui rentraient vers la ville. Paulo avait pris la tête, expliquant les rues, les avenues, les chemins de traverse qui permettaient d'éviter les quartiers dangereux. Chaque clan de miséreux avait ses limites, son territoire qu'un étranger n'aurait pu franchir.

Notomi venait en dernier, poussant les filles, tous les trois inquiets et subjugués. Sur les murs délabrés on lisait la guérilla, plus criarde et nerveuse que dans la sierra.

« Vive la guerre populaire ». « Le grand saut au cœur de l'édifice impérialiste ». Les baraques en planches portaient fièrement ces slogans, seule touche de peinture dont elles bénéficiaient. Une faucille et son inséparable marteau dégoulinaient lamentablement sur le capot rouillé d'un reste de voiture.

Le long du rio Rimac qui ne charriait plus que des ordures pétrifiées dans la boue, les tôles de fûts de deux cents litres servaient de façades à la propagande. Des plastiques retenus par des pierres friables tenaient lieu de portes ou de fenêtres, claquant bruyamment au vent trop chaud qui desséchait jusqu'à la poussière jaune des ruelles.

Paulo traçait son chemin. Son regard méfiant explorait sans cesse les allées et les recoins entre les masures. Enfin les maisons prirent un étage et des murs de brique. Sur les toits en terrasse séchaient à perte de vue un océan de lessives ondulant sous une brise qui courait s'offrir au Pacifique de plus en plus proche. Les relents d'égouts et de poubelles en fermentation furent remplacés par les gaz d'échappement presque palpables tant la circulation était intense. On se pressait, comme chaque dimanche, le long de l'avenida Tacna, l'artère principale sortant de Lima. Dimanche ! Jour de repos illusoire plus fatigant que ceux de l'harassante semaine, qui écrase les êtres de son ennui ponctuel et immuable.

Paulo montrait, expliquait, gavait ses nouveaux compagnons de tous les trucs et conseils qui permettent ici de rester en vie un peu plus longtemps. Ils bifurquèrent sur la gauche empruntant la J.R. Ayabaca et débouchèrent sur la Panamericana. Notomi prit sa sœur dans ses bras. Paulo attrapa Méché par le poignet.

« On court ensemble. Quand je fais signe », hurla le cholito, surexcité par son rôle de chef de bande.

La quatre voies vombrissait, trilles pétaradants, klaxons et explosions dues à l'absence de pots d'échappement.

« ¡ *Vamos* ! », lança Paulo en bondissant entre une Volkswagen et une camionnette, Notomi horrifié à sa suite.

Il n'y eut pas un coup de frein. On ne ralentissait pas pour les chiens, alors pour les orphelins du trottoir... Il était préférable de voir cette racaille au cimetière avant qu'elle ne grandisse. Enfin ils franchirent le pont qui enjambait le chemin de fer et un lit de cailloux où suintait la trace d'un torrent de montagne dévoré tout entier à la traversée des faubourgs. Affolée par le vacarme, Orianiki tremblait contre la poitrine fraternelle.

« J'ai faim », dit-elle doucement, puis, l'esprit pratique, sans lâcher Notomi elle se laissa glisser sur le sol désormais asphalté. « C'est toi qui nous donnes à manger. »

Paulo dévisagea la morveuse au visage d'ange et, inspirant une bouffée d'air pour calmer le rythme de son cœur, lui répondit, les yeux mouillés d'émotion.

« Attends un peu ! »

En y repensant plus tard, il se dit que ce fut à cet instant qu'il décida de les aider vraiment, elle et les deux autres. Orianiki, de son côté, avait saisi son avantage sur le garçon et, fière de cette amitié, se mit à babiller sans retenue.

Tandis que les bâtiments surgissaient comme les pics de roche couronnant la cordillère, Orianiki racontait sa vie, y ajoutant le fantastique et la fantaisie des récits de son frère. La Selva se peupla de dieux aimants et de jaguars protecteurs d'enfants, de lune descendant sur terre pour apporter du miel et des fruits.

Quand Paulo comprit que la gamine et son frère venaient de la forêt, son enthousiasme joyeux se mua en une foudroyante admiration. Pour lui, orphelin de la ville immense, ce dédale verdoyant représentait un univers terrible entre tous.

Autour d'eux les passants avaient des allures endimanchées. Ils allaient sans se voir, sans un bonjour ni un signe de reconnaissance, comme autant d'étrangers gênés de se croiser. Et les façades sales les regardaient passer de leurs yeux rectangulaires, bien alignés, fermés derrière des paupières de bois ou de fer forgé. Tout était mystère et anonymat.

« Plaza de Armas », informa Paulo.

Simón Bolívar chevauchait sa monture avec la même superbe que dans toutes les communes du Pérou. On le célébrait aussi en Bolivie, au Venezuela et dans d'autres pays d'Amérique du Sud. *El Salvador* avait eu raison de la couronne espagnole, mais sa lutte pour l'indépendance et la suprématie d'une oligarchie orgueilleuse ne lui avait pas ouvert les yeux sur le racisme et le mépris supportés par les millions d'Indiens serranos, véritables occupants des territoires andins.

Paulo fit le tour de la statue, saluant prestement, avec une ironie enfantine, le personnage de bronze. Il ne fallait pas traîner. Devant le palais du gouvernement, sous les arcades, des militaires montaient la garde, prêts à faire feu. La cathédrale appelait ses brebis pour la grand-messe de onze heures. Le jeune cholo s'était décontracté ; de toute évidence, il était chez lui. Arborant un sourire satisfait, il accéléra le rythme tout au long de la rue piétonne la Unión. Puis, débouchant sur une immense place tout encombrée, avec la fierté du propriétaire il lança à l'adresse des trois nouveaux : « *Plaza San Martín !* »

33

La San Martín s'appelait en vérité place de la Libération mais l'habitude populaire lui avait offert le nom du général à cheval planté en son centre.

« Maintenant nous allons manger », jeta Paulo à la ronde avec un air entendu.

« Hé, où as-tu volé ça ? » Un gosse en guenilles traînant sa caisse de cireur de chaussures tirait déjà sur le pan d'une couverture.

« Touche pas, minable », grogna Paulo en repoussant l'agresseur. L'alerte avait été donnée. D'autres gamins rappliquèrent, un paquet de journaux sous le bras. Mais l'heure n'était pas à la querelle. Il fallait gagner son pain ou grappiller quelques restes à l'arrière d'un restaurant. Reliquats laissés par la clientèle que les serveurs revendaient aux mendigots entre deux poubelles ; quand ils ne les gardaient pas pour leur famille. Les gosses se replièrent pour courir après leurs clients.

Autour d'un bassin à l'eau plus sale et noire que la peau des cholos qui l'entouraient, dès l'aube on vendait des gâteaux, des bonbons, des cigarettes à l'unité qu'on allumait sur place avant de rendre la boîte d'allumettes au marchand. On cirait les chaussures. On grillait du maïs sur un brasero empestant le pétrole ou la peinture encore collée aux éclats de bois dérobés sur les chantiers.

Des femmes, assises sur le sol, proposaient des beignets frits dans une huile nauséabonde ou vendaient des chandails et des bonnets fleurant bon la laine sauvage mais de médiocre qualité. Le meilleur de la tonte avait fourni d'autres boutiques, de plus lointains marchés. Des vêtements d'occasion attendaient preneurs parmi les cholos qui survivaient entre pauvreté et courage. Paulo, lui, n'était pas pauvre. Il n'était rien. « D'abord on prend un bain. » Déjà le gamin jetait autour de lui pantalon, chemise à rayures et pull-over. Son corps trapu, moins efflanqué que ne le laissaient supposer ses habits trop grands, plongea aussitôt dans le liquide épaissi par la poussière et la saleté. Navidad resta accroché aux frusques comme un naufragé au dernier morceau de son navire disparu. L'eau n'était plus renouvelée que par la générosité du ciel et pour Notomi elle ressemblait à celle du Ené pendant les pires crues de janvier. Mais Paulo en avait fait sa source de jouvence et s'y ébattait avec une égale délectation chaque jour d'été.

« Venez, venez », cria-t-il en pataugeant.

Orianiki détourna la tête, apercevant un vieil homme couvert de croûtes qui trempait ses pieds crasseux dans le bassin et retint Méché qui s'apprêtait à se laver la figure.

« On attend là », précisa Notomi en entraînant les demoiselles sur un banc à l'écart.

Un peu déçu par l'air dégoûté de ses invités, Paulo écourta sa baignade et sauta dans ses loques. C'était pourtant le meilleur moment de la journée. Depuis deux semaines le beau temps avait réchauffé l'eau luisante de graisse et des dizaines d'habitants du trottoir faisaient là leur toilette la plus intime. Au-delà de la promiscuité et du voyeurisme, il fallait supporter cette soupe bactériologique, ces colonies de microbes qui apportaient en bandoulière le choléra, la typhoïde ou la fièvre jaune.

« Alors on va manger ! » dit Paulo.

Orianiki se réjouit ouvertement, cherchant des yeux d'où

sortirait l'assiette fumante prête à la combler. Mais Paulo, curieusement, s'assit sur un coin de la place San Martín.

Navidad sauta à terre sur le pull-over que son maître avait posé là comme une minuscule piste pour l'artiste. Pendant un moment le gosse et l'animal restèrent à se concentrer dans un conciliabule secret, les pattes fines au creux des paumes aux ongles cassés. Puis Paulo sortit des grelots des fonds de son pantalon et se les attacha aux chevilles.

« *Señores* », cria-t-il à tue-tête une fois relevé, face à Notomi, Méché et Orianiki interloqués. Il poussa un hurlement aigu, prémices du spectacle. Les badauds arrêtèrent leur déambulation paresseuse. Au centre du cercle, le singe fit une cabriole. Se dandinant sur ses jambes autour de son repère, il offrait à chacun son visage aveugle en redressant la tête. Paulo dansait, secouait les grelots, frappait du pied en mesure. Un chant aigrelet tout en plaintes et en émotions tournoya sur la place tandis qu'un vol de pigeons s'échappait vers le ciel. Les mots parlaient des jours passés, des aïeux qui savent des histoires, de la sierra où il fait bon s'aimer, des filles qui rient au printemps.

L'assistance écoutait avec émotion mais sans joie. Alors Méché quitta son poste de spectatrice et, s'élançant courageusement, elle se mit à virevolter avec élégance. Paulo ralentit l'allure, oubliant la suite de sa chanson puis soudain déchaîné, à grands renforts de cris déchirants, il relança la cadence. Quelques piécettes atterrirent autour de Navidad qui tentait de les attraper, guidé par leur bruit. À la fin de son numéro Paulo remercia l'assemblée et ramassa de quoi contenter quatre bedaines avides de se repaître ; si la marchande acceptait de se montrer généreuse.

« Hé gringo ! » Paulo avait failli ne pas l'apercevoir. « Tu as aimé la danse, donne-moi quelque chose. »

Calder ne supportait pas la mendicité d'autant plus que, débarqué du matin à l'aéroport, il revenait au Pérou avec l'intention de faire un reportage sur la noblesse de ce pays en plein chaos. Pourtant, plus que par le spectacle classique des *Pirañas* [1] amusant les touristes et les oisifs, il s'était laissé prendre par la beauté troublante des Ashaninkas. Paulo continuait à réclamer, sans comprendre que l'Américain mordait à un hameçon bien singulier.

« Calme-toi, fiston ! » rétorqua Calder un peu excédé, en tendant un billet de taille inespérée.

Les quatre gosses s'éloignèrent avec le singe. Derrière eux le déclic d'un Nikon les figea dans leur joie merveilleuse. Orianiki frappait des mains, Notomi souriait d'un air un peu contrit. Suivaient Méché, exaltée par la danse et le chant, et Paulo fou du bonheur d'une aussi belle journée.

L'Américain traversa la rue. Le grand hôtel Bolívar avait planté là sa superbe façade de palace colonial.

« Ils sont des centaines comme eux, señor. » Calder, surpris, dévisagea le portier. L'homme était avenant, assez grand. Son sourire professionnel restait sympathique.

« Des centaines… », reprit l'Américain pour seule réponse.

À l'intérieur, le contraste était insolent : marbre gris, candélabres, tentures pourpres, moquettes moelleuses et rideaux de velours jaune filtrant la lumière. Fatigué de lécher les murailles crasseuses, le soleil s'évertuait à pénétrer la pénombre, à toucher de ses rayons l'éclat de ces richesses dissimulées. Mais tout était à cacher : les miroirs biseautés couchés dans de somptueux cadres frottés d'or ; les musiciens en smoking jouant des airs de jazz pour des dames qui prenaient le thé, écrasées au fond des sofas ; les nappes blanches comme des mariées ; les cristaux et l'argenterie. Le groom se précipita pour appeler l'ascenseur. Il savait déjà : Mark Calder, États-Unis, la suite au troisième.

« *¿ Cambio* [2] *señor ?* »

1. On appelle ainsi les enfants mendiants de Lima.
2. *Cambio* : change.

Les mots fredonnés dans le silence résonnaient comme l'amorce d'un complot.

« À combien ? enchaîna Calder pour défier le gros homme vêtu d'une livrée rouge et or.

— *Diez mil por un dólar, señor.*

— Dans la rue ils donnent douze.

— *Sí, sí*, douze. »

Calder changea un peu d'argent. Le groom sourit, affable. La douceur de l'atmosphère et les doubles vitrages des fenêtres anesthésiaient l'hôtel, transportaient la clientèle un siècle en arrière, la protégeaient de la réalité extérieure. L'Américain voulait vivre au cœur de l'action : plaza San Martín, carrefour des artères principales qui s'échappent vers les banlieues et fuient dans les Andes à l'est. Au sud, les quartiers commerçants, plus bourgeois ; San Isidro et, avec vue sur le Pacifique, Miraflores.

« *El señor* désire quelque chose de plus ? »

Calder avait oublié le type planté dans la chambre. Fatigué du ton obséquieux du larbin, le gringo ne prit pas la peine de répondre.

« De la poudre, señor ? De la bonne, très pure. »

Calder eut un sursaut. Combien de ses compatriotes ne venaient dans ce pays que pour s'offrir à moindres frais une cure intensive de cocaïne, sombrant gramme après gramme ? Celui-là avait dû en fournir quelques-uns.

« Non, rien, *gracías*. »

Déçue, la livrée rutilante quitta enfin la pièce.

Par la fenêtre, Calder regarda la place. Le soleil éclaboussait les visages, les cheveux de jais, les couvertures indiennes attachant les bébés au dos de leurs mères ; les chapeaux, usés, soûlés de pluies et de poussière, protecteurs et refuges, compagnons perchés là depuis que leur propriétaire avait gagné ses premiers *soles* [1]...

Mais il y avait aussi, se tenant aux lisières de la civilisation

1. *Sol* : unité monétaire péruvienne.

andine, beaucoup de passants fagotés dans un mélange de vêtements occidentaux et d'éléments traditionnels : la mode chola par excellence qui faisait couper aux femmes leur longue natte noire et oublier aux hommes leur poncho.

L'Américain laissa retomber le rideau sur la ville.

34

La villa n'était plus très loin. Les doigts encore poisseux de beignets, les quatre comparses longèrent la calle Belém puis la Pachitea. Paulo ralentit l'allure. Dans ce quartier l'approche devait se passer en douceur et le plus périlleux consistait à ne pas être remarqué au moment de tourner dans l'impasse.

La tragédie vécue par le Pérou était moins ostensible dans le centre ville malgré les militaires qui sillonnaient les rues sans relâche et quelques façades marquées par les bombes artisanales.

Alors que Paulo allait s'engager dans la ruelle, une fusillade lâcha une gerbe d'impacts au hasard. Dans un fracas de verre brisé, une vitrine explosa, chassant les passants du trottoir. Dans les voitures arrêtées, les occupants se jetèrent à plat sur les sièges. Des ordres rebondirent au coin de la rue Pachitea et un groupe de soldats apparut, traînant par la veste un homme inanimé. Par la portière ouverte d'une camionnette, un autre s'était effondré sur le trottoir, les yeux ouverts vers le ciel bleu de ce nouvel été.

Notomi avait attrapé sa sœur par les épaules, Méché s'était pendue à son poncho. Paulo avait disparu. Il fallait fuir. Faisant volte-face pour dégager le passage aux militaires qui approchaient, Notomi se heurta à une adolescente barrant le chemin.

« Venez ! » dit-elle en les dépassant d'un bond. Attrapant Méché par ses jupons elle l'entraîna vers le court passage qui menait à la villa.

La demeure avait deux étages. Un escalier de pierre surgissait des gravats et des mauvaises herbes et donnait accès au balcon à colonnades du premier. À cette hauteur on surveillait bien l'impasse fermée par la villa. Jour et nuit les guetteurs se relayaient pour donner l'alerte. Mais depuis six mois que la bande avait élu domicile dans la ruine, personne ne s'était soucié de ce qui s'y passait. De part et d'autre, les murs sans fenêtres étaient aveugles et sourds au va-et-vient des réfugiés.

Deux pièces restaient habitables ; le plancher du second étage servait de double protection car les accrocs de la toiture invitaient les intempéries avec trop de complaisance.

Orianiki fut émerveillée par le jardin, véritable forêt vierge qui dissimulait presque totalement l'escalier. À l'arrière se trouvait la sortie de secours : une corde et un arbre permettaient de franchir le mur d'enceinte de la propriété menant vers d'autres jardins, parfaitement entretenus, dont les grilles s'ouvraient vers une fuite possible.

La fille s'appelait María et d'un retour de main bien appliqué elle signifia à Paulo ce qu'elle pensait de sa couardise.

« Ça n'est pas sa faute, voulut intervenir Notomi. Il a eu peur. Moi aussi j'ai peur souvent. »

Un garçon plus âgé, le cheveu blond et sec comme son corps, des mains nerveuses et un regard délavé intervint :

« C'est moi qui décide ici. »

Progéniture étonnante d'un marin en escale débarqué d'un continent lointain. Des pommettes saillantes, une oreille tranchée de moitié, des gestes rapides et saccadés racontaient quinze années de lutte acharnée pour survivre pesant déjà plus qu'une vie entière. Paulo tendit l'une des précieuses couvertures à son chef.

« Elle est à toi, Culevra. »

L'autre toisa le minus et son cadeau. D'un mouvement hargneux il fit tomber le tissage sur son grabat, découvrant ses dents cassées.

« María, apporte à manger. »

La Culevra s'installa et fit signe aux gosses de s'asseoir. Tous étaient là, de retour de quelques chapardages. María avec ses seins qui poussaient son chemisier de gamine, deux fillettes sans beauté, bien loin de l'âge d'être femmes, et trois garçons ayant encore du mal à pisser contre le mur du jardin sans se mouiller les pieds. Enfin, el Pelado, bras droit du chef, maître en tout pendant ses absences. Celui-ci ne parlait pas ; ses gros yeux noirs roulant sans cesse, il grognait plutôt, abattant une poigne lourde et sale sur ceux qui passaient à sa portée. Une masse de muscles impressionnante, surmontée d'une tête enfoncée dans un cou de bête ; il terrorisait les gosses. Ses mâchoires de fauve toujours en mouvement avaient usé ses dents comme celles d'un vieux cheval et la teigne n'avait épargné que des touffes de tignasse douteuse. El Pelado n'avait plus l'air d'un jeune homme. Il ne connaissait pas son âge. C'était son dévouement envers la Culevra, pour quelque obscure dette à honorer, qui le faisait accepter à la villa.

À la façon qu'il avait de lorgner Orianiki, Notomi sut tout de suite qu'il ne l'aimerait pas.

« Comment vas-tu payer ton entrée ici ? »

Notomi garda le silence. Paulo mâchonnait le bout de la lanière de cuir pendue à son singe. María distribua des bananes et du pain, pendant qu'un bol de café circulait à la ronde.

La Culevra but le premier et, comme un patriarche veillant sur sa maisonnée, ébaucha un sourire, fier de voir sa bande réunie.

« Prends ça ! »

Le pistolet de Mika venait de jaillir du sarrato. Une exclamation unanime agita l'assistance.

La Culevra, excité, tripota l'arme de ses doigts d'araignée.

« Les balles ?

— Pas de balles », répondit Noto.

Il n'y eut pas de déception, la joie était trop franche pour exiger davantage.

« C'est bon. Nous sommes trois de plus », lança le chef avec énergie, concluant tout à coup l'entretien.

El Pelado poussa un grognement de principe pour vider la pièce. Celle-ci était le domaine exclusif de la Culevra et de son second. L'ordre et la hiérarchie permettaient ici aussi de survivre en s'entraidant : s'organiser au mieux pour combattre les constantes menaces extérieures. L'autre chambre accueillait des piles de cartons, de journaux et de chiffons servant de couches. María, elle, s'écroulait sur un matelas d'herbes sèches. À l'extérieur, sous la fenêtre sans carreaux, on cuisait quelquefois le fruit d'un larcin sur un feu de braise. Le jour, trois matous pénétraient dans la maison et venaient dormir, enlacés, en souvenir de leur enfance fraternelle.

Paulo offrit son coin aux deux filles qui s'enroulèrent dans leur couverture. Lui, Navidad et Notomi s'arrangèrent de quelques loques posées sur le plancher. Tous se devaient d'être couchés à la nuit tombante. Dès que la ville s'apaisait, on chuchotait dans la maison. Le moindre son résonnant dans l'impasse pouvait attirer un vagabond ou une patrouille.

La mort était partout ; dans leur ventre vide, leurs joues creuses qu'un sang pauvre ne colorait pas assez. Mais la plus redoutable rôdait au-dehors. Elle parcourait les rues dès le couvre-feu, ou même avant : les soldats chargés de la surveillance ne consultaient pas leur montre, incapables d'ailleurs de lire quoi que ce soit. Engagés à seize ans pour ne pas crever de faim, pour être du bon côté du canon, ils arpentaient les avenues de Lima livrées à la nuit. En chars, en camions, postés aux carrefours, prêts à faire feu au moindre grincement de porte, au plus petit écho d'une présence suspecte. En proie aux mêmes incertitudes, aux mêmes détresses que ceux qu'ils traquaient.

« Raconte-nous une histoire. » Orianiki appelait au secours, égarée par tant de bouleversements, tendant une main dans le noir vers le seul être qu'elle avait au monde. Notomi s'appuya contre la caisse qui servait de table et commença :

« Le suprême maître magicien était le gardien du monde. Il aimait fort, trop fort ce monde, tellement, qu'il aurait voulu l'embrasser tout entier en une seule fois. Son cœur tremblait quand il admirait les riantes vallées fleuries... Compagnon délicieux ou adversaire intraitable. Il s'appela le Vent [1]. »

Comme dans le secret d'un temple, les orphelins, fils adoptifs de la misère, s'endormirent, le cœur baigné de lumière, sous la protection des matous errants et du coutelas vigilant de la Culevra.

1. J. Pasteur, *Contes de la grande forêt*, éd. Filipacchi.

35

À l'ambassade des États-Unis on pensait le journaliste calmé depuis sa mésaventure dans la cordillère Azul. Le but de son nouveau voyage au Pérou n'inquiétait pas : reportages anodins, photos de rues, enfants, folklores, paysages. Il n'avait rien de ces reporters à sensation qui s'acharnent sur le malheur du monde pendant quelques semaines puis s'en retournent récolter le fruit de leur aventure.

Mark Calder avait délaissé les fastes de l'hôtel Bolívar pour une pension de famille proche de l'ambassade. Et comme son pays avait la louable habitude de s'occuper de ses enfants expatriés, il était fréquemment convié à des cocktails durant lesquels, un petit-four dans une main, une coupe de champagne français dans l'autre, les dignitaires perdaient une heure à envisager l'avenir de la planète.

Calder descendit du taxi. Ses retards n'étonnaient plus ses hôtes. Les grilles électrifiées du jardin de l'ambassade se dressaient dans le demi-jour des projecteurs. Calder ne put s'empêcher de se retourner, une étrange impression l'oppressait. Le long de l'avenue, les arbres plantés dans l'asphalte dégoulinaient, impuissants à abriter les gardes civils qui, gilet pare-balles sous le manteau, balançaient leurs mitraillettes d'un bras sur l'autre, pour se réchauffer.

Calder n'eut pas besoin de réclamer. On l'attendait. La grille coulissa en silence, découvrant la cour pavée ceinte de parterres fleuris. L'Américain ne put se retenir de soupirer. Ici il était aux États-Unis, oasis en principe inviolable, reliée au vaisseau mère par le cordon ombilical du fax et du téléphone.

Sur le perron de la maison cossue, deux marins de la Navy se recroquevillaient sous leurs imperméables.

« Bonsoir, les gars. »

Des sourires accueillants répondirent au journaliste.

« *Welcome !* »

Clarence Burney ouvrit la porte. « Ah ! vous voilà. » Il s'était lié avec Calder dès le début de son séjour puis l'amitié avait grandi après les retrouvailles au poste de police.

« Ce soir il y a du beau monde. Tenez-vous tranquille. »

Peu enclin à satisfaire aux demandes de principe Calder eut une moue évasive.

« Vous êtes incorrigible », lança Burney, légèrement contrarié.

Épais tapis, meubles de prix, tableaux et lustres de cristal, le salon dénotait un luxe de bon goût. La maîtresse de maison circulait avec une modestie étudiée, en veillant sur ses invités. L'assistance était fort galonnée. Uniformes d'apparat et gants blancs, de jeunes officiers se pavanaient, partagés entre l'orgueil de leur condition et l'intérêt qu'éveillait en eux la réception. Burney présenta Calder.

« *El General* García, chargé des relations extérieures de l'armée », Calder le détesta sur l'instant. Un animal de combat, fier, avec néanmoins une touche de mélancolie dans le regard. Il salua sans chaleur, sous l'œil sévère de Clarence Burney.

« Vous vouliez rencontrer les militaires ? Eh bien, détendez-vous, Calder, vous avez ici ce soir de quoi satisfaire votre curiosité professionnelle », lui glissa l'attaché d'ambassade tout en lui offrant une coupe pétillante. García avait la cinquantaine, l'âge de ceux que la montée du terrorisme avait surpris dans la plénitude de l'épanouissement matériel. Il s'approcha du journaliste, suivi d'un jeune capitaine.

« El señor Calder. El señor Pablo de la Rioja, capitaine de frégate, mon neveu. »

Calder et le capitaine se serrèrent la main, rigides et sans sourire. Déjà, García, avisant plus plaisante compagnie, les abandonnait. Ils étaient seuls.

« Vous êtes reporter ? tenta le capitaine, un peu surpris de la froideur de son vis-à-vis.

— J'essaie d'informer mes lecteurs de ce que je crois comprendre. » Pour Calder l'entretien pouvait s'arrêter là. Mais curieusement Pablo de la Rioja, malgré le peu d'enthousiasme de son interlocuteur, poursuivit :

« Je reviens de la sierra. La situation est terrible. »

Autour d'eux le cocktail se poursuivait dans une atmosphère désinvolte.

« L'armée en souffre terriblement, poursuivit le militaire.

— De quel genre de souffrances voulez-vous parler ? »

Déjà Calder colorait son agressivité d'une pointe de curiosité, piétinant le tapis de Chine, acquisition de l'ambassadeur lors d'un poste précédent.

« De celles de tout un peuple. » Le capitaine semblait moins beau et moins jeune tout à coup : quelque chose de vrai pointait dans son expression.

« Il est presque impossible de savoir maintenant qui est coupable et de quoi exactement. Nous pensions avoir affaire à une bande de révoltés sanguinaires mais c'est le pays tout entier qui n'a plus d'assise. »

La Rioja s'était mis à parler en anglais. Non pas pour dissimuler sa conversation, ici chacun comprenait les deux langues, mais pour s'éloigner de son devoir militaire. La confidence prenait la tournure d'une confession nécessaire.

« Pourriez-vous prévoir une mission durant laquelle je puisse vous suivre ? »

Calder avait insensiblement entraîné le Péruvien vers le vestibule.

« J'ai demandé à réintégrer les patrouilles côtières pour un temps. Il règne trop d'incompréhension pour moi sur l'altiplano. »

Le calme et l'humble attitude du capitaine juraient maintenant avec son habit bleu marine boutonné d'or et d'argent.

« Mais dès que je rejoins le terrain je vous contacte. Il y a certaines choses qu'il ne faudra pas oublier dans l'histoire de mon pays. »

Les conversations les plus banales circulaient entre les tables de plus en plus chargées de friandises. Il eût été délicat d'aborder de plus sérieux échanges : le président Alberto Fujimori était sur le point de signifier son refus d'honorer la dette extérieure du Pérou et les relations avec les États-Unis avaient connu des plus beaux jours. Les serveurs s'affairaient avec adresse, tous « made in USA ». Engager un cholo eût été dangereux. Les femmes serties de bijoux devisaient autour de leur hôtesse sensible à leurs compliments.

Calder avait repris son air distant, abandonnant La Rioja à quelques obligations diplomatiques. Discrètement, il consulta sa montre. Il était trop tôt pour prendre congé.

« Pablo de la Rioja vous aurait-il ouvert son âme ? »

Le journaliste sursauta. Clarence Burney lui tendait un autre verre. Autour d'un canapé, des demoiselles de trop bonnes familles avaient des rires d'adolescentes attardées. L'élu de cette joie agaçante était un poète aux cheveux blancs qui se disait de gauche, comme l'on peut être d'un club ou d'un autre. La couleur de sa peau attestait une origine occidentale ; un probable descendant de la meute de brigands qui accompagnèrent Pizarro dans sa conquête quelque peu agressive des territoires incas : pays de rêve où l'or était supposé remplacer la pierre. C'était là ce à quoi songeait Mark Calder quand il perçut une phrase échappée au brouhaha général.

« Ne rien leur céder. Ils doivent comprendre qui sont les maîtres, ces cholos *de mierda*. »

On s'extasia. L'artiste était soûl.

« Vingt pour cent de Péruviens sont encore illettrés. Nous devons prendre en main leur éducation.

— Vingt pour cent, dites-vous, monsieur ? »

Calder avait parlé fort. Les donzelles s'écartèrent, étonnées. Le poète, interloqué d'avoir été interrompu en pleine tirade, pointa son nez en direction de l'importun.

« Oui, vingt pour cent. Parce que les indios ne comptent pas. Nous ne perdrons jamais notre temps à enseigner quoi que ce soit à des fainéants et à des ivrognes incapables de seulement obéir à nos ordres. »

Clarence se précipita, pour faire diversion.

La Rioja n'avait rien perdu de l'échange et, le visage tendu, il adressa à Calder un signe de reconnaissance.

« Vous êtes difficile, lui souffla Burney en le raccompagnant.

— Clarence, quatre-vingts pour cent du corps d'armée de ce pays sont composés de ces cholos de mierda.

— Nous ne sommes que des observateurs, pas des juges. De plus, personne ne semble nous convier à une ingérence dans les affaires du Pérou. »

La porte en bois massif s'ouvrit sur la nuit.

« Merci, Clarence. Je vais avoir beaucoup à faire dans les semaines qui viennent.

— Ne nous laissez pas sans nouvelles. »

Calder descendit les marches.

« Mark ! un journaliste se doit d'être impartial », s'écria Burney avec chaleur.

Dans l'allée, Calder agita la main amicalement.

Un taxi ralentit mais l'Américain ne tourna pas la tête. Le col relevé il arpentait mécaniquement le trottoir. Race contre race, civilisation contre sauvagerie, avidité et ambition contre beauté et harmonie. Combats, défis, souffrance sans limites. Le vieux dandy aurait-il osé avancer pareils propos face à une meute révoltée, capable de jeter un bâton de dynamite à sa face poudrée ? De l'autre côté de l'avenue, une patrouille piaffait d'impatience. Le couvre-feu était dans une heure.

Il sentait vibrer en lui tout le chaos qui torturait le Pérou. Cinq siècles d'humiliation constante et raffinée, fermentée en une haine farouche qui épanchait goutte à goutte son trop-plein. Cinq siècles depuis que Francisco Pizarro s'était glorifié d'avoir détruit un empire, et pillé son trésor. Pour l'or, il avait garrotté Atahualpa [1], le dernier des Incas, devant une foule muette et asservie. Méthodes encore au goût du jour ! L'Espagnol n'avait vu en l'Indien qu'un esclave idolâtre obéissant à l'Inca, fils d'Inti, le dieu-soleil. Puis une poignée de bandits, refusant l'allégeance au roi et à l'église, occupèrent les lieux. Les Quechuas avaient été impitoyablement écrasés, et n'avaient survécu qu'en grattant la terre de leurs mains.

Calder reprit sa marche saccadée.

Il faudrait expliquer tout cela.

1. 29 août 1533.

36

Parfois, dans la nuit un enfant criait : rêve ou supplique de l'âme meurtrie par les privations. Une poitrine crucifiée par une quinte de toux oubliait la consigne du silence ; la tuberculose se couchait trop souvent sur la paillasse des pauvres.

« Noto », répéta l'ombre un peu plus haut.

L'Ashaninka ouvrit les yeux. Un relent de moisissure piqua ses narines.

« On y va. » Notomi enfila le chandail que lui tendait Paulo.

Sur le balcon un chat miaula à leur passage. Au bout de l'impasse un lampadaire traçait un halo terne sur le bitume. À mi-chemin, contre le mur, des poubelles fermaient l'accès d'un barrage de puanteur étudiée. La Culevra ne négligeait pas d'y ajouter fréquemment quelques immondices écœurantes. Notomi cracha de dégoût en dépassant l'endroit au pas de course.

Dans la rue Pachitea, les fenêtres demeuraient indifférentes aux rumeurs qui parfois faisaient trembler la nuit. Paulo suivait Notomi qui, depuis deux mois maintenant, menait la ronde. On se coulait aux murs, glissant d'une rue à l'autre, jamais au centre de la chaussée, toujours fondu dans l'ombre. Notomi accéléra. Paulo collait à ses talons. Au carrefour, l'écho des chenilles d'un char retentit. Avant la

San Martín, ils bifurquèrent pour rejoindre les parcs. Dans les arbres nichaient des oiseaux et sur les corniches des musées les pigeons, la tête sous l'aile, attendaient de reprendre leurs roucoulades.

Les deux gosses se plaquèrent au sol. Huit policiers débouchaient à l'angle opposé, menant de front le quadrillage du quartier. Aplatis comme des félins, les compères cessèrent de respirer. Seule une complainte étrange s'échappait des pavés : Paulo claquait des dents.

Les bottes approchaient.

« On ne bouge pas », murmura Notomi dans un souffle imperceptible.

Les lanternes sales ne se donnaient aucun mal pour éclairer la chaussée mais la patrouille venait droit sur eux, à trente mètres maintenant. D'un coup, plongeant le carrefour dans une obscurité salvatrice, la lumière s'éteignit.

« Les terrucos ont fait sauter les pylônes, gueula le sergent.

— Retournons au camion », clama un autre soldat.

D'un demi-tour rapide les policiers s'éloignèrent.

« J'ai cru qu'on était foutus, soupira Paulo en nage.

— Allez, vite. On n'y voit plus rien, ça va les énerver. Ils vont se mettre à tirer n'importe où. »

Un quart d'heure plus tard ils atteignaient le parc universitaire. Notomi enroula l'extrémité de sa fronde sur son poignet. Il choisit un caillou bien rond dans son sarrato et le plaça sur le carré de peau déjà usée par tant de chasses. La lanière tourna au-dessus de sa tête tandis que, les yeux plissés, l'Ashaninka scrutait le bord d'un toit. Le sifflement s'amplifia, montant dans les aigus, comme une hélice. Puis plus rien. La main ouverte laissa pendre la fronde. Là-bas, un bruit mat dans l'herbe signala la victime. Paulo rampa jusqu'au gibier.

Aux quatre coins du parc l'arme émit plusieurs fois son chuintement indéfinissable. Fouet sec et précis, la lanière lâchait son projectile : un oiseau perdait la vie sans réveiller ses frères. C'était dans ces moments-là que Paulo aimait le plus son ami. Il pouvait voir briller les yeux du chasseur, son front se lever vers le ciel, son corps se tendre et vibrer comme la fibre d'un arc. Oubliant Lima, la tension incessante, Notomi s'envolait avec sa fronde pour hurler avec elle sans qu'un son échappe à sa gorge, l'esprit captivé par une réalité invisible. Au pigeon poussaient des plumes rouges et bleues, les arbres s'élançaient plus haut que les bâtiments de la ville, les vents sentaient la mousse et la terre humide et les nuages se bousculaient sur les crêtes invisibles en se gorgeant de pluie. Quelquefois aussi, surgissait la fille avec cette étoile sur la joue.

Paulo ne savait pas compter mais, quand il eut autant d'oiseaux qu'il se voyait de doigts, il appela Notomi.

« Viens ! Cette fois on en a assez. » Paulo attendit un peu, puis secoua son ami abîmé dans ses souvenirs. « En route. » Le cholito allait en tête maintenant, aiguillonné par la peur.

En approchant de leur refuge Paulo ralentit pour éponger ses tempes d'un revers de manche.

« Il y aura toujours assez de pigeons dans cette ville pour ne plus jamais s'endormir en rongeant une vieille semelle de cuir. » Le gamin rayonnait. L'existence avait tellement changé depuis la rencontre avec les enfants de la Selva.

« On devrait essayer le parc zoologique. Tu verrais tout ce qu'il y a... »

Un vacarme arrêta net les plaisanteries de Paulo. La coupure de courant avait perturbé le quartier et fait s'amonceler des silhouettes furtives.

« C'est la P.I.P., conclut Paulo, immobilisé. On file. »

Dans la noirceur des *apagónes* [1] la Police d'investigations péruvienne fouillait la ville, multipliait les rafles nocturnes ; tout suspect devenait coupable. Elle frappait plus fort aux portes, violait les domiciles et embarquait pour les

1. *Apagón* : coupure de courant.

« interrogatoires de routine ». La sauvegarde de la sécurité de l'État s'embarrassait peu des droits de l'homme.

Notomi franchit le seuil critique, cracha contre le mur et fonça à la suite de son ami. María attendait. L'aube allait poindre. Dans une envolée de rires et de plumes on prépara le repas. Un peu de riz, des bananes cuites et les rôtis d'oiseaux. Puis, repu, on somnola pour bien profiter du festin.

María s'occupait de tout, les fillettes dans son sillage, tenant la maisonnée en ordre et dans une propreté acceptable. Elle était douce, patiente, se demandant souvent pourquoi pendant quatre ans sa patronne l'avait battue sans relâche au point qu'elle s'était enfuie. Elle n'avait pas retrouvé l'orphelinat, quitté à l'âge de dix ans, et, désemparée, avait erré plusieurs jours jusqu'à ce qu'elle rencontre la Culevra. Le chef ne l'avait jamais touchée. Amoureux à sa façon pourtant, mais surtout possessif et jaloux, il attendait qu'elle comprenne, souffrant un peu en secret alors que le soir il s'approchait de la chambre où Notomi racontait une histoire. Il flottait dans la villa une tendresse, une fraternité dont la Culevra se sentait le père et dont María, elle, était vraiment la mère. Seul el Pelado, de plus en plus sinistre, grommelait dans son coin.

On sentait naître ici une douceur d'amour, un plaisir à rentrer au foyer. La maison s'allumait de regards pétillants et, dans un moment d'insouciance, ou pouvait croire que l'on était heureux.

Te lloro en la noche.
Te canto en el día.
No me hagas reproche.
Volveré algún día
Cholita bonita...

La chanson s'élevait au-dessus des badauds. Entre la plaza de Armas et la San Martín, le passage piéton de la

Unión se révélait idéal pour ce genre de manifestations. Méché reprit son refrain pour la vingtième fois de la matinée.

« *Cholita bonita...* »

Sans cesse, la foule se faisait et se défaisait. Quand la gamine apercevait un visage plus pâle ou, mieux encore, des cheveux blonds, elle redoublait de talent, ses lèvres anémiées prononçant bien les paroles pour offrir avec plus d'application sa chanson. Consumée d'enthousiasme et d'espérance, elle balayait l'assistance d'un regard enflammé, tandis que Paulo tapait du talon et sonnait des grelots comme un forcené. Navidad s'épuisait en pirouettes grotesques sur son carré de tissu. Orianiki s'avançait à l'intérieur du cercle, de plus en plus jolie malgré un corsage trop large et ses jupons couvrant, tout juste maintenant, ses fesses sans culotte. Ses cheveux avaient poussé en fils minces et María les nattait avec des rubans rouges volés aux étalages. Orianiki, souriante et coquine, tendait hardiment une menotte de mendiante vers les visages attendris. L'aumône était rare, personne n'avait d'argent à perdre et d'ailleurs on ne pouvait encourager les enfants de la rue à réclamer ainsi. On devait songer plutôt à enrayer cette calamité !

Notomi souffrait à l'écart, calé contre le pied d'un banc de pierre d'où il supportait la mendicité de sa sœur et les pitreries de Paulo. Il ne savait plus ce qu'était la paix. Retrouvée chez Mika, il l'avait égarée dans cette terrible capitale. Si sa curiosité goûtait les découvertes et les rencontres, un flot de larmes secrètes ravinait son équilibre le plus instinctif. Seule Orianiki pouvait dissiper son aigreur et sa lassitude. Devant elle, il relevait le front, s'inventait une allure joyeuse et, lorsqu'elle blottissait sa tête dans le creux de son épaule, son cœur était envahi d'amour et de détresse.

Méché reprit sa ritournelle. Paulo sautillait sans conviction, le singe fatigué de retour à son poste favori. Quelque chose lâchait prise. Alors, la fillette s'arrêta. Les spectateurs se dispersèrent aussitôt.

Calder s'était tenu à l'écart. Le cliché pris à la San Martín traînait depuis des jours sur sa table de travail et les quatre visages lui souriaient chaque matin.

Paulo le reconnut ; le gueuleton restait mémorable.

« *¡ Hola* gringo ! *¿ Qué tal ?* lança le gamin, plein de toupet.

— Je vais bien, cholito. Et toi ?

— J'ai faim, señor. »

Calder éclata de rire. La logique était superbe. Si tu me demandes comment je me porte, je te le dis franchement. Si tu ne voulais pas le savoir, mieux valait passer ton chemin.

Méché et Orianiki attendaient, intimidées, un soupçon d'espérance tremblant au coin de leurs yeux. Seul Notomi ne partageait pas l'émotion commune. Fallait-il accepter de fréquenter n'importe qui pour manger ?

« Vous voulez quelque chose ?

— Des *tortillas* et des *churros* », répondit Orianiki toute en joie. Mark Calder avait posé la main sur sa tête.

« Tu choisis. Vous êtes mes invités. »

Ils s'éloignèrent. L'Américain écoutait l'intarissable source chantonnante de cette demoiselle de cinq ans. Paulo, ses grelots aux chevilles, gigotait de plaisir. Méché différa son enthousiasme ; elle s'accroupit face à Notomi, le visage grave, ses paumes posées à plat sur le sol et chercha le regard de son ami.

« Je sais que tu es malheureux. Moi aussi. Mais c'est moins dur depuis que nous sommes malheureux ensemble. »

Notomi eut tout de suite envie de crier. Pour dissimuler son désespoir, il la prit brusquement entre ses bras, tenant contre lui cet être seul au monde, lié à lui par besoin et par amour.

« Je t'aime tellement fort, annonça Méché en reniflant quand il l'eut enfin lâchée.

— Allons manger avec le gringo », proposa Notomi dont le visage émacié rayonnait de nouveau.

Le serveur n'appréciait aucunement l'initiative de l'étranger. La table couverte de galettes de maïs, de soupe à la viande, d'omelettes et de pain à l'huile devenait le théâtre d'une orgie joyeuse. Le Nikon ne dérangeait pas les convives ; Calder immortalisait ses souvenirs.

Paulo s'empiffrait. Méché s'occupait d'Orianiki et d'elle-même. Notomi, conscient de l'opportunité, engouffrait la nourriture en prévision des jeûnes à venir.

Les enfants ressemblèrent alors à tous les enfants du monde : repus et insouciants, ils se chamaillaient. Enfin, avec naturel, Notomi annonça le départ.

« Nous avons bien mangé. »

Tous les quatre se levèrent ensemble, le visage redevenu sérieux, prêts à affronter l'extérieur.

« Qui va me nettoyer toute cette saleté ? » grommela le serveur furieux, tandis que les gosses s'échappaient. Notomi, toujours planté là, tripotait le rebord de la nappe souillée. Sa main plongea dans le sarrato et le canif offert par Mika se posa à portée de l'Américain.

L'Ashaninka s'éloigna. Calder saisit l'objet.

« Qui es-tu ? » cria-t-il bouleversé, sans prendre garde aux œillades courroucées des clients.

Notomi se retourna avant de franchir la porte.

« Ashaninka du rio Ené, fils de la Selva. »

37

Ils débarquèrent à la villa en riant. Méché avait rempli un sac de churros et les distribua à la ronde. Paulo racontait l'aventure à María qui écoutait sans jalousie. Transcendés par la pauvreté la plus totale, les réfugiés de la villa étaient souvent capables de perfection. Spontanés, ils ne voulaient souvent rien d'autre que la liberté de rire ou de pleurer face à leur destin. Le dénuement incarnait leur force et les laissait jouir de ce qui passait à leur portée. Au contraire des nantis, nulle chose ne les retenait et ils étaient prêts constamment à saisir leur chance.

Notomi s'attarda le long de la calle Pachitea. Il ne prit garde au couple de serranos que lorsqu'ils ralentirent à l'entrée de l'impasse. Ils cherchaient quelque chose. La femme jeta un regard anxieux autour d'elle et s'engagea dans la ruelle. L'homme l'imita. Le tas d'immondices ne les arrêta pas. Quand Notomi se précipita à leur suite, le couple, se tenant par la main avec nervosité, avançait vers la grille du jardin. Le guetteur avait dû donner l'alerte. On n'entendait plus que les passereaux gazouillant à travers les friches. La femme se retourna, plus intuitive. L'angoisse puis la détresse se peignirent sur ses traits. Une adolescente.

« José ! »

L'homme suivit son regard.

Notomi poussa un cri. José le dévisageait d'un œil unique, sans méchanceté, plutôt déçu d'avoir été découvert.

« Partons, murmura la fille, terriblement agitée.

— Calme-toi. C'est un mendiant. Rien de grave. »

Mais Notomi s'approchait, le dévisageant sans retenue. Cet homme là avait volé les moutons de Mika dans la montagne ! Luiza s'était mise à trembler. Le parti n'aimait pas beaucoup les amoureux et elle avait commis une folie en suivant le borgne dans le centre ville. D'ailleurs, c'était elle qui avait préparé leur escapade. On n'avait pas le droit de toucher un camarade. La faute entraînait la mise à mort. Pas de tendresse. Pas d'amour. Pas de secret. Pas de joie. Des combattants ! Avec des cœurs vibrant pour la révolution. Mais la passion avait pris le dessus. Elle avait suivi son chef tant de fois, veillé sur lui si souvent. Il la guidait, l'enseignait... Ils s'aimaient. Alors pour quelques heures, ils avaient fui, sans argent, sans connaître Lima, épuisés par ce désir interdit qui leur coupait le souffle, les portait l'un vers l'autre.

Notomi, indifférent d'habitude au commerce de ses semblables, se sentait perturbé. Les deux amants, car l'amour de toute évidence était la raison de leur promenade en un lieu aussi reculé, ranimaient en son âme cette douleur bizarre qu'il avait ressentie dans la sierra.

« Estela... » murmura-t-il sans cesser d'approcher.

Livide, Luiza se tenait au bras de José.

« Vous aussi vous avez voyagé ? » demanda-t-il en se campant devant eux.

José, interdit, ne saisit pas le sens de la phrase. Troublé à son tour, il ne sut que répondre. Luiza l'avait lâché. Le gosse était du parti, c'était certain. Il les avait suivis. Tout était terminé !

« J'habite ici. Nous avons de la place au deuxième étage. Seulement vous n'en parlez à personne. »

Notomi ouvrit la grille sur des frimousses attentives dissimulées parmi les herbes hautes.

« À personne ! » répéta José. Il n'était pas tout à fait certain de comprendre.

« S'il pleut, vous aurez des problèmes. Mais pour le moment... »

Notomi regarda l'azur et sa main s'éleva. Puis invitant le couple à pénétrer dans le jardin, il ajouta d'un ton sérieux.

« Nous avons un chef ici. Pour être accepté il faut un cadeau. »

José hésita. Luiza lentement revenait à elle, dénombrant fillettes et garçons.

« Ils sont des nôtres ! Pour eux aussi nous luttons. »

Elle caressa une tête à la tignasse emmêlée qui recula, indignée de la familiarité.

« Nous donnons de l'espoir en des jours meilleurs », annonça José, incapable de savoir où il se trouvait.

Les gosses les dévisageaient, incrédules. « Espoir » et « meilleur » n'appartenaient pas à leur vocabulaire.

« On préfère du pain et des beignets », lança Paulo dont l'estomac était déjà prêt pour de nouvelles agapes. Notomi pensa que ces gens savaient voler les troupeaux pour la révolution mais n'avaient curieusement rien à donner à des orphelins. « La Culevra décidera », conclut-il méfiant. Sur le balcon, il se retourna vers le borgne.

« Pas un mot.

— À personne », affirma José avec cette fois un coup de tête franc et un sourire complice.

À l'étage, el Pelado avait suivi la scène. Son regard brilla d'un peu de lubricité quand Luiza passa devant la porte de son antre. Des amants illicites ! La Culevra allait aimer ça.

« On va à la mer », hurla Paulo, conscient qu'un peu de solitude arrivait à point pour les nouveaux locataires. Un concert d'acquiescements lui répondit. Le sendero observa leur course jusqu'au bout de l'impasse. Le doute l'avait envahi souvent au cours de ces derniers mois puis cet amour pour Luiza l'avait rendu encore plus hésitant. Estela le maudirait si elle pouvait supposer, mais tant de froideur, de meurtres et d'incohérence l'avaient affaibli dans sa conviction. Luiza semblait avoir suivi les ordres suprêmes en lui obéissant et s'était mise à l'adorer comme elle aurait dû le faire avec El Presidente. Tout s'était confondu, leur élan pour la cause, le parti et leur passion. Aujourd'hui commençait un autre temps. Sans doute auraient-ils peu d'occasions de s'y retrouver mais, aujourd'hui, Luiza et lui avaient un chez-eux dans ce palais à la belle étoile.

Elle posa sa tête sur l'épaule du borgne. Oubliant le monde, il l'enlaça tendrement.

38

Seule la bande des quatre avait poursuivi au-delà du centre. María gardait les autres autour de la San Martín, guettant les gens qui vivaient leur dimanche, volant ainsi un morceau de bonheur.

Paulo menait la course. Vite. Très vite. Navidad accroché à son paletot, inquiet de ce rodéo et de la nervosité inhabituelle de son maître. Après San Isidro, la balade devenait plus délicate. Miraflores revêtait des allures de forteresse. Les véhicules impeccables, les trottoirs larges et propres, les devantures accueillantes ne suffisaient pas à rassurer. Ici on avait peur. Au sommet du mur d'enceinte des jardins, où clapotait paisiblement une piscine saphir, la profusion de lauriers roses et de bougainvillées dissimulait mal les fils de fer barbelés chevauchant des tessons de bouteilles.

Sous les tonnelles, on servait leur goûter aux fils des dignitaires du pays. À chaque porche des maisons coloniales un gardien fébrile était en faction, matraque à la main, pistolet et poignard à la ceinture. Les façades aux vitrages moirés réfléchissaient la limpidité du ciel pour interdire à la vue le luxe effronté de ces halls et de ces patios. Les blanches demeures avaient couvert leurs fenêtres de croix en papier collant, afin d'éviter qu'elles ne se brisent en cas de déflagration. Les chiens dressés pour tuer attaquaient l'ombre des passants derrière les grilles ouvragées. Un fond sonore de sirènes, de talkies-walkies et de cliquetis de mitraillettes composait une musique pour guerre civile.

Paulo longea cette opulence barricadée en évitant les patrouilles qui, à Miraflores, exerçaient leur talent sans interruption.

Après l'avenida José Prado le groupe dévala l'avenue Bolognesi. Tout au bout, une rumeur régulière battait contre la grève, à cent mètres à peine. Paulo ralentit. Puis, comme pour en terminer avec cette affaire qui lui explosait le cœur chaque dimanche, il stoppa net son élan.

« La mer ! » annonça-t-il avec emphase.

Notomi tendit le cou. Un muret barrait l'horizon entre les rangées d'immeubles. Au-delà, le ciel tropical s'échappait vers l'infini.

« Tu la verras en bas de la falaise. Et puis partout devant », le rassura Paulo. Jamais l'enfant n'avait eu si sérieux visage.

« Je t'emmène aujourd'hui pour que tu la voies. Mais attention, elle est tellement belle que tu peux te perdre à l'aimer. »

Orianiki serrait la main de son frère, Méché fichée comme un poteau à son côté.

« Moi je l'aime, tu comprends. »

Notomi ne comprenait rien mais encourageant son ami d'un sourire attentif, il le pria de continuer.

« Avec mon père, le dimanche, on y allait tous les deux, parce que maman avait toujours à faire sans nous. Il m'a appris comment Elle est, car il avait voyagé longtemps sur son dos avec les bateaux. »

Paulo se tut, une grimace douloureuse froissa sa bouche.

« Continue. » Notomi devina son tourment.

« Un jour papa est reparti avec un bateau. Ma mère n'était jamais à la maison. Quand elle a su, elle m'a dit que je devais m'en aller. Elle m'a battu pour que je comprenne et l'homme qui était là aussi. »

Tous crurent que leur compagnon allait pleurer mais il se redressa.

« Il reviendra, mon père. »

Méché expliqua aussitôt que le sien était méchant et qu'elle était née sans mère. « Échappée du fossé », ricanait son géniteur quand, se rappelant sa présence, il avait trois mots à lui accorder. Elle croyait que les bébés pouvaient sortir de la boue de la même façon que dans d'autres familles ils pouvaient éclore dans les roses ou dans les choux. Orianiki pépia que le sien était gentil, en regardant son frère pour s'assurer qu'elle ne se trompait pas.

« Allons la voir », proposa Notomi exalté, prêt à leur faire oublier leurs souvenirs. Il existait de ces rares moments où, Paulo à ses côtés, Méché et Orianiki collées à leurs ombres, ils partageaient à eux quatre une part du festin de la vie. Riant, se bousculant, ils surgirent sur l'avenue Malecón. Le vent bloqua leur course, balaya fronts et chevelures d'une odeur d'algues marines. Orianiki s'exclama :

« C'est une forêt de rivières ! »

Méché sentit des larmes noyer son regard. Elle frotta ses paupières pour ne pas laisser se troubler l'image. Paulo lui saisit le bras.

« Tu vois, tu vois. Je vous disais que c'était beau. » Il trépignait, fier et joyeux comme si l'océan, qui roulait des vagues d'écume sur la plage, n'appartenait qu'à lui.

« *El Pacífico* », cria-t-il encore à l'adresse de Notomi muet et immobile.

Au loin un cargo traçait sa route vers le nord. Équateur, Colombie, le canal vers la Caraïbe ? Ou peut-être un port du Costa Rica, du Mexique ou San Francisco. Les gosses couraient, jouaient, lançaient des cailloux dans l'eau en s'éclaboussant. Libres, entre les vagues et le sable, ils avaient enfin trouvé là un territoire où vivre leur enfance. Paulo riait fort, jetant au nez des promeneurs un bonheur presque agressif...

« La mer nous aime nous aussi », hurla-t-il à la ronde en

défiant les baigneurs et les surfers sur leurs planches aux couleurs fluorescentes.

Un voilier montait au vent, tirant des bords en découvrant son ventre rouge. Le soleil ricochait sur la houle frisée de vaguelettes. Notomi s'emplissait du spectacle, du bruit qui, inlassable, revenait à l'assaut du continent. À l'horizon, une ligne plus foncée séparait l'eau et l'espace. Notomi sentit soudain que la mer pouvait tout effacer, les choses, les pas sur le sable ou le malheur des âmes.

« S'il m'arrive de vouloir mourir, je viendrai ici pour oublier ma peine », murmura-t-il. Un goéland filait vers la falaise. Au large, au-dessus des îlots, des milliers d'ailes blanches dansaient dans le bleu. Notomi frissonna. Les mouvements de l'océan chaviraient son cœur. Les drapeaux d'un restaurant battaient au vent avec vigueur au bout du large ponton. Une salle ronde, tout en vitres et en boiseries, abritait les heures gourmandes du goûter dominical. Tenues de plage, chapeaux fleuris, sandales chaussant de fines chevilles, perles et bracelets, on s'égayait loin des soucis du monde. Les mains lointaines portaient à leurs lèvres la porcelaine, le baccarat et les cuillères en argent. Notomi détourna les yeux. La scène restait incompréhensible.

« Inti va se baigner, déclara Méché avec sérieux, légèrement inquiète.

— Il faut partir », glissa Paulo, calmé.

Chahutant encore ils escaladèrent le raidillon difficile qui rejoignait la route. Les cheveux collés de sel et les vêtements trempés, ils trottinèrent en silence le long des rues, le visage illuminé.

Le parc de Miraflores réprimait l'élan des « vrais » enfants, pourvus de mères ou de nurses, derrière ses balustrades. Les quatre s'arrêtèrent machinalement pour les observer par-dessus les haies taillées, comme des explorateurs débarqués sur un rivage inconnu, peuplé d'indigènes. Autour des pelouses, des frimousses claires couraient derrière des ballons.

Des jouets grinçaient dans des menottes propres mais dévastatrices. Chevauchées par des équipages en shorts anglais et chemisiers repassés, des bicyclettes se poursuivaient entre les arbres. Autant d'inaccessibles divertissements interdits aux mendigots.

« Oh ! Un singe », s'écria une voix émerveillée.

Ils lâchèrent ensemble la rambarde de fer forgé. Orianiki ne souffrait pas, son âme franche ignorait l'envie. Paulo maugréa des insultes sans conviction destinées aux chérubins empaquetés dans leur garde-robe parfumée de lavande. Méché se taisait, lointaine. Elle vivait toujours en avance d'une demi-seconde sur la réalité. Ainsi tout appartenait immédiatement au passé, ce qui abolissait la peine.

Au coin de la avenida Arequipa, Notomi s'arrêta devant la vitrine d'un marchand de journaux. *El Comercio* annonçait en gros caractères :

SELVA.

LE SENTIER LUMINEUX ATTAQUE LA COMMUNAUTÉ ASHANINKA.

DES VICTIMES PAR CENTAINES.

LES CHEFS INDIGÈNES DÉNONCENT LE GÉNOCIDE ET EN APPELLENT À L'AIDE INTERNATIONALE.

39

« Un singe, maman ! J'ai vu un singe.

— Nous rentrons, Diego. Ramasse ton vélo. Ta grand-mère va nous attendre.

— Mais je dis la vérité, maman, je l'ai vu. »

La jeune femme n'écoutait pas son fils. Il aurait pu d'égale façon parler d'une apparition fantomatique ou de l'atterrissage d'un ovni, tout propos restait pour elle sans intérêt. Diego se tut. Il jeta un coup d'œil par-dessus la haie du parc. Là-bas, quatre va-nu-pieds traversaient l'avenue, un singe vert perché sur l'épaule de l'un d'eux. L'enfant soupira avec mélancolie. Sa mère était si lointaine. Et pourquoi n'avait-elle pas de mari comme les mamans des autres enfants et lui, pas de père ? À six ans il commençait à comprendre que certaines choses lui étaient inaccessibles.

« Diego !

— J'arrive, maman. »

Isabel de Floria ramassa son sac en cuir brun, fourra son livre et un Walkman japonais à l'intérieur. Elle ne donnait pas l'impression d'avoir enfanté ce beau garçon proprement vêtu, aux cheveux clairs et bien coupés. Avec son air de jeune femme moderne, en blue-jeans, tee-shirt et baskets blanches, une masse de cheveux châtains lâchés en boucles abondantes sur les épaules, elle passait plus aisément pour la nurse étrangère de quelque bonne famille liménienne.

Diego prit la main de sa mère, tandis que de l'autre il guidait sa bicyclette avec difficulté.

Le long de l'avenida José Prado le trottoir s'enfuyait sur plusieurs kilomètres telle une merveilleuse piste cyclable. Mais au contraire des autres garçonnets qui couraient ou pédalaient en tous sens pour échapper à l'étreinte et à la surveillance, Diego implorait un peu d'attention.

Un bel immeuble occupait l'angle de la José Prado et de la Bolognesi. Sur les murs vieux rose, s'ouvraient sur trois étages de larges baies vitrées, richement habillées de rideaux lourds en broderies colorées. La brise d'été en aspirait les pans et les pompons dorés par les fenêtres entrouvertes. Les balcons gorgés de fleurs et de plantes exotiques se prenaient pour des lieux d'expositions horticoles. Une grille peinte en blanc prévenait toute envie de voir de plus près le décor. L'autre façade donnait sur un parc immense, planté de géants centenaires. Le gardien qui arpentait le jardin, avec sa commande à distance, déverrouilla la serrure électrique et s'effaça devant Isabel de Floria et son fils.

« Bonsoir madame. Alors belle journée, mon garçon ? Laisse-moi prendre ta bicyclette. Je vais la ranger...

— *Gracías, Señor* », répondit Diego avec sympathie.

Isabel sourit rapidement.

Ils s'engouffrèrent dans le bâtiment. La porte de l'appartement de droite au rez-de-chaussée s'ouvrit sur le hall en marbre noir et blanc.

« *Abuela* [1], j'ai vu un singe !

— Raconte-moi, mon trésor. »

Diego s'élança au cou de sa grand-mère, abandonnant la main distraite d'Isabel.

« Maman, je dois sortir un moment, lançait déjà cette dernière, sans même franchir le seuil.

---

1. *Abuela* : grand-mère.

— Où vas-tu donc, mon enfant ? Il est tard. Ton père n'aurait pas aimé…

— Mon père n'est plus là. Alors pourquoi en parler ? » lança Isabel un peu rudement. Mais aussitôt elle changea d'attitude. Avec un sourire un peu forcé, elle reprit plus bas : « Du travail en retard au journal. Je ne serai pas longue. Fais dîner Diego, je crois qu'il s'est bien amusé avec les autres enfants.

— Mais toi ? Tu ne mangeras pas, ma pauvre fille, tu es si maigre. Il ne te reste rien. »

Isabel se pencha vers sa mère pour l'embrasser.

« Ne t'inquiète pas. Souviens-toi : j'ai vingt-cinq ans. »

La jeune femme piétinait d'une jambe sur l'autre sans encore tout à fait oser s'échapper.

« J'y vais ! » Elle traversa le hall sans se retourner. Diego suivit la silhouette nerveuse à travers les vitrages fumés et avec douceur repoussa la porte de l'appartement.

« Viens, grand-mère, nous allons jouer ensemble. »

Peu de monde traînait à la rédaction le dimanche soir. On était loin de la fébrilité des salles enfumées des quotidiens ou du seul hebdomadaire à grand tirage vendu à Lima. Isabel s'occupait de la rubrique humanitaire d'un journal féminin dont une bonne moitié des exemplaires étaient distribués gratuitement par les publicitaires qui en occupaient les meilleures pages. La jeune femme, qui avait accepté cette place par désœuvrement, s'était peu à peu intéressée à certains sujets, puis investie jusqu'à prendre très à cœur la rédaction de ses articles. Bien sûr, elle choisissait les enquêtes et jusqu'ici personne n'avait contesté ses goûts. Le respect qu'inspirait feu son père, riche et éminent député, facilitait toujours bien les choses. Mais Isabel n'y avait jamais songé. Elle eût même été une bonne journaliste si une autre « passion » ne l'avait perturbée dans son travail.

Elle s'étonna de la lumière qui inondait tout l'étage.

« Ah Isabel ! Vous tombez à pic.

— Bonsoir, Andrés. »

La jeune femme avait pris son air d'enfant sage face au directeur du journal.

« Je vous présente Mark Calder, en reportage à Lima — Calder vient de Californie. »

Isabel fit un signe de tête en direction de l'inconnu. Elle n'aimait pas les nouvelles rencontres. Trop compliqué ! Il fallait se méfier, se protéger, raconter sa vie.

« Bon, dites-moi, nous cherchons ce numéro sur le Sentier Lumineux d'il y a quelques mois. Ce papier sur les enfants de la guerre. Nous avions eu un succès fou avec ce sujet. Nous avions collé un gosse en pleurs sur la première. Une couverture magnifique.

— Cherchez à la salle des archives, Andrés. Normalement, ils gardent un exemplaire de chaque parution. »

Les deux hommes la dévisagèrent un instant. Sa beauté n'était pas remarquable, une force indéfinissable émanait cependant de son être, comme un bouclier secret.

Isabel rejoignit son bureau : un coin de table dans la pièce où s'entassaient ses dossiers.

40

Isabel alluma une autre cigarette. Le climatiseur en aspirait l'odeur avant que Mark Calder eût à en souffrir. Au-dehors, la nuit restait silencieuse. Miraflores vivait en famille à l'abri de salons calfeutrés, protégeant ses héritiers des vulgarités de la rue. Pourtant, un rire d'adolescente fusa à peu de distance. Isabel releva la tête et machinalement se retourna. Assis devant la fenêtre, Calder la regardait.

« C'est l'heure du cinéma », l'informa-t-elle, comme pour excuser l'éclat de voix, croyant répondre au regard interrogatif de l'Américain.

Il sourit, puis pour ne pas retomber dans le silence glacé où venait de les plonger le départ du directeur, il se leva avec détermination.

« J'ai vu ce que je voulais. Très intéressant. »

Calder rangea les clichés, remit de l'ordre sur la table de travail et cherchant quelques banalités à débiter pour prendre congé, fit un pas vers la jeune femme. Un grondement indéfinissable emplit tout l'espace sonore, étrange et terrifiant.

« Qu'est-ce que c'est ? » s'exclama-t-il saisi.

Quelques objets glissèrent des bureaux. Un verre oublié frissonna jusqu'au bord d'une étagère et s'écrasa sur le parquet. Plusieurs classeurs bondirent hors d'une armoire dont la porte ballottait. Lorsque le portrait du président

Fujimori explosa sur le sol, l'Américain sentit monter la panique.

Isabel n'avait pas bougé. Une pile de feuilles achevait d'atterrir en désordre autour d'elle et, goutte à goutte, un paquet de photos buvait le contenu d'un vase renversé.

Elle sourit à ce gringo désorienté, figé au centre de la pièce, et annonça :

« Un tremblement de terre ! »

Calder se détendit lentement. Le bruit avait cessé.

« Vous n'en avez pas en Californie ?

— En Californie ? Si bien sûr. Mais ici je ne m'attendais pas du tout...

— C'est extrêmement fréquent, vous verrez, on n'y prête plus attention au bout d'un moment. »

Ils contemplèrent un instant la pièce bouleversée et se surprirent, les yeux dans les yeux. Aussitôt la situation perdit son caractère dramatique et les deux jeunes gens éclatèrent d'un rire libérateur.

« Sortons d'ici. »

« C'est fini », lança gentiment Isabel à une petite vieille à demi vêtue qui regardait, incrédule, vers le ciel. Ils s'engagèrent dans l'avenida Larco.

Calder ne pouvait se retenir de remercier les bouleversements internes de la planète. Jamais glace aussi épaisse n'avait été brisée avec autant de rapide efficacité !

« Vous connaissez Lima ?

— Un peu. Je travaille surtout. » Il se trouva stupide.

« La photo ? »

Il n'était pas neuf heures et le centre offrait encore un semblant d'animation.

« Oui, des reportages. Mais un livre aussi. Je n'ai pas encore commencé. Ou plutôt, je ne sais pas par où commencer.

— Votre vie ?

— Non ! » Calder s'était arrêté. « La vôtre ! Je veux dire, celle du Pérou. Il se passe tant de choses ici. »

Isabel attentive baissa subitement la tête.

« Vous trouvez ! »

Le ton manquait de naturel et Calder, étonné, ne pensa pas à poursuivre l'entretien. L'arrivée chez Manolo dissipa le malaise.

Le bar vaste et bien éclairé était plaisant. Un comptoir immense décoré de faïence, un carrelage coloré et des bancs en bois massif. Une ambiance andalouse que l'Américain apprécia. Les clients voulaient profiter de leur soirée avant le couvre-feu et les serveurs couraient en tous sens, les bras chargés de churros, chocolat chaud, gâteaux à la crème aux couleurs diverses, café, bières et sodas, omelettes, viandes grillées.

Isabel salua le patron en habituée. Leur complicité avait disparu et, tels des amants qui se quittent, Isabel de Floria et Mark Calder échangèrent quelques propos désordonnés et futiles. Au bout de quinze minutes, elle s'excusa.

« Des amis m'attendent. Je suis déjà en retard. »

Calder se leva pour prendre congé.

« J'ai été ravi, mademoiselle.

— Isabel... Bonsoir, monsieur Calder. »

Elle paya rapidement les consommations en passant devant la caisse et sortit.

Calder rejoignit son logis. Une pension sans attrait dans un quartier sinistre de tranquillité où vivait le petit peuple qui servait Miraflores. Il s'y sentait douillettement à l'abri de la tourmente, sous l'aile de la richesse et du pouvoir.

La rencontre laissait à l'Américain un goût d'étrangeté.

La porte claqua lourdement sur la rue. Calder longea le vestibule.

« Señor, vous avez un message. »

La logeuse lorgnait sur le papier, pourtant écrit de sa

propre main, comme si tout à coup les mots allaient révéler leur secret.

« Samedi 20, pour le dîner. Pouvez-vous confirmer ? Pablo de la Rioja. »

Calder replia le billet et le glissa dans la poche de sa veste.

« Le señor a téléphoné vers quatre heures cet après-midi.

— Très bien, madame Carmen.

— Un ami sans doute ?

— Oui, c'est cela. Bonsoir, señora.

— Vous penserez à ma note, señor.

— Bien sûr. Excusez-moi. Voilà, tenez. Trente dollars, c'est juste ?

— Oui, parfait. Mais nous avions le temps. Alors vous restez un peu ? »

Calder, pour la troisième fois, se retourna vers la femme serrée dans un tricot noir et une jupe qui la boudinait.

« Oui, je reste les mois de mars et avril. Après, je vous dirai. Bonsoir, señora. »

À l'étage, l'odeur de moisi l'accueillit. Calder avait beau ouvrir les fenêtres et arroser de désinfectant, celle-ci s'incrustait. Il n'y avait pas de chauffage dans ce genre de maisons puisque la latitude ne l'imposait pas mais chaque hiver avait incrusté les rideaux, les tapis et la literie, d'humidité. La chambre, en revanche, était vaste. Une table recouverte de paperasses, de cahiers et de pellicules prouvait l'ardeur de son activité.

Sur une photographie punaisée au mur, Ori, Noto, Méché et Paulo souriaient à la vie.

Mark Calder souleva le pan de velours rouge, usé et malodorant, qui dissimulait la fenêtre. Dans la cour en ciment, la señora fermait la pension. La porte obéissait à deux clefs : une première dont le double était remis à chaque locataire, l'autre, unique, qui entrait en action une heure avant le couvre-feu. Celui qui manquait la dernière admission passait la nuit dehors.

« Tout est tellement dangereux, vous comprenez. On ne peut pas prendre de risque », susurrait la logeuse à chacun de ses nouveaux locataires.

41

À huit kilomètres au sud de Lima, le pueblo joven de la Racauna regroupait soixante mille personnes, protégées par des murailles hautes et solides. Du haut des miradors les combattants du parti contrôlaient les allées et venues, le visage dissimulé par une cagoule, le canon du fusil balayant en permanence les accès du bidonville. À chaque angle de l'immense regroupement de baraquements, marteaux et faucilles noyés de rouge claquaient au vent poussiéreux qui asphyxiait l'atmosphère. Sur les maisons de l'allée centrale, les senderos avaient fait inscrire la consigne : « *Combatir y resistir.* »

Ce refuge n'était pas le seul du genre. El Salvador, bidonville autogéré, regroupait trois cent mille personnes, Hucayán soixante-dix mille...

Felipe salua d'un geste sec un groupe d'hommes en plein travail. Il avait demandé son affectation dans un bidonville, terrain de plus en plus propice à l'avancée de la révolution. Satisfait de poursuivre jusque-là ceux qu'il avait poussés à fuir la montagne, il avait rejoint la Racauna qui depuis deux ans était la première base de repli du Sentier Lumineux aux abords de Lima. D'ici démarraient la plupart des expéditions sur la capitale.

Semaine après semaine de nouvelles baraques s'ajoutaient au foisonnement des toits en tôle ondulée. La terre jaunâtre fournissait la matière première. On la mélangeait à l'eau et à la paille pour fabriquer des briques cassantes et peu durables. Un amalgame de branchages, de plastiques et de planches tentait de servir de toiture dans un premier temps. Les familles les mieux organisées nourrissaient quelques cochons, prisonniers de fosses d'où s'élevait une odeur pestilentielle. L'air s'épaississait du nuage de mouches qui vivaient au-dessus de cette fange.

Le chef sendériste semblait satisfait de son inspection : un tel ramassis de misères ne pouvait que générer le sentiment de révolte idéal à l'éclosion de nouvelles vocations maoïstes. Il ferma les yeux. Dans une ruelle, l'odeur d'un feu de bois alluma en lui l'ivresse d'un incendie, comme un parfum de victoire. Lima brûlerait bientôt, dévorée par la revanche populaire, à la gloire d'*El Presidente*.

Felipe savourait le spectacle : fossés pleins d'immondices, bébés hurlant leur colère face aux seins desséchés d'une mère sans ressources, plaintes et hoquets des malades aux yeux hagards et fiévreux, doigts maigres des vigiles accrochés aux pics et aux bâtons dont ils s'armaient, sur l'étroit chemin de ronde qui courait sur le sommet du mur d'enceinte.

La stratégie du parti avait évolué. Après le mot d'ordre prochinois : « Encerclement des villes par les campagnes », Abimael Guzmán avait dû se plier à l'évidence. Les campagnes se vidaient pour grossir la périphérie de la capitale. Il fallait donc conquérir ce nouvel objectif puis fondre sur le centre ville.

L'endoctrinement fonctionnait à merveille et l'insurrection couvait entre les palissades des taudis et dans les esprits de ces milliers d'oubliés. Les comités populaires reproduisaient le modèle des cellules de base des Khmers rouges de Pol Pot dont le souvenir funeste suffit encore aujourd'hui à faire trembler la plupart des Cambodgiens.

À la Racauna, mille deux cents familles vivaient aveuglément au service du parti, préparées à résister, à se battre, à anéantir.

Plus de dix ans auparavant, les prés et les enclos d'un haras abandonné par son propriétaire avaient été la proie des sans-abri. Leur première lutte contre les forces armées avait entraîné la mort de Félix Racauna et le pueblo prit son nom.

À deux pâtés de maisons une trentaine de gosses, un mouchoir couvrant la bouche et le nez, attendaient au garde-à-vous. José faisait l'inspection avec calme.

« Résistance active ! » avait hurlé Felipe en les rejoignant.

Les trente recrues, les muscles crispés, avaient bandé leurs torses maigres à en faire éclater leurs thorax. Une patience étrangère à leur âge leur faisait observer une immobilité douloureuse. Pas de fusils. Mais celui qui les aurait aperçus à cet instant aurait pu jurer que chacun était néanmoins prêt à faire feu, armés par la seule volonté de vaincre. José interrogea au hasard. Les réponses jaillissaient comme des étincelles prêtes à incendier le monde.

La nuit descendait sur le pueblo. Felipe abandonna ses révolutionnaires à leur entraînement. Il avait une réunion. L'enrôlement dans les forces armées de la révolution marchait bien, cependant il restait une race à éliminer : les traîtres qui agissaient à l'encontre des règles du parti à travers des centaines d'associations ; les animatrices d'organisations sociales qui proposaient leurs soupes populaires. Toutes s'opposaient aux principes du Sentier Lumineux : les ventres pleins ne songent pas à se battre, c'est prêt de crever que le cholo prenait les armes. Pour Felipe, le peuple n'avait pas besoin de l'aide de ces esclaves, de ces chiennes au service du gouvernement. Elles devaient périr. Le parti ne devait exister que pour lui-même et toutes les propositions de soutien étaient violemment rejetées.

Avant de pénétrer dans la salle du haut comité, Felipe salua du regard deux adolescentes qui, kalachnikov sur la hanche, gardaient l'entrée. Estela était la plus farouche.

Quelle différence entre sa troupe et les pauvres bougres dont il tentait de faire des combattants, munis de bâtons et de couteaux. Il faudrait demander d'autres armes au comité central.

Dans son bidonville, María Elena Moyano se débattait comme tous les matins avec ses maigres budgets. Tant pour l'achat d'un nouveau réfrigérateur, tant pour l'essence et l'entretien de la camionnette qui approvisionnait les centres de distribution de la soupe populaire. Un million et demi de bouches attendaient chaque jour cette manne. Des assistés, certes, mais qu'une écuelle pleine retardait un peu sur le chemin de la délinquance ou du terrorisme.

Elle et des centaines de femmes s'affairaient avec courage pour récolter des fonds et organiser l'approvisionnement de dix mille centres, soulageant la douleur d'un peuple à bout de souffle.

Mme Moyano habitait au cœur d'un bidonville. Sur le toit de la maison en parpaings, une bâche recouvrait des ballots de paille. La porte était dans un état aussi lamentable que la palissade supposée protéger la cabane. Des hommes pataugeaient dans la boue, confinés jour et nuit dans le sillon de la ruelle malodorante, en alerte permanente. Gardes du corps passionnés pour la cause d'une femme, prêts à la défendre face aux menaces mortelles proférées par les senderos.

Lorsqu'une baraque s'écroulait en flammes, on redoublait de précaution. Dissimulée derrière des sacs de sable, la garde renforçait l'image douloureuse d'un *pueblo* livré à la guerre civile. Mme Moyano poursuivait sa besogne. Il fallait persuader que l'on peut vivre, même dans un pueblo joven. D'un courage exemplaire, elle était connue et admirée dans tout le pays. Mais, Numéro un sur la liste noire du Sentier

Lumineux, María Elena Moyano avait le redoutable honneur d'être la première à abattre.

Comme l'armée et la police, ces organisations d'entraide étaient infiltrées par le parti. Les cantines, le secours populaire, l'organisation des mères de famille, les distributions des verres de lait perdaient chaque semaine des dizaines de bénévoles : découragés, terrorisés ou assassinés. À Lima, pas de gorges tranchées, pas d'yeux crevés. On abattait d'une rafale d'arme automatique ; on achevait d'une balle dans le crâne ou d'un bâton de dynamite jeté en travers du corps. Méthode spectaculaire, plus terrorisante encore pour l'entourage : même la dépouille du « traître » était indigne de rejoindre la terre et on la réduisait en lambeaux pour en effacer jusqu'au souvenir. Malgré ces châtiments, des dizaines de milliers de Péruviens tenaient tête à l'avancée sendériste. En montagne, dans les centres miniers eux aussi infiltrés, dans les zones rurales, une résistance de mieux en mieux structurée s'organisait. L'église, lentement entrée dans le conflit, prenait position aux côtés des mouvements de gauche non communistes. Prêtres et religieuses, jusqu'alors considérés comme hors du conflit, payèrent à leur tour un lourd tribu à l'entraide humanitaire, assassinés à grand renfort de slogans antireligieux.

Les senderos sabotaient, détruisaient, anéantissaient. Les provisions dynamitées, les céréales arrosées d'essence et brûlées, les réserves de lait versées à la rue.

En douze mois, trois mille personnes furent abattues : curés, dirigeants des programmes de soutien et d'alimentation, paysans coopérant à l'approvisionnement, population des pueblo joven.

Le 8 février, le gouvernement avait décrété l'état d'urgence. Dans la banlieue encerclant Lima, l'un des lieux les plus démunis au monde en cette année 1991, les réfugiés des bidonvilles qui avaient échappé aux senderos, aux rafles militaires, aux actions punitives des brigades antiterroristes et aux contre-attaques des milices paysannes, se mouraient du choléra. Destinée ?

Les vivants jetaient leurs morts dans les fosses communes avec pour linceul deux pelletées de chaux vive. Les paysans quechuas nés dans la magnificence des Andes allaient pourrir dans la fange liménienne, écrasés par la chaleur âpre de l'été, pétrifiés par le froid malsain des brouillards des autres saisons. Inti, le dieu-soleil du Pérou, n'avait plus aucune pitié pour ses enfants.

42

De l'autre côté du croisement, une silhouette s'agitait sous la pluie sur le bord du trottoir. Visiblement, la fille supportait mal la douche. Calder regarda sa montre, dans quinze minutes commençait le couvre-feu. Le dîner chez Pablo de la Rioja avait permis de sceller entre les deux hommes un début d'amitié. Le taxi redémarra. Sur la chaussée mouillée, le reflet de la signalisation colorait l'asphalte d'un vert bien artificiel. L'Américain se pencha contre la vitre de la portière, la pauvre créature était en piteux état. Elle fit signe à la Volkswagen délabrée d'un geste brusque. « Isabel ! »

Mark Calder l'avait à peine entrevue.

« Arrêtez-vous !

— Pas le temps, señor.

— Mais arrêtez-vous !

— Le couvre-feu. Trop tard. »

Calder empoigna le chauffeur par les cheveux. La forme féminine, seule au coin du croisement, s'éloignait. L'acharnement d'un pied plaquant au plancher l'accélérateur la repoussait loin derrière, dans la nuit.

« *You stop now !* »

Pas besoin d'interprète, le Péruvien freina subitement.

« Maintenant tu recules ! Tu as toute l'avenue pour toi.

Et tu te dépêches parce que dans dix minutes on va se faire tirer comme du gibier. »

Le chauffeur tremblait, agrippé à son volant. Isabel les avait vus et courait vers la voiture qui reculait en zigzags.

Calder ouvrit la portière. « Vite, montez. » Isabel, les vêtements et les cheveux dégoulinants de pluie, s'effondra sur la banquette arrière.

La Volkswagen patina de colère.

« *Gracías, señor*. Je vais... mais c'est vous !

— C'est moi. »

À nouveau un rire naturel et joyeux les réunit.

« Le type m'a fait quelques difficultés. »

Calder désigna le chauffeur du menton.

Seuls le crépitement des gouttes sur la voiture et le chuintement des pneus sur la route s'entendaient dans la nuit. Une brume rendait incertaine la visibilité. La Volkswagen fonçait. Sur la droite, un char déboucha.

« Seconde à droite. Oui. À gauche là... À gauche encore. Voilà, cette maison à l'angle. »

Calder sortit des billets, doubla la mise pour faire oublier son geste autoritaire et poussa Isabel hors du véhicule.

« Cette cinglée a sans doute déjà tout fermé. Non contente du couvre-feu, elle impose le sien encore plus tôt. »

Mais la porte massive s'entrouvrit avant même que les jeunes gens ne l'atteignent.

« Señor Calder. J'ai eu bien peur.

— Señora Carmen, c'est chic de m'avoir attendu. »

La logeuse verrouilla soigneusement derrière eux mais son attention était ailleurs. Isabel immobile finissait de s'égoutter.

« Mademoiselle était en difficulté. C'est une amie. »

Calder sentit la situation plutôt délicate.

« Vous avez une chambre de libre ?

— Pas de chambre, señor. Nous sommes complets, vous savez.

— Je vais rentrer. Je dérange tout le monde. » La jeune

femme chercha maladroitement comment s'échapper du couloir étroit. Pâle et tremblante, elle implora Calder du regard.

Au même instant un camion militaire s'engagea dans la rue. La logeuse savourait la scène. C'était mieux que le feuilleton télé, plus vrai encore.

« Bon. On va s'arranger, affirma l'Américain d'un ton rassurant. Bonsoir, señora.

— C'est ça, arrangez-vous », répondit la femme qui les regarda monter à l'étage.

« Quelle fouineuse ! » maugréa Calder en fourrant sa clef dans la serrure. Le pêne ne tourna pas, il actionna la poignée.

« J'oublie toujours de fermer. »

Il se détesta. Ça n'était pourtant pas la première fois qu'il faisait monter une fille dans sa chambre. Et puis, ce soir il ne s'agissait pas de cela mais d'obligation, de circonstance. La main balaya la mèche sur son front. Celle-ci retomba aussitôt.

Isabel ne remarquait même pas la timidité soudaine de l'Américain. La nuit pluvieuse, le silence, la solitude rendaient encore plus lugubre la pièce dont les rideaux usés, les tapis décolorés et le mur gris la laissaient sans voix.

« Je dois rentrer chez moi », dit-elle, les yeux affolés.

Calder pensa que jamais il n'aurait dû s'arrêter. Le chauffeur avait raison, il était beaucoup trop tard. Mais que lui serait-il arrivé à elle ?

« Vous êtes mieux ici que seule sur le trottoir, Isabel. »

Le ton assuré et légèrement hautain de Calder la surprit.

« Monsieur...

— Mark. Maintenant calmez-vous. Voyez-vous c'est un soir comme celui-là que l'on comprend vraiment : votre pays est en guerre. Le Sentier Lumineux plonge la population et le gouvernement dans une angoisse perpétuelle. » La voix, pourtant détachée, disait juste.

« Je ne m'intéresse pas au sujet. » Elle posa son sac

et s'assit sur le bord d'une chaise sans dissimuler son accablement.

Calder réagit :

« La salle de bains est ici. Prenez une douche. Je vais vous prêter une chemise ou un sweat-shirt. On va bien trouver quelque chose qui puisse convenir. »

L'Américain rangea la chambre et sortit des couvertures. Il alluma la radio mais aucun programme n'avait d'intérêt. Pourquoi ne pas tamiser l'éclairage pendant qu'il y était ! Les vitres tremblèrent quelques secondes au passage d'un char. Calder agacé se plongea dans un magazine.

Isabel abandonna la salle de bains à regret. Elle avait repris des couleurs et ébaucha un sourire absent.

« Je vous laisse le lit. Je serai très bien sur le tapis avec les couvertures », proposa son hôte avec naturel, soulagé de la sentir plus à l'aise.

Isabel se força à remercier, distante.

L'aplomb qu'avait retrouvé la jeune femme et la force qu'il avait déjà remarquée au cours de leur première rencontre frappèrent l'Américain. Il se mit à détester cette manie qu'il avait de se mêler de tout.

Ils parlèrent un moment, de voyages, d'explorations lointaines. La conversation prit une tournure agréable puis à nouveau Isabel s'éloigna, avec cette façon de rentrer tout à coup en elle-même, de guetter comme une bête traquée, ne cessant de gratter avec l'ongle de son pouce le bord de la table.

« Je...

— Oui. Dites-moi ce qui ne va pas.

— Je dois... vous comprenez.

— Non. Mais vous allez m'expliquer. »

Elle lorgna vers son sac et se mit debout.

« Je ne veux pas rester dans ce taudis. Je ne peux pas. »

Elle tremblait. Brusquement, elle attrapa ses affaires et se précipita vers la porte, nu-pieds, habillée d'une chemise trop longue et d'un polo rouge. Calder la rattrapa en bas de l'escalier.

« Ça suffit ! »

Elle se débattit violemment. De l'autre côté de la cour, la lumière envahit l'appartement de la logeuse.

« On remonte », dit-il en la poussant avec autorité.

Pendant un moment, il n'y eut rien à dire.

« Allez, racontez, se décida Calder, plus inquiet pour elle qu'intrigué.

— Il n'y a pas à raconter. »

Elle prit une petite boîte de métal dans son sac, roula un billet de banque, mit un peu de poudre blanche de côté et aspira directement dans la boîte. Une prise pour chaque narine. Calder n'eut aucune réaction. Il n'avait rien deviné, rien supposé ! L'Américain détourna son regard, laissant la jeune femme goûter son soulagement.

« La cocaïne n'entraîne aucune dépendance physique. Contrairement à l'héroïne. » « Foutaises », pensa Calder. Si elle n'était pas dépendante, pourquoi alors déballer ainsi son attirail devant un inconnu. Elle était accro ! Mais avec la cocaïne le manque se révélait plus subtil. Calder connaissait le sujet, deux de ses amis en étaient morts en Californie. C'était lui maintenant qui étouffait.

« Depuis quand ? » lança-t-il, glacial.

Isabel semblait mieux.

« Dix ans ! »

Son pouls avait doublé de vitesse, ses joues reprenaient un peu de vie et ses mains un semblant de calme.

Calder serra les poings de colère. Quel gâchis ! Quelle tristesse !...

« Mais que croyez-vous donc, l'Américain ? Tout le monde en prend ici. »

Calder se campa brusquement devant elle, l'air farouche.

« Tout le monde, Isabel ? Pas moi. »

Il aurait voulu la jeter dehors.

Elle ne broncha pas, imperturbable, Calder se mit à la fenêtre. Il détestait, il maudissait toute forme d'esclavage, d'autodestruction, de dépendance...

« Mark ? »

Il se retourna lentement, étranger à ce qui, finalement, ne le regardait pas.

« Je n'ai plus le choix. On se sent si fort avec elle, tellement invincible. » La voix n'était plus la même. Pas meurtrie, mais lasse, consciente d'une fatalité.

« Vous consommez de plus en plus ? demanda-t-il à son tour moins sévère.

— Plus qu'au début sans doute. »

La colère de Calder s'estompa. Il lisait la douleur et la solitude derrière le masque sans faille qu'elle arborait. L'euphorie ressentie à ce moment-là allait s'éteindre et la dépression l'aspirer, tournant certainement au fil des ans à la psychose paranoïaque. Une impulsion, le refus d'affronter cette détresse morbide allait la pousser à recommencer, toutes les trente ou quarante minutes, pour ne pas redescendre, pour ne jamais se priver de ce sentiment d'invincibilité, alors que la peur du manque, déjà obsessionnelle, allait s'insinuer au plus profond de ses cellules.

« Dans les milieux bourgeois, les jeunes consomment beaucoup.

— Vous aviez quel âge ?

— La première fois ? Quinze ans. À la mort de mon père. J'avais mal supporté. »

Calder ne trouvait rien à dire. Il pensa à la mort de sa propre mère. Lui avait choisi un autre chemin pour ne pas sombrer, mais il était si jeune.

« À dix-sept ans, maman m'a fait enfermer dans une clinique. Ça allait mieux. Je suis sortie.

— Alors ?

— Alors quoi. Vous voyez, non. »

Elle souffrait, sans vouloir le laisser paraître. Sa voix par instants devenait nasillarde. La cloison nasale devait déjà être perforée. Il ne la regardait pas, c'était plus facile de l'écouter ainsi.

« Une seconde fois, je m'y suis rendue de moi-même. Quatre mois de désintoxication. Puis je suis tombée enceinte. Diego était superbe à la naissance.

— Diego ?

— Il a six ans. Les yeux de mon père. Je ferais tout pour lui. »

Calder ne fit aucun commentaire. Tout pour lui ! Il y avait peut-être une chance pour qu'elle s'en sorte ? Mais en quoi cela le concernait-il ?

« Et son père à lui ? »

Isabel ne répondit pas.

Fille mère, droguée, vacillant entre son malaise et ses espoirs perdus... combien y en avait-il comme elle, à Lima, aux États-Unis, en Europe ? Prisonniers de la poudre, prisonniers de leurs angoisses et de leurs déceptions.

Une rafale résonna dans Miraflores. Sûrement pour rien. Rassurer les riverains peut-être et rappeler aux quatre millions de misérables entassés aux portes de la ville qu'il valait mieux ne pas approcher.

« Je dois dormir », dit Calder exténué. Les yeux cernés d'Isabel indiquaient le même état de lassitude.

« Merci de m'avoir écoutée », murmura-t-elle avec simplicité.

Elle était belle dans la demi-pénombre. Quelque chose du fond de son cœur s'était inscrit sur son front. Calder s'avança dans un élan de tendresse pour la prendre contre lui. La jeune femme ne refusa pas. Elle n'avait plus rien à cacher. Ils s'assirent sur le lit, très grand, fait pour deux personnes et même quelques enfants : ainsi dormaient souvent les familles pauvres à cause du froid de l'hiver.

Isabel se laissa aller en arrière, en travers de la couche, les pieds dépassant dans le vide. Mark Calder attrapa une couverture et l'étendit sur elle. Puis il éteignit et s'allongea à son côté. Isabel s'endormait déjà et, sans qu'il sache si elle l'avait voulu ou non, elle roula sur le flanc et posa la tête contre son épaule.

43

En ce début du mois d'août 1991, le gouvernement d'Alberto Fujimori annonça que trois mille cent vingt personnes avaient péri depuis le début de l'année au cours d'échanges meurtriers. Le chiffre était accablant. Il indiquait trois fois plus de morts en six mois que pendant toute l'année précédente. La guerre civile s'ornait déjà d'une couronne mortuaire de vingt-deux mille victimes officielles depuis dix ans.

Les disparus n'étaient pas comptabilisés. Seul un cadavre attestait la mort — une absence de quatre années ne prouvait rien, même si on n'avait jamais revu des milliers de personnes. Et puis, les additions et les soustractions dépendaient de la comptabilité initiale. Combien d'habitants dans ce village ? Beaucoup ! Et dans cet autre. Plus encore. Où étaient-ils ? Les réponses évasives évoquaient la fuite et la mort, en passant par la torture, le kidnapping, la disparition, l'engagement dans un camp ou un autre. À Lima, les familles défilaient dans les administrations, déplorant la disparition de dizaines de jeunes gens embarqués par la P.I.P. Écartelés entre la nécessité de vaincre le terrorisme et leurs propres excès, les autorités faisaient la sourde oreille. Pourtant les chuchotements prenaient du volume, les témoignages perdaient de leurs réserves.

Au Q.G. de la marine, dans les stades de la capitale, les

jeunes gens emprisonnés auraient subi des « interrogatoires ». Des corps avaient été retrouvés, horriblement mutilés, dans les décharges publiques des alentours de Lima.

Les rafles nocturnes avaient lieu au hasard de la nuit, pour tenter de découvrir de l'armement, un groupuscule de subversifs. Pour tromper la peur, pour la vengeance ou l'ennui. La « sale guerre » serpentait au cœur même de la capitale.

L'hiver emprisonnait maintenant la ville dans la grisaille. Il faisait froid sur la côte. Le petit peuple de la villa vivotait à l'écart et la Culevra veillait sur ses sujets. Au moins échappaient-ils aux bidonvilles, à la prostitution ou aux travaux forcés imposés par d'autres chefs de bande moins « délicats ». L'esclavage pouvait prendre bien des formes.

La tuberculose séjournait aussi au bout de l'impasse, comme dans la plupart des quartiers insalubres. Face à l'affection qui secouait de quintes douloureuses l'un des petits, les plus âgés faisaient le dos rond, impuissants à le soulager. Il allait mourir, disait-on, et le gamin ouvrait de grands yeux perdus pour tenter de s'amarrer encore au monde.

Pour Notomi, l'exil urbain devenait intenable. Tous, ils avaient faim. Méché n'en dormait plus, Orianiki s'étiolait en silence, même le conte du soir ne l'intéressait plus. Notomi pensait à fuir Lima.

Le froid le réveilla. Il partageait son poncho avec Paulo et Navidad, ce qui revenait à dire que chacun luttait dans son sommeil pour garder sur lui un pan du vêtement. L'Ashaninka ne tardait jamais à laisser son compagnon, plus jeune, profiter de son avantage. On avait calfeutré la fenêtre et bricolé une porte, mais les rayons de lune comme les courants d'air tournoyaient dans la pièce.

Un gémissement étouffé, une plainte comme les autres,

s'échappa d'un cauchemar. Notomi frissonna. Il entendit cracher le petit garçon malade. Depuis deux semaines sa paillasse se teintait de rouge et María nettoyait, arrangeait la couche, tentant de le soigner et de le soulager. Notomi s'étonna de ne pas l'apercevoir au chevet du mourant car les deux dernières nuits elle avait bondi à chaque alerte, se refusant à laisser l'enfant dans sa solitude. La jeune fille avait changé depuis l'été, au point de faire naître sur les lèvres de la Culevra une espèce de sourire timide qu'on ne lui avait jamais vu. María était aussi maigre que les autres, pourtant les privations n'empêchaient pas la nature de la faire devenir femme. D'évidence le droit de cuissage revenait au chef de la bande. Mais il n'en usait pas. Ou pas encore.

Un cri léger tira à nouveau Notomi de sa somnolence. Il venait de l'extérieur. Le garçon se redressa et se leva avec précaution.

Il entendait plus distinctement maintenant. Quelqu'un parlait à voix basse dans le jardin. Le brouillard noyait Lima. Tombant de la végétation désordonnée, des gouttes glacées scandaient les secondes en ricochant dans l'herbe. Un chat miaula, pétri de froid sur le balcon. Notomi écouta la nuit. D'autres plaintes étouffées montèrent jusqu'à lui. Il ne remarqua pas la Culevra se glissant à son tour dans l'escalier, derrière lui. Au pied des marches, le seau qui servait à monter l'eau à l'étage avait perdu le morceau de corde qui servait d'anse.

« *¡No !* »

Le cri surgit du néant, clairement tout à coup. Notomi se précipita. María s'était évanouie sous le dernier coup reçu, les poignets liés dans le dos. Son corsage arraché faisait une tache claire dans les herbes mouillées. Ses jambes blanches aussi retenaient un peu de lumière, ouvertes au supplice d'une première et décevante rencontre avec l'amour.

Elle s'était trop débattue pour que son agresseur fût vraiment parvenu à ses fins. Maintenant qu'elle avait perdu connaissance, il allait poursuivre à son aise.

Notomi allait s'élancer vers l'agresseur mais un bras l'arrêta brutalement. La Culevra lui encerclait le cou, en proie à une extrême tension.

« Il est à moi ! » chuchota-t-il, la bouche collée contre l'oreille de l'Ashaninka.

Notomi relâcha tout son corps pour manifester son accord. La Culevra le libéra.

« Je dois défendre ma femme », précisa-t-il en chuchotant pour mieux se faire comprendre. Devant eux, on ne les avait pas entendus. La scène basculait de l'horreur au grotesque. La Culevra attendait le point culminant de sa colère. De toutes les façons, María, violée, ne pouvait plus être sa compagne. Le temps n'importait plus pour elle. Seuls comptaient la haine et le châtiment.

Soudain, une violence animale le lança en avant. Il avait besoin de tuer, là, pour donner un sens à sa vie, pour purifier le monde. Agrippant l'homme par la nuque, il l'arracha à son plaisir. « Insensé », hurla le chef, son couteau collé à la gorge tendue, un genou planté dans les reins du violeur. Notomi crut que la Culevra allait lui briser le dos.

« *No*, crachota l'individu implorant, pas pour une femme. »

Le couteau glissa sur la peau lentement jusqu'à la jugulaire.

« Tu meurs, hurla la Culevra, tu m'as trompé. »

El Pelado ressentit la douleur comme un éclair glacial. Puis la pointe fouilla son côté, pour trouver le cœur. Il tomba, poussé par le bras qui tenait la lame. Une troisième fois, l'arme pénétra sa chair, au niveau de son ventre ou plus bas : les sensations ne lui appartenaient plus. Il soupira, une dernière fois, enveloppe inutile, libérée du mal et du bien.

Un moment plus tard les enfants formaient un cercle silencieux autour d'el Pelado égorgé. Méché s'appuyait sur l'épaule de María revenue à elle, le visage sali de larmes. Orianiki tremblait, pendue à la main de son frère.

C'est Paulo qui donna l'alerte.

« Écoutez ! »

On tendit l'oreille.

« Une patrouille ! »

Tous connaissaient la tactique : courir !

Notomi attrapa Orianiki. Méché, Paulo, María, la Culevra et tous les autres se ruèrent avec eux à l'arrière de la maison.

Dans l'impasse, les bruits de bottes rythmaient leur panique. Ils sautèrent, basculèrent, hissés par la poigne des aînés par-dessus le mur. La Culevra jeta un coup d'œil sur son royaume. Ils perdaient tout. « Vite ! Vite ! » l'appela Notomi. Un coup de feu retentit devant la villa. Des exclamations tonnaient déjà dans les pièces du premier.

Dans le jardin voisin la bande s'éparpilla. « Chacun pour soi. » Seuls les quatre resurgirent ensemble dans la rue.

44

« Un rat au service du chien impérialiste a rédigé l'arrêt d'expulsion. Il paiera sa traîtrise. »

Estela, coiffée de la cagoule noire, ravivait l'ardeur de la troupe mais cette fois, il ne s'agissait pas d'attaque surprise ou de règlement de comptes. La Racauna tout entière était menacée. Les habitants du bidonville se sentirent prêts, pour défendre leur misérable cité, à suivre les appels à la lutte lancés par les sendéristes.

« Ils arrivent ! Ils sont en marche. »

L'alerte avait été donnée dix minutes plus tôt, au départ des camions bourrés de gardes républicains dépêchés pour effectuer l'expropriation. De chaque baraquement surgissaient des femmes, des gosses, des hommes. Au bout des bras maigres gesticulaient pics, machettes et bâtons. Des centaines de personnes déferlaient sur la route, portant sur les épaules tout ce qu'il était possible de sacrifier pour élever un barrage interdisant aux véhicules l'accès du chemin qui conduisait au pueblo.

La meute, armée de pierres empruntées au terrain aride, se préparait à l'affrontement.

« Le propriétaire, Antonio Isola, veut reprendre son bien. Cette fois c'est la guerre. Allez-y, c'est l'histoire du pays qui s'écrit.

— Merci, Pablo. Je file immédiatement.

— Faites vite. Les camions sont en route. »

Calder raccrocha. Avant que la señora Carmen eût pu satisfaire sa curiosité, il avait grimpé jusqu'à sa chambre, attrapé appareil et rouleaux de pellicules.

Le taxi fonça vers le sud, la circulation commençait à se ralentir. « Señor, je ne pourrai pas aller jusque là-bas. Voyez, il se passe quelque chose. » Le chauffeur baissa la vitre et freina.

« *¿ Qué pasa ?*

— Ça va chauffer. La route est barrée par ceux de la Racauna. Paraît qu'ils veulent expulser », lui cria un bonhomme qui roulait dans la cohue en sens inverse.

Un autobus ralentit encore le trafic en entreprenant un demi-tour.

« Señor. Faut pas continuer. On ne sait jamais. Souvent il y a des morts dans ces histoires.

— Encore un peu. On est loin du pueblo ? demanda Calder avec amabilité.

— Loin, pas vraiment. Surtout en quittant la route. Voyez les murs et les miradors. C'est ça. Mais à votre place, gringo...

— Ça fait combien ? »

Des carcasses de voitures s'entassaient en une barricade. Les camions de l'armée étaient stoppés à peu de distance.

Calder trouva sa place. Un monticule à l'écart de la route, proche de la foule silencieuse, impressionnante par le nombre d'âmes. Il cadra les visages. Celui-là ! Douze ans peut-être. Cette femme ! Sèche, ridée. Elle devait pourtant être jeune. Là, des yeux jaillis d'un visage à demi dissimulé par un foulard. L'appareil enregistrait l'attente, l'angoisse, la détermination à travers le téléobjectif. Une cagoule s'afficha sur la lentille, la tête se retourna, tout en noir, avec seulement le créneau d'un regard glacial. Calder appuya aussitôt, incapable de chasser le trouble surprenant dans lequel venait de le plonger cette rencontre. C'était une femme, il en était certain. Quelle souffrance avait mêlé tant de détachement à la haine ? Une seconde fois, le métal des pupilles se fixa sur l'appareil. Elle le voyait ! Calder abaissa l'appareil, aussitôt les distances reprirent leur réalité : il se trouvait à plus de deux cents mètres, caché derrière une roche, hors de portée. Désorienté, il hésita à reprendre son travail.

Un ordre brisa l'attente. Cent cinquante policiers sautèrent à bas des camions et se rangèrent en formation, fusils à la main. Derrière le barrage la rumeur montait comme un vent d'orage.

« *¡ Resistir !* »

Calder saisit à peine le mot lancé par-dessus la barricade. Il se tassa un peu plus dans sa cachette. Pas à cause de la peur, non. Plutôt de honte. Celle que ressent celui qui est juste venu pour voir et qui, alors que le spectacle va commencer, ne sait plus pourquoi il est là. Il voulait montrer au monde. Mais le monde avait-il besoin d'être témoin d'une guerre fratricide, la pire qui soit. Devant la barricade, les soldats avaient les mêmes visages que ceux qu'ils tenaient dans la mire de leurs armes. Des frères, fils du même père, s'apprêtaient au duel, l'un chez les terrucos, l'autre dans les forces gouvernementales. Bien sûr, les membres du Sentier Lumineux qui avaient infiltré l'armée depuis des mois allaient tirer au-dessus de la cible. Mais les autres ?

La première grenade s'écrasa à mi-chemin des opposants. Un jet de pierres lui répondit. Puis il n'y eut plus d'interruption. À tour de rôle des adolescents armaient leur bras et lançaient, animés par cette immense volonté de résister. Les projectiles s'abattaient en jet continu, sans faiblir, en un mouvement perpétuel, renouvelé sans cesse par de nouvelles lignes de combattants. Loin derrière eux, les vieillards et les femmes les soutenaient sans relâche en hurlant, avec une inébranlable conviction.

Calder recommenca les prises de vue. Croulant sous les pierres, les gardes civils ripostaient nerveusement, mais le gouvernement avait été prudent et les carabines projetaient en l'air des rafales de petits plombs. Cependant la colère et l'impatience firent par intervalles se baisser dangereusement les canons. Des soubresauts mécontents agitaient le corps d'armée.

« Balancez les grenades lacrymogènes. » L'ordre du militaire avait un caractère d'urgence. Mais la mitraille de pierres poursuivit son effet démoralisant sur les troupes officielles. Même si les yeux brûlaient, si les gaz paralysaient les insurgés, le flot rebelle tint tête pendant des heures. La Racauna ne cédait pas. Enfin le tir des fusils se ralentit. À travers les nuages de poussière et les émanations corrosives, le pueblo aperçut les soldats, dans un piètre état, rejoindre les camions. Ils n'avaient plus de munitions !

Calder, les yeux bouffis, ne sut s'il devait adhérer aux cris de joie qui enflammaient la foule exténuée. Il ne pouvait retenir son émotion à l'écoute du soulagement exprimé par ces milliers de voix solidaires qui venaient de gagner leur combat pour survivre. La lutte paraissait inégale. Et pourtant !

Les vainqueurs débarrassèrent méthodiquement la route et la rendirent à ses usagers.

La liesse populaire s'offrait un supplément. La Racauna résonnait de chants et de commentaires enfiévrés par la bière.

Estela s'était assise avec José pour une heure de paix, les yeux encore rougis, le corps fourbu.

« Crois-tu que nous aurons encore beaucoup à nous battre ? »

Estela ne prit pas la peine pour une fois de jouer son rôle

et, presque naturellement, elle se retourna vers José pour lui répondre.

« Jusqu'au bout. Tu le sais parfaitement.

— Estela, j'entends parfois notre mère appeler à l'aide...

— Au moins peut-elle encore le faire. Le père lui ne peut plus rien. C'est pour lui que je me bats. Je ne l'oublierai jamais ; pas plus que je n'oublierai ce qu'ils nous ont fait, à lui, à toi, à nous tous à la maison. »

Elle s'arrêta. Felipe débouchait dans la ruelle.

« Prends quatre hommes. Il faut préparer un spectacle pour montrer notre réussite à cette horde de chiens. Que ça brûle dès le coucher du soleil. » Il désigna les collines qui surplombaient la plaine stérile et la capitale.

José fit signe à un groupe de le suivre, Luiza se tenait au milieu d'eux.

« Cette femme ne te quitte pas souvent, lança Estela à mi-voix.

— Elle est un aussi bon élément que toi, ce qui est précieux. Et elle est moins bavarde. »

José s'éloigna sans un regard pour sa sœur. C'était la première fois qu'il osait ! La dernière escapade des deux amants à la villa remontait à quelques jours seulement. Leur intimité était rare mais les laissait chaque fois plus étourdis de bonheur.

José fit charger quantité de vieux pneus à l'arrière des trois camionnettes dont ils disposaient.

Alors qu'Inti se couchait sur l'océan envahi de sa rougeoyante magnificence, l'une des collines au-dessus de Lima s'illumina elle aussi. Une fumée défigura le ciel d'une large cicatrice sombre, puis des flammes hautes de plusieurs mètres dessinèrent côte à côte, suivant la rigoureuse discipline avec laquelle avait été aligné le combustible, les plus immenses faucille et marteau qui eussent jamais scintillé dans une nuit péruvienne.

Quelques actes terroristes ponctuèrent ce décor de virgules

explosives. La devanture d'une banque s'éparpilla sur le trottoir et un nouvel apagón permit d'apprécier encore mieux la danse des flammes. Lima tressaillit.

À l'aube, devant l'une des usines d'Antonio Isola, une voiture piégée attendait, étouffant sous son capot le compte à rebours d'une bombe. Elle éclata alors que l'homme et sa famille, effondrés, lisaient la lettre de menaces mortelles qui venait de leur parvenir.

La semaine suivante, Antonio Isola retira sa plainte et l'on annula l'arrêt d'expulsion. Il fit établir un contrat de vente de ses terres au profit des tenaces occupants, pour une somme symbolique.

45

Ils avaient erré tout le jour, méfiants, prenant un air détaché au passage des gardes civils, évitant les barrages, passant par les parcs et les jardins, jusqu'à pénétrer dans Miraflores. Les habitants des beaux quartiers se faufilaient jusque chez eux. La nuit précédente restait gravée sur les paupières fatiguées. On avait bien cru que l'emblème maoïste incendiant les collines allait commander quelque terrible invasion — cette attaque sur la ville, promise par Abimael Guzmán depuis des mois.

Les « quatre » supportaient mal la perte de leur refuge. Il fallait trouver un abri. Notomi pensa à la plage mais les rats et les chiens y rôdaient la nuit. Paulo sentait revenir la peur à mesure que l'ombre du ciel descendait sur Lima. Seule la confiance qu'il éprouvait pour son ami lui permettait de ne pas se lancer dans une fuite irréfléchie qui aurait abouti à une immanquable catastrophe.

Deux attentats commis dans la matinée contre des ambassades avaient accru la nervosité des policiers. Miraflores se présentait telle une place forte aux portes de laquelle chaque véhicule devait s'arrêter et ses occupants prouver leur bon droit d'y pénétrer. Les magasins baissaient leurs rideaux de fer. À l'entrée des jardins un gardien veillait, martelant le pavé pour repousser le froid. Le moindre recoin, barricadé de planches, interdisait qu'on s'y cachât. Pas un trou où

Orianiki elle-même aurait pu se terrer. Devant les portails, les garages et les impasses, des patrouilles vigilantes protégeaient le silence et la quiétude. Les soldats se relayaient pour défendre les immeubles de l'administration, les bâtiments officiels, les hôtels de luxe, les bureaux des grandes compagnies, les ambassades et les magasins cossus. Depuis les salons, derrière les grilles et les barbelés, on jetait un coup d'œil, sans s'attarder, sans se montrer même à ceux que l'on payait pour se protéger.

On relâchait le rideau, soulagé d'avoir aperçu les armes, bien certain que les vigiles ignoraient tout des centaines de milliers de dollars qui somnolaient dans les banques d'Amérique du Nord.

Les enfants déambulaient au milieu de ce décor de guerre, prisonniers du système de protection qui défendait Miraflores. Notomi le comprit trop tard. Il était seul, avec deux gamines affamées et un compère épuisé de trouille. Il y avait bien le refuge des parcs, mais pendant le couvre-feu l'endroit passait aux mains de l'armée. Q.G. non officiel servant d'antichambre à la prison ou la mort.

À la hauteur de l'Alfredo Benavides, il les entraîna sur la Diagonal. Notomi se rappelait cette belle avenue avec, en contrebas, les terrains de tennis, le club de sport et les jardins descendant jusqu'à la mer.

Anxieux, les enfants marchaient vite. Dans deux heures les chars seraient maîtres de la rue. Mais des rouleaux de barbelés accueillaient les indésirables, tandis qu'autour de la piscine deux hommes rôdaient entre les faisceaux qui éclairaient le bassin vidé pour l'hiver.

Ils poursuivirent leur chemin. Leur trajet s'infléchit sur la droite, au hasard des rues. Comme souvent, l'éclairage clignota, faiblit et disparut. Première à réagir, Méché prit la tête du groupe, heureuse de la diversion. Les quatre spectres épuisés longèrent en silence la Tripoli puis tournèrent machinalement vers la place Bolognesi. À l'intersection, une odeur de marée portée par le vent les frappa en plein visage. Le fracas des déferlantes résonnait dans l'obscurité.

« La mer ! » Méché avait crié un peu fort. « Allons voir la mer », répéta-t-elle ; déjà elle changeait de direction et s'élançait, étourdie par la faim et la lassitude.

Sous les arbres de la place, une silhouette avait surgi.

« *¡ Alto !* Qui va là ? *¡ Alto !* »

Il n'avait crié que le temps de ramasser son arme. Méché sautillait à moins de trente mètres, si chétive. Elle n'avait pas de quoi effrayer un soldat, un vrai, engagé de son plein gré pour défendre la veuve, l'orphelin et la patrie. D'ailleurs le couvre-feu était dans une heure. Mais, orphelin, il l'est lui-même. Engagé ? Il a fait une croix sur un document couvert de phrases et de tampons pour ne pas finir voleur. Enfin pour lui, le couvre-feu débutait avec la peur. Et là, il avait peur. Le coup partit.

« Méché ! »

Le cri de Notomi ne la fit pas ralentir, elle courait toujours droit devant, noyée dans une pénombre protectrice. Sur le bord de mer la déflagration alerta une patrouille. Orianiki ne pouvait plus courir ; Paulo grommelait à bout de forces. Méché avait de l'avance et gambadait gentiment, inconsciente, prête à déboucher sur le Pacifique. Elle s'immobilisa. Cinq soldats se précipitaient de front en bloquant le passage.

Les jambes tremblantes, elle essaya de s'échapper, sans beaucoup de conviction et se jeta dans la première transversale. Notomi abandonna les deux autres et contourna le pâté de maisons pour se précipiter à sa rencontre. Il allait atteindre l'angle, l'aider à fuir, quand une rafale faucha le silence. Une seule.

Du bout de sa botte, l'officier retourna le corps.

« Une gamine. Rien d'autre qu'une gamine. »

Il la bouscula un peu pour voir, sans même se pencher sur elle :

« C'est fini. Reprenez vos positions. »

Couché sur le sol, au coin de la rue, Notomi regardait.

« On va tout de même contrôler le quartier.

— Là-bas ! » hurla alors l'un des militaires.

À l'opposé, en contre-jour, Paulo gesticulait comme un dément. Un fusil-mitrailleur lâcha une réponse hâtive à cette invitation ironique. Les cinq hommes abandonnèrent Méché au milieu de la chaussée.

« Brave ami », murmura Notomi, fier du courage soudain de Paulo, tout en se précipitant vers le corps inanimé.

Une seconde, il la regarda, puis s'agenouilla et la serra contre lui. La fine natte de cheveux noirs se défaisait lentement, mèche après mèche, sur les épaules décharnées. Le ruban bleu qui les retenait s'était posé comme un papillon de nuit entre deux pavés.

« Je n'aurai plus jamais faim, murmura-t-elle.

— Méché ! » Notomi se pencha plus près du visage. Elle était presque jolie dans l'abandon, déjà à l'abri des souffrances.

« Méché », reprit l'Ashaninka avec toute la tendresse de son cœur.

La mourante avait souri, à lui ou aux étoiles qui se glissaient entre les deux rangs de maisons jusqu'à elle. Il ne sut pas.

« La mer..., souffla-t-elle.

— Méché. » Un sanglot avait cassé l'appel inutile. Notomi, brûlant de haine et d'amour, enveloppa farouchement le corps assassiné dans une ultime et absurde protection.

Des coups de feu lancèrent leur cri de guerre au loin dans Miraflores. Une main se posa sur l'épaule de Notomi. Il retint un cri. Orianiki était là, debout, dévisageant son amie dont la tête restait posée au creux de l'épaule de son frère.

« Tout le monde meurt, n'est-ce pas, Noto ! Plus je les aime et plus ils meurent. »

Le Pacifique lança avec force un rouleau sur la plage.

« Tu vas mourir aussi, Noto, puisque je t'aime. »

Alors Notomi fondit en larmes, incapable de se contenir. Il ne pouvait plus veiller sur eux. Déjà le cadavre pesait trop lourd sur son torse, et la nuit s'étoffait d'une angoisse sourde à l'espoir.

« Où les emportes-tu ? »

Orianiki recula, surprise par la brutalité de la voix.

« Celle-là n'avait pas eu le temps de vivre, ni de comprendre. Sauf la misère », reprit le garçon. Il hurla son impuissance, un cri emplissant la nuit, répercuté par le jeu de l'écho au gré des façades.

« Viens, Noto, viens ! »

Orianiki pleurait aussi, essayant de relever son frère, affalé sur Méché qu'il secouait comme un tas de chiffons.

« Combien vas-tu en prendre ? gémit-il plus bas en dévisageant sa sœur affolée, semblant ne plus la reconnaître.

— Noto. Les soldats vont revenir. Noto, Noto. » Orianiki se boucha les oreilles en poussant des cris aigus.

Alors l'Ashaninka se remit debout, la morte entre ses bras.

« Elle voulait revoir la mer. »

Sans se cacher, ils descendirent le raidillon le long de la falaise.

« Adieu, petite sœur. Va jouer en paix. »

Les mots emportèrent le chagrin. Notomi déposa Méché à la lisière des flots. La marée haute creusa, de vague en vague, une tombe autour du corps abandonné.

Ils attendirent que l'océan ouvrît un lit profond autour de leur compagne ballottée par le ressac. Méché se blottit entre la terre et la mer, tandis que son âme partait voguer aux confins des mondes.

46

Vengeance ! Le mot battait à ses tempes. Notomi se rappela tout ensemble : la Selva, Ricardo, Mika, la villa. Tant de morts sur sa route.

Depuis un moment, les voitures se poursuivaient le long de l'avenue ridée de gigantesques lézardes dues aux passages des chars.

Notomi se retenait encore d'ouvrir les yeux.

Méché ! Comme elle devait être libre maintenant, goutte de soleil cheminant vers le paradis des humbles, seule dans le ciel comme sur la terre. Notomi, recroquevillé sous un arbre, maculé de sable et de sel, entendait les réflexions des passants. Il appliqua ses poings contre ses oreilles. Tous, ils l'avaient tous tuée, ceux qui passaient sans savoir... La paix n'existait plus, ni dehors, ni dedans.

« Regarde dans quel état est cet enfant !

— Viens ! On ne peut pas s'occuper de cela. »

L'homme entraîna son épouse, au grand soulagement de Notomi toujours immobile. Cependant quelque chose lui parut inquiétant. Il se rappelait clairement qu'Orianiki attirait en général plus de sympathie...

« Ori ! » Les yeux écarquillés, Notomi chercha sa sœur.

Il agita sa tête aux cheveux trop longs, regardant autour de lui. Elle allait apparaître, courant derrière un chat ou un oiseau. Il ne pouvait en être autrement.

Le gardien d'un immeuble, en face, avait entrebâillé la grille et sortait une poubelle sans grande précipitation. Instinctivement le garçon se colla à l'arbre. L'homme portait couteau et matraque à la ceinture.

« Hé toi ! »

Notomi ne fit pas un mouvement alors que l'homme s'avançait, contrarié de découvrir un mendigot dégradant le décor propret. Au même instant, une voiture de police ralentit dans la contre-allée.

« Besoin d'aide ? » interrogea un képi par la portière. Mais une petite voix écourta le dialogue.

« Noto ! »

Tenant à pleines mains la grille, Orianiki invitait son frère dans le jardin de l'immeuble. Il s'élança, subitement décidé à se battre encore un peu. Le portail claqua derrière eux, automatiquement verrouillé par le système de sécurité.

« Je suis passée à travers les barreaux tout à l'heure. Toi tu n'aurais pas pu, expliqua-t-elle en souriant.

— Arrêtez vous deux ! Revenez. »

Le gardien s'agitait, son trousseau tressautant au bout des bras. Quatre policiers surgirent du véhicule, arme au poing.

« Ori, on ne peut pas...

— Viens. Viens. »

Elle gravit les marches. La double porte vitrée s'ouvrit d'elle-même. Se trouvaient-ils brusquement dans un monde magique, gouverné par cette femme aux yeux en amande qui, postée dans le hall en marbre noir et blanc, les regardait en souriant.

« Venez », invita la maîtresse des lieux en les poussant vers l'entrée de son appartement. C'est alors que Notomi remarqua la bouche barbouillée de confiture d'Orianiki.

Des tapis de soie réchauffaient le dallage clair de larges carrés de couleur. Assis à une table couverte d'une nappe bleu pâle, Notomi posa enfin la cuillère, repu, après un colossal petit déjeuner. Orianiki somnolait sur le divan.

Leur hôtesse s'était contentée de les regarder, les yeux débordant de bonté. Elle avait peut-être soixante-dix ans, mais le temps ne l'avait pas accablée. Son visage aux yeux en amande semblait familier aux Ashaninkas, sa taille et sa douceur naturelle également. En revanche, les vêtements brodés et la coiffure impeccablement soignée la rendaient irréelle et inaccessible. Le décor aussi relevait de l'inimaginable : fauteuils profonds et canapé dans un salon à la moquette vert pâle, des meubles ouvragés, des vitrines pleines de bibelots et des vases chargés de bouquets dans la salle à manger.

Notomi s'arrêta devant une photo entourée d'un cadre en ivoire.

« Mon mari », expliqua l'Asiatique. Puis elle se leva pour le rejoindre.

« Il était ambassadeur. Je m'appelle Cora, et je vis seule maintenant. » Son espagnol se teintait d'un accent chantonnant qui les détendit.

« Elle est ma sœur, Orianiki », répondit Notomi.

Aussitôt Orianiki sauta sur le tapis, ses pieds nus en caressaient avec plaisir le moelleux.

« Notomi et moi nous venons de la forêt au bord du fleuve. »

La tradition était respectée. Jamais un Indien ne demande à quelqu'un son nom, pas plus qu'il ne se nomme lui-même.

Une seconde photo décorait le mur au-dessus d'une commode en acajou.

« Vos fils ! » s'enquit Notomi un peu surpris.

Cora s'égaya d'un rire joyeux.

« Ils sont quarante ! s'exclama-t-elle avec une gaieté enfantine. J'étais maîtresse d'école aux Philippines avant mon mariage. Ce sont mes élèves. »

Tous les trois s'esclaffèrent déjà en confiance.

« Voulez-vous prendre un bain ? » Cora était illuminée de tendresse. Orianiki, parfaitement à son aise, explorait l'appartement. Notomi restait observateur. Sa conviction s'affermissait de minute en minute : un destin étonnant se mettait en place.

Regarder la télévision fut le moment le plus fantastique de la journée. Il y avait eu la baignoire qui se remplissait d'eau propre lorsqu'on tournait une boule en cristal et le réfrigérateur d'où surgissait constamment une nouveauté délicieuse.

Orianiki rassasiée, lavée et habillée, s'harmonisait avec l'endroit. La nuit d'horreur semblait classée au registre des souvenirs. Notomi, cheveux coupés, pantalon et polo à sa taille, feuilletait avec frénésie une douzaine de livres et d'encyclopédies étalés sur la moquette. Il lança un coup d'œil vers sa sœur, transformée et, furtivement, se regarda dans le miroir au-dessus de la cheminée. Malgré ses mains propres et le pli de la chemise, lui au contraire savait n'être pas différent. En même temps que les vêtements, Cora était sortie acheter un gâteau tout tremblant de crème rose et blanc sur laquelle dansaient des figurines en pain azyme.

La charmante dame fêtait ce jour, se prenant à imaginer que le ciel venait d'exaucer son vœu le plus cher : des enfants à aimer.

47

À peine remise des combats qui avaient suivi la menace d'expulsion, la Racauna fut à nouveau le théâtre d'une opération militaire mais, cette fois, pacifique. Le gouvernement avait expédié mille cinq cents hommes qui encerclèrent, sans menaces, l'ancien haras. Alberto Fujimori n'en voulait pas aux pauvres, les seuls dans ce pays perturbé à ne pas vivre de corruption. C'étaient les maoïstes qu'il fallait extirper du pueblo. Le président péruvien mettait à l'épreuve l'un des deux mots d'ordre de son programme politique : moralité. Noble ambition, non contestée par les Liméniens bien que dans les milieux plus aisés on se méfiât du président. La petite bourgeoisie soutenait même directement le Sentier Lumineux, cachait certains de ses membres, les informait. Les milieux intellectuels chancelaient : un mouvement sanguinaire était-il pire qu'un gouvernement prouvant par des coups d'éclat et une répression meurtrière son impuissance à contrôler les événements ? Et puis, depuis des mois toutes les institutions avaient été infiltrées par le Sentier Lumineux qui sapait ainsi les bases mêmes du pouvoir.

Les ordres donnés aux militaires avaient été formels : pas de violence. Lentement la troupe investit les allées de la Racauna. Le drapeau rouge fut remplacé en haut des miradors par l'emblème national. Tel un raz de marée purificateur les militaires entrèrent dans les lieux, quartier après quartier, dans le calme et la tolérance, refoulant devant eux des centaines de sendéristes qui fuyaient vers les collines.

Aussitôt commencèrent des distributions de vivres et de vêtements. Une tente se dressa abritant des médecins cependant qu'une poignée de fonctionnaires se risquaient à un vague recensement de la population.

Au loin explosèrent deux ou trois adieux bruyants, le long de la retraite précipitée des terroristes. Un point marqué par le gouvernement, un répit pour la Racauna. Mais demain ? le départ de l'armée et puis... Règlements de comptes ou bien espoir d'une organisation assez combative pour résister à une nouvelle invasion maoïste ?

48

Diego préférait sortir pour jouer dans les jardins du centre de Miraflores mais sa grand-mère bougeait peu et Isabel avait de plus en plus à courir pour ses reportages. Le garçon aimait bien ce señor américain avec lequel sa mère travaillait parfois : Mark.

Il enjamba son vélo et s'éloigna dans l'allée sous les arbres. L'endroit était magnifique. Chaque appartement s'ouvrait sur une terrasse donnant sur le parc silencieux, bien protégé de l'agitation citadine.

Cora avait coupé les ongles et récuré plus à fond les oreilles. Les garde-robes s'étaient étoffées. Surtout celle d'Orianiki car Notomi, lui, refusait tout d'un sourire évasif. Déjeuners, goûters, dîners se succédaient avec entrain. Au quatrième jour, les deux vagabonds n'avaient toujours pas remis le pied dans la rue ; là où étaient tapis leurs souvenirs, où l'existence n'avait rien à offrir aux délaissés. La vieille dame avait mis sa domestique au courant sans beaucoup d'explications.

« Ce sont mes enfants. »

La cuisinière, connaissant parfaitement ce genre de pique-assiettes, avait mal accepté l'invasion mais, en trois jours, Orianiki l'avait conquise ; toujours le nez dans une casserole, une main sur la poignée du réfrigérateur, riant, jouant, s'extasiant de gourmandise. Et puis tellement jolie !

Orianiki avait collé son front à la baie vitrée. Le brouillard laissait échapper une tache de soleil. Entre les massifs de bougainvillées, Diego pédalait sous les rayons pâles fusant entre les branches.

« Va jouer », murmura Cora en faisant glisser la fenêtre sur ses rails. Les rideaux de drap bleu soulignés d'un galon jaune d'or frémirent à peine au passage du corps fluet.

La robe rose virevoltait déjà autour de la bicyclette. Diego posa pied à terre, ébloui par l'apparition. Les chaussures trop ajustées arrachèrent une grimace à la jolie bouche.

« Monte encore sur ton...

— Ma bicyclette, informa Diego.

— Vas-y, vas-y », l'encouragea Orianiki en dansant sur place.

Son visage brun aux pommettes saillantes n'avait rien de commun avec celui du garçon si pâle aux yeux clairs. Mais la différence rendait plus touchant encore le couple jouant sous les arbres.

Notomi avait laissé le livre qu'il ne lâchait pas depuis des heures. Dehors, Orianiki avait remplacé Diego sur l'engin qu'ils tentaient de maintenir en équilibre. Ils tombèrent l'un sur l'autre, accueillis par l'herbe épaisse qui marbra genoux et vêtements. Les cris de joie résonnaient dans le parc.

« Vous aimez bien ma sœur. » Cora sursauta, ne trouvant pas de mot pour traduire son sentiment et son espoir, elle tendit la main vers Notomi. Celui-ci évita le contact, trop bouleversant, et fixa sa sœur par-delà la terrasse.

« Elle et moi nous devons retourner chez nous au bord du fleuve. Mais avant cela... »

Il s'interrompit. Se séparer d'elle, il ne pourrait jamais.

« Je ne la quitterai pas. Sois sans crainte..., avança la vieille dame avec chaleur. Mais toi aussi tu peux rester.

— Je ne peux pas. »

Notomi se leva. Au dossier d'une chaise il ramassa son sarrato. Cora sentit son cœur s'emballer.

« Prends ton blouson. » Elle se précipita, l'habilla comme on couvre un enfant qui rentrera tard et que le froid pourrait surprendre.

« Dites-lui qu'elle doit m'attendre ici.

— Je le lui dirai. Prends garde à toi. »

Dans le parc une exclamation de bonheur s'envola vers le ciel.

« Vous connaissez des histoires ?

— Oui, bien sûr.

— Le soir surtout. Il en faut une très belle pour qu'elle s'endorme.

— Le soir... » répéta Cora prête à pleurer.

Ils n'ajoutèrent rien, scellant par ces mots anodins le pacte qui les liait à travers leur amour commun pour Orianiki. Notomi, métamorphosé dans les vêtements neufs, lança un ultime regard vers le parc, elle arrivait en riant.

En quelques secondes il fut hors de l'appartement, traversa le hall de l'immeuble et, manquant de renverser Isabel, se faufila par la grille entrouverte.

« Hé, qui est-ce celui-là ? »

Calder, alerté par la réflexion de la jeune femme, dévisagea le gamin qui s'éloignait.

« On dirait... C'est impossible ! »

49

La José Prado grouillait ; les mouvements de la foule oppressaient Notomi, de nouveau sur la défensive. Mais aucun regard ne se portait sur lui. Vêtements neufs et de qualité. Bonne mine. Les joues plus remplies et l'œil moins brûlant de famine. Soudain l'Ashaninka aspira une large bouffée d'air. L'espace s'élargit et le ciel prit de la couleur à travers les nuages opaques. Il était libre. La joie illumina son visage, retenant le regard d'une jeune personne au bras de sa mère. Pantalon gris, polo jaune sous un blouson de cuir brun, chaussures, chaussettes : la tenue du fils de famille en route pour l'école ou le jeu.

« L'Arequipa *por favor*. »

Le policier ébaucha un sourire poli.

« *La avenida Arequipa ?*... dans cette direction jeune homme. »

La leçon était essentielle. Le garde républicain n'avait pas sorti sa matraque ni même hésité à répondre.

La foule s'intensifia et prit d'autres teintes. D'abord clairs, les visages s'étaient colorés, les pupilles sombres et la forme oblongue des yeux, les chevelures d'un noir bleuté dominaient. Les bébés avaient rejoint le dos de leur mère, à l'abri du châle protecteur noué d'une façon ancestrale. Les pommettes saillantes avaient envahi les rues ; les Blancs hélaient un taxi ou pressaient le pas pour fuir la promiscuité.

Notomi avançait, insensible aux œillades étonnées. Au feu rouge, les laveurs de pare-brise s'agitaient en protégeant leur seau. Les chiffonniers traînaient des sacs crasseux. Après la 28 de Julio, Notomi s'achemina vers la Gráu puis la San Martín.

Des femmes jetaient de la pâte à beignets dans de l'huile noire qui bouillonnait pour la millième fois. Une odeur de rance et de friture brûlée s'accrochait aux passants. Notomi fit un bond pour éviter le nuage graisseux. Il devait protéger ses vêtements, unique atout pour retourner dans Miraflores.

Enfin il l'aperçut. Il avait été assez agile pour échapper à ceux qui avaient obligé Méché au repos éternel. Grelottant, sautillant, Navidad accroché à son cou, il gigotait, l'infortuné crève-la-faim, espérant rencontrer une figure amie.

« Noto ! » Paulo, bâtard de clown et de mendiant, ferma les yeux, implorant Dieu de ne pas laisser s'évaporer l'apparition. Ses lèvres balbutiaient, une prière peut-être, suppliant de ne plus voir ce grouillement presque aussi puant que lui, cette place sale et surchargée de misère, cette indifférence. Sa figure s'était ridée, crispée par la douleur d'un estomac vide. Il ouvrit enfin les yeux et, fixant Notomi, s'évanouit. Navidad se mit à pousser des cris hystériques.

« Je suis au ciel ?

— Non mon frère. Nous sommes toujours là où tout va mal. »

Notomi semblait avoir mûri en quelques jours. Le ton sérieux de la voix toucha Paulo.

« Où étais-tu ? demanda-t-il prudemment.

— Je suis là. »

Paulo se redressa, régénéré par l'évidence.

« Qu'allons-nous faire ? » Paulo avait posé sa question mais que lui importait en fait ! Vivre. Mourir. Parfois il confondait. Il avait de si près frôlé la mort ces derniers jours. Si Notomi l'avait comme conseillère, Paulo l'attendait comme un espoir. Et s'il n'était pas si couard, il aurait marché à sa rencontre, comme Méché, par une belle nuit à travers la ville.

« Attends ici que je revienne. » Paulo sursauta, les yeux brillants de fièvre et fixa la silhouette élégante de son compagnon s'engageant dans l'impasse. Pourquoi l'avait-il traîné jusque-là ? Pendant plus d'une heure Paulo resta accroupi entre deux voitures garées le long de la chaussée. Puis il s'endormit, tas de haillons auquel personne n'accorda un regard. La lumière descendait. De beaux nuages se suivaient en file, sagement, le long de la voie que traçait le ciel sur le bord des toitures.

Notomi soupira. Les guerres et les interdits ont toujours poussé les amants à s'aimer. Étreintes passionnées, plaisir arraché à l'angoisse.

Luiza déboucha la première. Au bout de l'impasse la villa demeurait paisible. José suivait. Notomi se dressa au milieu du passage.

« *¡ Dios !* Mais tu es fou, s'exclama José surpris.

— Il n'y a plus personne à la villa. Ils sont venus. »

Luiza déjà rebroussait chemin, José attrapa son bras.

« Calme-toi. Sortons lentement.

— J'ai besoin d'aide. » Notomi se rua entre eux et la sortie.

« *Vamos*, lança José à voix basse, tendu à son tour.

— Je vais avec toi !

— Impossible, lança Luiza, paniquée par le possible témoignage du gamin.

— Les soldats ont tué Méché et ils nous tueront tous. »

José le dévisagea. L'adulte eut du mal à soutenir le regard de celui qui devenait un homme. À treize ans il en paraissait quinze, magnifique de calme et de volonté.

« Viens.

— Nous sommes deux. Je réponds de lui. »

Sans un mot ils débouchèrent dans la rue et ramassant Paulo au passage quittèrent le centre ville.

50

Depuis que la Racauna avait été investie par l'armée, les sendéristes s'étaient repliés dans d'autres banlieues.

Felipe avait opté pour María Parada Bellido, à une quinzaine de kilomètres de Lima, pueblo sans aucune ressource, planté au beau milieu de collines désertiques où s'entassaient près de huit mille personnes. Le parti venait d'investir le bidonville et aussitôt le lieu prit l'allure caractéristique d'une base retranchée. Mais ici l'existence était plus dure qu'à la Racauna et les deux kilomètres carrés du terrain tenaient davantage encore du squatt sordide que du camp de réfugiés.

Paulo martelait le sol de ses pieds nus. La corvée d'eau était ce qu'il haïssait le plus. Pendant des heures, des colonnes d'enfants rapportaient sur la tête un bidon ou un seau vers chacune des masures de torchis. Sur le mur d'enceinte les sentinelles prenaient un tour de garde, veilleurs mobiles protégeant ce regroupement d'errants, encore plus démunis que les plus miséreux. Ici aussi les inscriptions sendéristes dévoraient les murs et les drapeaux écarlates se desséchaient au vent de sable. José fit signe aux gardes qui le laissèrent pénétrer dans l'enceinte. Un énorme P.C.P., « *partido comunista peruano* », tatouait le fronton d'une bicoque, sigle rendu plus sanglant encore par les filets de peinture rouge que les trois lettres avaient mal retenus.

Paulo avait abandonné tout espoir de comprendre. Il ne lui semblait pas, en grand connaisseur, trouver là, nourriture et repos. Mais Notomi décidait. Ce dernier ne parlait plus, pris de vertige au milieu de ce qu'il aurait voulu fuir ; ces paillasses pouilleuses et cette promiscuité insupportable. Et une solitude écrasant l'âme d'un vide sans fond, plus difficile à supporter encore que le vacarme et les mouches.

« Hermano, on va crever ici, disait périodiquement Paulo.

— On va crever de toute façon », répondait inlassablement l'Ashaninka sans colère.

Il ne subissait pas. Il attendait. José passa à leur hauteur. Octobre s'échappait des brouillards et, dès la fin de la matinée, la fournaise montait de la poussière humide. La température ne réchauffait pas les cœurs, mais séchait les lèvres et craquelait la peau mangée de plaies et de mycoses.

« *¡ Hola !* » lança José fatigué.

Paulo trempé par son fardeau eut un sourire rapide. Notomi fixa le sendero, ses prunelles réfléchissaient l'éternelle question.

« Quand pourrai-je te suivre pour combattre ? »

Le soir, une odeur de lampe à huile et de feu de bois diffusait un parfum de paix. Les deux compagnons s'endormirent après un bol de soupe claire, collés dos à dos à l'abri d'un carré de plastique.

L'orage éclata avant le matin. Dans les sillons qui serpentaient entre les baraques, la pluie poussait devant elle les immondices chargées de boue. Les cailloux roulaient dans le flot, heurtant les habitations traversées par les rigoles.

Tous les habitants jaillirent de leurs abris pour tenter de les protéger. Ils dégagèrent les ruelles pour laisser circuler les torrents qui fonçaient à travers le pueblo. Les collines sans verdure déversaient l'orage vers le vallon comme un entonnoir à la mesure du déluge. En se traînant au sol, les eaux du ciel se saturaient de la dysenterie récoltée au passage d'un foyer contaminé.

Avec quelques autres, Notomi et Paulo s'efforçaient d'endiguer la rivière furieuse. Le mur d'enceinte avait cédé.

On s'affaira une heure, plus pour se réchauffer que dans le but d'arrêter le cours des choses. Le barrage explosa pour vomir un mélange brunâtre chargé de galets.

Paulo donna un coup de pied rageur dans une bouteille de bière naufragée sur un lit de vase molle.

« Noto. *¡ Me voy, hermano !* [1] » Il leva le nez vers la palissade défoncée.

« *¡ Me voy !* Tu m'entends », répéta-t-il avec conviction.

Notomi le regardait sans bouger. La pluie ruisselait sur le monde. Le fracas d'un éclair tenta de le secouer, mais, impassible, l'Ashaninka ne fit pas un mouvement.

Paulo sauta par-dessus le torrent de boue, et se traîna sur l'autre bord.

« Tu viens ? » Ses pieds tout fripés par le froid et l'eau pataugeaient dans la fange, tandis qu'il implorait du regard son ami.

La brèche ouvrait ses bras, laissant jaillir les flots sans retenue. Paulo bondit. La nuit grignota sa silhouette chétive au sommet de laquelle frissonnait Navidad. Notomi les suivit du regard dans l'épaisseur de l'ombre. Là-bas une voix surmonta le déferlement des flots.

« Je ne t'oublierai jamais. Je t'aime, hermano. »

Une maison de brique, la seule épargnée par l'orage, trônait au bout d'une allée plantée de buissons fleuris, havre surprenant échappant à la laideur. Les autres baraques s'étaient démantelées, là un mur, ici la porte ou un piquet maintenant un toit, s'en étaient allés au fil de l'eau.

José fit signe à Notomi de s'approcher. Sur le seuil du

1. Je m'en vais, mon frère !

bâtiment, palais d'un univers en marge des mondes, Felipe toisait ses effectifs.

« Une nouvelle recrue », expliqua José en présentant Notomi. Le chef balança la tête sur le côté pour désigner un groupe de débutants au garde-à-vous.

« Mets-toi avec eux », dit José gentiment.

Les heures de lutte contre l'orage pesaient sur les épaules. Felipe fit asseoir les adolescents et commença sa harangue. Le temps passait. Une interjection plus vindicative souleva le voile de la somnolence.

« Réveille-toi ! Cette attitude est indigne. La fatigue, le froid, la faim, rien ne doit abattre un révolutionnaire. » La tirade de la jeune fille avait rectifié les positions, relevé les têtes et tendu les mâchoires. Elle s'immobilisa face au coupable surgissant du sommeil.

« Je suis fautif. Je me priverai de nourriture, je lirai les commandements du *Presidente* pendant des nuits entières. J'implore le pardon. »

À genoux sur le sol détrempé l'adolescent accablé semblait prêt à s'immoler sur-le-champ au moindre geste d'Estela.

« La mort pour le prochain qui bafoue et humilie l'enseignement du parti. »

Notomi souriait sans prendre garde à ce qui venait d'arriver. Il ne la quittait plus des yeux. Une boucle brune s'échappait du bonnet de laine interdisant à la chevelure abondante de s'épanouir sur les épaules. Elle était magnifique. Et elle devait l'être plus encore lorsque son rôle ne lui imposait pas de crier ainsi. L'étoile sur la pommette retenait un peu du feu de sa prunelle.

Estela se tenait si proche que d'un bond Notomi aurait pu la toucher. Ses traits accusaient des traces d'un lointain métissage. Grande, les yeux striés de fils clairs, et les cheveux souples qui se mêlaient à des caractères plus indiens : une peau brune, fine. Et douce, Notomi en était sûr. Produit d'une rencontre ancestrale entre la Sierra et un égaré de la Costa. Le véritable mélange ne venait pas d'un peu de sang espagnol conquérant le ventre d'une femme quechua, mais du fanatisme et du désir de vivre. Le front épousait les formes de la colère et de la passion ; les mains la violence et l'envie de porter secours ; le buste, la force et la fragilité.

Felipe reprenait sa leçon. Estela avisa parmi les nouveaux un regard différent, brûlant. Ce jeune homme ne lui était pas inconnu. Quelqu'un du pueblo, sans doute. Elle balaya toute l'assistance du regard et, malgré elle, ses yeux revinrent sur Notomi. Cette fois, l'étrange garçon paraissait fixer un élément invisible entre elle et lui. Il déplaçait curieusement son regard, suivant le dessin de sa silhouette. Et soudain, elle le sentit tout proche, comme si leurs corps s'étaient touchés. Son souffle se brisa sur ses lèvres et elle se retint pour ne pas reculer. Le discours était terminé et on entonnait l'*Internationale*. Estela resta muette, séparée de la réalité par un écran l'isolant totalement. Face à elle Notomi n'avait pas bronché. Immobile, maintenant la folie de leur échange par sa seule volonté d'aimer. Les voix reprirent le refrain puis le brouhaha envahit l'allée et les adolescents se dispersèrent. Estela haletante cherchait à retrouver son contrôle.

« Camarade ? » José attendit interloqué. « Estela, reprit-il plus bas, ça va ? »

Elle tourna vers lui un visage absent, celui de la petite fille qu'il avait connue chez eux, dans la maison de leurs parents.

« Que veux-tu ? dit-elle lointaine.

— Voilà quelqu'un qui servira sous tes ordres. Tu peux compter sur lui. » Notomi s'approcha calmement. « Nous verrons cela... », répliqua Estela sans oser regarder l'Ashaninka. Elle s'écarta et disparut dans le crépuscule.

51

« Regarde-les jouer. »

Isabel avait déjà saisi son blouson mais, collée à la fenêtre, elle observait le parc. Sous les arbres Diego et Orianiki se poursuivaient en riant au travers de la pelouse.

« Vous êtes là pour le dîner ? demanda une voix adoucie par l'âge et les chagrins.

— Oui maman. »

Isabel embrassa sa mère.

« Au revoir, madame de Floria. »

La porte se referma derrière Mark Calder et la jeune femme.

Lima revêtait sa tenue de printemps. Isabel, bras à la portière, conduisait tranquillement. La promenade ne pouvait pas les emmener bien loin de la capitale, le climat politique et social ne le permettait guère.

« Tu n'as rien pris avec toi ? lança Calder un peu anxieux.

— Non. » Isabel se renfrogna.

« Tu m'avais dit la même chose au dernier voyage. Et pourtant !

— Aujourd'hui je n'ai rien. D'accord ?

— D'accord. »

À vingt minutes du centre, quand on roulait bien, commençait l'escalade. Le dimanche tout était plus simple, même les contrôles, déjà amplement facilités par l'aspect luxueux de la voiture. Un billet de cinq dollars expédia la dernière fouille.

La route, tassée sur elle-même, s'accrochait à la montagne. En une heure, ils avaient atteint le premier col.

Isabel rangea la voiture sur un terre-plein dégagé au bord de la pente et ils se détendirent un moment, s'étirant avec un plaisir naturel, tous deux emmitouflés dans des pull-overs d'alpaga. Une sensation de paix profonde croisait sur les hauteurs.

« Tout ceci est un vaste miracle. Un spectacle exaltant qui dépasse la perception humaine. Si je pouvais le comprendre je n'aurais plus besoin d'autre chose pour bien me conduire. »

Isabel resserra les mains sur sa poitrine, le visage éclairé de sérénité. Un aigle déboucha derrière eux ; il se jeta dans le vide en décrivant des cercles immenses jusqu'au fond du vallon. Puis, l'oiseau modifia son vol et reprit de l'altitude. Dévorant l'air de larges battements, il s'éleva à la poursuite des nuages.

Calder se sentait happé par le silence et l'espace, prêt à basculer vers un inconnu qui l'attirait comme une musique envoûtante. Isabel s'approcha, visiblement saisie par la même magie. Calder l'attira contre lui. D'une voix qu'il ne reconnut pas lui-même, semblable au souffle de la terre, l'Américain se mit à parler :

« Les peuples qui sont nés ici il y a bien longtemps portaient en eux l'enseignement divin de la mère créatrice. » Il désigna du menton les crêtes et les combes.

Puis il prit une profonde inspiration.

« La nature est écorchée de cicatrices : corps de granit, ventre d'argile, sang de lave et d'eau, peau d'herbe dense, chevelure de forêts ; frappée par l'homme inconscient et féroce. Mais la terre dure encore. Obéissant à sa loi, elle réchauffe ses entrailles au soleil brûlant, bénit son sein pour un prochain renouveau et fait renaître le miracle de l'amour. »

Isabel sentit les larmes déborder de ses paupières. Calder était méconnaissable.

« Ainsi parlait mon grand-père, né dans l'Arizona. Le père de son grand-père vivait là avant que l'on nomme ce continent l'Amérique. Il avait le respect et l'amour qui attachent à la terre. Lui, connaissait. Il savait comment conserver la sagesse originelle que le Grand Pouvoir a déposée en nous.

« Regarde Mark ! Tout est là, me disait-il en me prenant la main. Ce n'est pas à nous d'exiger de savoir, mais aux choses de l'univers à bien vouloir nous apprendre. Chaque jour, le vent, la rivière, les pierres des montagnes t'apportent un peu de l'enseignement nécessaire pour entrevoir ce qu'il est indispensable de comprendre. »

Dans le théâtre de la cordillère, le soleil dansait sur la neige. Isabel se blottit plus tendrement entre les bras qui l'enveloppaient. Elle avait oublié ses doutes et ses tourments et cristallisait cet instant de plénitude. Elle leva son visage et offrit à son compagnon un baiser. Calder la serra contre lui avec bonheur. « Je l'aime, ton grand-père. » Isabel ferma les yeux.

Sur le plateau, ils quittèrent la route principale et aperçurent un hameau dans le lointain, au bord d'un lac. Le chemin se dessinait humblement, suivant le bon vouloir des buissons.

« C'est splendide ! » s'écria Isabel après une large boucle contournant un promontoire.

Des dizaines de lamas paissaient sur la rondeur des collines, une rivière tranquille s'amusait entre des roches noires et des marais couverts d'ajoncs fleuris.

Ils passèrent l'après-midi à s'emplir de la sérénité de l'altiplano.

La voiture dévalait vers Lima. Ils ne disaient pas un mot.

Des rides sévères marquaient le front de la jeune femme. Elle parut hésiter, puis brusquement arrêta la voiture et attrapa son sac sur la banquette arrière. Avec la pointe d'une lime à ongles, elle piocha une pincée de cocaïne dans la boîte. Chaque narine reçut son comptant, un demi-gramme immaculé d'une infernale fuite vers l'illusion. Vite, avec précision, la poudre fut inspirée d'un mouvement sûr sans que retombe une poussière blanche.

« Tu m'avais dit...

— Rien. Je n'avais rien dit, Mark ! Un cocaïnomane ment toujours, tu devrais le savoir. »

Déjà elle redémarrait, maniant parfaitement le véhicule, surveillant pourtant le compteur de vitesse. La cocaïne estompait dangereusement la limite entre le raisonnable et l'excès.

52

Le sendériste caressait son arme avec sensualité, le regard enfiévré d'orgueil. Les nouvelles recrues l'entouraient avec un peu de distance, impressionnées par tant d'aplomb. Le kalachnikov semblait faire partie de lui. On ne savait plus qui de l'homme ou de l'arme donnait à l'autre la capacité de tuer. Quelle importance ; leur union symbolisait la force exécutante terroriste.

Notomi se détourna. Cette maîtrise assassine ne le fascinait pas. Sa soif ne s'étanchait qu'à l'écoute des leçons. Apprendre ! Comprendre enfin pourquoi. Pourquoi sa mère s'était effondrée entre ses bras ; pourquoi Mika avait succombé pour sauver Carlos et Luzmila ; pourquoi Méché... La solution devait être quelque part dans la parole de ces hommes qui obéissaient à un chef suprême et offraient leur vie sans ciller. Son univers se bornait au mur d'enceinte de María Parada Bellido. Plus rien ne l'attirait au-dehors. Peut-être sortirait-il un jour pour lui obéir, pour tuer si elle le voulait. Car elle, savait. Cela, il le lisait dans ses yeux chaque fois que sa voix s'élevait devant les camarades subjugués. Les mots tonnaient haut, empreints d'une conviction inébranlable. Notomi buvait, assimilait, se vivifiait.

La réunion se terminait. On montrait le fonctionnement des pistolets et des fusils-mitrailleurs. Cet aspect de la propagande attirait quantité d'adeptes : le pouvoir de tuer, de se venger, de faire justice. Et le devoir absolu de le faire de façon impunie.

Tandis que les habitants du bidonville, obligés d'écouter le parti, se dispersaient mollement, une dizaine d'adolescents, venus d'une faction voisine, entamaient un ballet spectaculaire. Face à face, mimant un combat, poussant les mêmes cris que leurs ancêtres andins partant en guerre contre une ethnie voisine, ils laissaient miroiter le bronze noir de leurs armes volées sur les cadavres des policiers abattus.

Notomi marchait vers son repère : une cabane laissée par une vieille, morte d'une tuberculose ou de quelque chose y ressemblant. Il croisa des gosses se roulant dans la boue séchée, friable et envahissante. Ils jouaient. On peut jouer partout, tant que l'on ignore l'ampleur de sa peine.

« Camarade ! »

Notomi s'arrêta net. Sa voix !

« Veux-tu nous suivre ? Quelques-uns se réunissent pour parler de questions importantes. »

Estela baissa légèrement la voix. « Nous aurons à manger. »

L'appât était inutile, Notomi suivit la silhouette vénérée.

Une seule lampe à pétrole éclairait à peine une case presque à ciel ouvert. Un homme attisait un feu sous une marmite. Après quelques banalités, Estela prit la parole, plus calme. Ceux qui se trouvaient là, tous du comité, n'étaient plus à convaincre... On parla de deux attentats prévus pour le lendemain ; pour ne pas se faire oublier dans un quartier réfractaire de la capitale. Notomi, qui ne la quittait pas du regard, remarqua à peine la présence de José et de Luiza. Les tâches furent réparties et l'on mangea.

« Je vis pour la cause. Je suis prête à mourir pour la révolution », lança Estela avec fougue. Elle se redressa, superbe, son éternel bonnet noir mangeant ses cheveux indisciplinés. La jeune fille n'avait plus ce ton mécanique qu'elle prenait face au public. Elle rayonnait !

Tous quittèrent la pièce. Notomi n'avait pas bougé. Estela le savait et rangeait nonchalamment une pile de livres et de documents. Incapable de s'arracher du sol, il décida de mourir là si rien ne l'invitait à une quelconque initiative.

Quand tout fut en ordre, Estela resta immobile quelques secondes, puis elle avança une caisse qui servait de siège et lui fit face. Contre le mur de torchis une paillasse couverte d'un drap presque propre lui servait de lit.

« Je suis au parti depuis trois ans », commença-t-elle avec autorité. Le feu faiblissait. Notomi, d'une main discrète, jeta un tas de brindilles. La flamme crépita, ses ombres dansaient des murs au plafond avec un air de fête.

« Pourquoi ? » murmura-t-il avec une tendresse calculée.

Surprise, Estela gonfla la poitrine pour entamer son explication mais la bouche demeura entrouverte et son souffle s'enfuit sans porter le moindre son.

« Moi c'est pour Méché, résuma Notomi, et pour le Pachacuti.

— Le Pachacuti ! Raconte-le-moi, rétorqua Estela comme l'aurait fait une jeune fille de son âge.

— Un soir dans la sierra, Mika, El Alemán, nous l'a expliqué à Orianiki et à moi. »

Elle s'avança jusqu'à le frôler. Notomi sentit son corps se liquéfier mais serrant les poings il commença, concentré sur le souvenir de Mika.

« Dans la cordillère, les Quechuas se répètent la légende de génération en génération. Le monde indien tourne sur un grand cercle. Au contraire de celui des Viracocha [1] qui est figé sur une ligne droite pour essayer de fuir leurs responsabilités. Incari va renaître au sein des montagnes. Le corps et la tête bientôt vont se réunir. Alors l'Espagnol reprendra la mer pour disparaître et l'Inca renaîtra. Depuis sa mort, Atahualpa, fils du soleil, a confié sa tête impériale aux entrailles de la terre pour qu'elle lui reforme un corps

1. Hommes blancs.

vivant. Dès que la Pachamama aura accompli sa mission, le Pachacuti aura lieu : le jour deviendra nuit, les hommes seront des rocs et de ces pierres naîtront de nouveaux hommes. Une terrible révolution inversera toute chose. Le haut tombera, le bas s'élèvera vers les cieux. Le dieu Inti engendrera un nouveau soleil qui ravagera le mal et les mauvais êtres qui ne partagent pas avec ceux qui n'ont rien. Enfin les bons régneront sur le monde. »

Le silence suivit le récit. Notomi, pris dans ses pensées, voyait la sierra, les soirées au bord du lac, toutes pleines du chant des grenouilles.

Estela connaissait parfaitement la prédiction. Ce passage d'une vie à une autre restait au fond du cœur des serranos leur seul espoir de libération. Espoir que les senderos ne manquaient jamais de prendre comme référence, s'attachant à faire penser aux paysans andins que la promesse de l'Inca les rendait tous frères de sang face à l'usurpateur européen et aux traîtres à sa solde. Au Pérou, un million d'Indiens ne parlant pas l'espagnol survivaient en marge absolue d'une société ignorant presque leur existence.

Estela entendait la légende du Pachacuti pour la seconde fois.

« C'est mon père qui me l'avait racontée, dit-elle en fixant le feu assagi. Il y a bien longtemps. »

Elle sentit un goût de sang dans sa gorge et un malaise la submergea. Pâle, elle était sur le point de perdre connaissance. Il la saisit par la taille et la força à gagner le lit, la portant presque contre lui. Des doigts cherchèrent sa main pour la serrer.

Ils demeurèrent longtemps sans faire un geste à la lueur irréelle d'une poignée de braises assoupies sous les cendres.

« Nous venons de la région de Puno, José et moi, dit-elle doucement. J'étais une fillette quand mon père s'est présenté, avec d'autres représentants de communautés indiennes, chez le propriétaire des terres où nous vivions. C'était il y a dix ans. Le gérant du domaine, un fonctionnaire de l'État, les a écoutés patiemment expliquer notre misère. Comment, tous, nous mourions de faim sur cette terre inexploitée pourtant riche et fertile, depuis toujours en friche. Il nous fallait un lopin de ce terrain auquel personne ne portait le moindre intérêt. Mais le fonctionnaire a dit ne rien pouvoir envisager. Tout appartenait à l'État ou à des propriétaires et aucun d'eux n'avait à s'occuper de prêter de la terre. C'était régi par la loi, même si cette immensité restait vierge et inutile et si nous étions affamés. Pendant trois ans mon père a persévéré ; implorant de quoi survivre pour ma mère, mes frères et moi. Un jour le gérant excédé les a renvoyés avec violence, lui et les autres paysans.

« "Jamais vous n'obtiendrez un seul mètre carré. Ni vous, ni les autres. Jamais ! Parce que vous n'êtes que des chiens, des *Indios* alcooliques et fainéants."

« Alors mon père à bout de ressources s'est joint à ses compagnons pour tenter un ultime combat et ils ont organisé "la marche du sacrifice". Notre bétail famélique a pénétré dans les champs convoités depuis trois années. Face à ce "crime" le gérant donna libre cours à son mépris. Les ouvriers agricoles des propriétés environnantes, à peine moins misérables que nous, avaient été armés de couteaux et de gourdins. Nos bêtes ont été capturées et, une à une, ils leur ont tranché la langue pour avoir osé toucher à la friche. Puis les "milices du châtiment" ont attrapé tous les paysans qui sont tombés l'un après l'autre, les membres brisés par les gourdins. Mon père, les os pulvérisés, est mort de faiblesse et de honte.

« José, qui n'avait que douze ans, avait perdu un œil en protégeant ma mère. Moi, je n'oublierai jamais. José a poursuivi la lutte pour que notre famille ne s'éteigne pas, épuisée par les privations. Manquant de tout ce dont un être humain a besoin pour rester digne. Il s'est éreinté pour extraire à un arpent de cailloux de quoi survivre mais nos jeunes frères ont succombé. Quand le parti est passé vers notre maison, José avait seize ans ; son corps était tellement usé qu'on lui en donnait vingt de plus. Alors, je lui ai dit de poser son outil de bois poli par la rocaille et par la peine. Nous les avons suivis. Depuis nous avançons. Je tue l'usurpateur. J'obéis à la loi qui m'apporte l'espoir du changement et de la victoire. »

Par l'ouverture, au coin de la toiture en tôle, une étoile souriait dans la nuit. Notomi se pencha sur Estela, la main pointée vers le ciel.

« Regarde. Elles savent tant de secrets. Parfois ce sont elles qu'il faut écouter. »

Estela ne sut jamais pourquoi elle se sentit si différente. Il y avait un poids moins lourd sur ses épaules comme si le garçon avait accepté une part de son fardeau.

Elle tendit les bras dans le noir, enlaçant le buste de Notomi. Il avait l'air d'un homme au chevet d'une enfant perdue dans sa solitude. Le décor bascula. Le bidonville disparut et l'enseignement du parti s'effaça de leur esprit. Il n'y eut plus que l'urgence de s'aimer. Les corps s'enlacèrent, étonnés d'autant de douceurs à partager, incertains de la réalité.

Estela s'allongea. Notomi s'enroula autour d'elle, liane amoureuse de l'arbre. Il pensa au fleuve et aux cascades. Elle était aussi belle et plus tendre encore. Sa peau sentait le feu de bûche, ses cheveux, l'odeur du vent le soir et sa bouche… Il ne sut pas, affolé par tant de sensations incontrôlables. Leurs jambes se nouèrent, leurs mains voyagaient en modelant les formes offertes.

Elle soupira avec un plaisir mêlé de soulagement.

« Je n'abandonnerai jamais. »

Il ne comprit pas vraiment mais sa raison l'avait déserté et seules sa peau et la sienne se parlaient maintenant.

53

Le plafond servait de résidence à nombre d'araignées ; tout recoin dans le pueblo accueillait quelque occupant. Rats, cafards, scorpions, cochons et poulets : les hommes s'en arrangeaient au mieux. Notomi, les yeux ouverts, guettait les rayons de lune qui jouaient dans les trous de la toiture. La nuit coulait sur le matin, belle. Oh, belle ! Sur le grabat, Estela dormait près de lui. Le monde se tenait là, entre ces murs de torchis. Elle, abandonnée à une paix trop longtemps refusée. Lui, ne se souvenant plus très bien qui il était. Rien d'autre. La fraîcheur de l'aube glissa sous les tôles pour frôler les cheveux et sécher la peau. L'air réveilla le parfum de leurs corps, douceur d'enfant et d'amour mêlée. Estela respira le vent comme un nouveau-né s'empare de la vie à son premier jour. Le souffle gonflait la gorge nue, si tendre, si ronde. Elle sourit dans son sommeil.

L'étoile se mourait au ciel. Notomi chercha à rassembler les morceaux de son être éparpillés au fil de ce bonheur : il se sentait plaine et montagne, nuage et rivière, tempête et embellie. Intact, mais foudroyé.

Ses doigts cherchèrent une boucle déroulée autour des épaules charmantes. Le soyeux de la chevelure fit gronder son cœur d'une ivresse tendre et il crut se fondre à l'Infini.

Un bras tiède l'éveilla de sa semi-conscience, un buste

ferme et un ventre suivirent la main qui s'accrochait à son cou. Pour la troisième fois cette nuit, il pensa qu'il allait mourir.

Sur le chemin de ronde, les silhouettes des gardes se découpaient. María Parada Bellido veillait sur ses masures. De temps en temps un soupir échappait à un taudis ; les pauvres faisaient l'amour, seule richesse qu'aucune dictature ne pourrait jamais leur ravir. Une ombre coupable se dissimulait le long d'une palissade, rejoignant furtivement son domicile.

Estela remit blue-jeans et tee-shirt. Notomi sommeillait, blotti dans son bonheur.

« Lève-toi. »

La voix se voulait ferme, mais des frissons la parcouraient encore ; à genoux sur le bord de la couche, elle l'éveilla avec douceur.

« Aujourd'hui la révolution a besoin de toi. »

Notomi fut prêt en quelques minutes. Sa hâte enfantine enchanta la jeune fille et pour la première fois il l'entendit rire, si merveilleuse et rayonnante. Comment pouvait-elle se faire aussi dure au grand jour ? Estela lut tout cela dans les yeux amoureux et, pour sceller un pacte immédiat, elle annonça :

« Nous n'avons rien. Seule la révolution du prolétariat nous permettra de vivre. »

Elle mit une telle chaleur dans le dernier mot que Notomi la prit brusquement dans ses bras.

« Nous vivrons, Estela. Je te le jure. »

Le soleil éveillait aussi Miraflores. Orianiki reposait entre des draps blancs. Sous la fenêtre de sa chambre, les oiseaux préparaient leur grand concert d'été austral. Bientôt Inti étendrait ses bras chauds sur toute la côte et le Pacifique offrirait au ciel de belles couleurs océanes. Le lit cajolait au creux d'un oreiller brodé la frimousse ronde et sage de l'enfant. Jouets, vêtements et livres en pagaille encombraient la commode et les étagères. Une odeur de lavande flottait entre les rideaux et le couvre-lit. Soudain, un rêve agité s'inscrivit sur son front hâlé et les menottes écrasèrent les dentelles du drap. Au bord de l'éveil, retenue dans l'abîme d'un cauchemar elle se redressa en sanglotant et retomba sur le traversin.

« Noto... »

Cora avait entendu.

« Ma petite fille », murmura-t-elle en se précipitant hors de sa chambre.

Cora s'assit auprès de ce minuscule oiseau de six ans, tache de miel sombre au milieu des draps blancs.

« Il viendra aujourd'hui ?

— Peut-être pas encore. Mais il viendra, tu le sais. »

Alors, l'une éperdue d'amour, l'autre de tendre reconnaissance, elles s'embrassèrent étroitement comme chaque matin.

Une bombe avait détruit aux aurores la façade d'une banque de San Isidro. Le parti voulait faire entendre sa voix et marquer cette journée.

Le gouvernement poursuivait sa politique d'austérité et le *nuevo sol* faisait son entrée sur le marché : ce matin, un sol valait un million des *inties* [1] d'hier. Depuis son élection, Alberto Fujimori avait décrété l'état d'urgence dans la moitié du pays et imposait une rigide politique anti-inflationniste. Ses méthodes draconiennes plongeaient le Pérou dans une sombre misère.

1. Monnaie péruvienne.

Notomi n'avait aucune notion des subtilités économiques : il obéissait aux ordres. Ses nuits blindaient ses jours d'une soumission totale. Si elle lui demandait de tuer, il tuerait. Ses vêtements perdaient de leur fraîcheur ; cependant, lavés, ils lui permettaient encore de ne pas passer pour un mendiant.

« Tu connais le centre ? avait demandé Estela. Tu passes la San Martín. Attention à la rue de la Unión. Pour ce matin, prends la parallèle, Augusto Wiese, jusqu'à la cathédrale. Après tu sais. »

Notomi emprunta l'itinéraire conseillé sans traîner, un peu vite peut-être. Le parvis de la cathédrale était désert, comme la place d'armes. Seuls les soldats s'impatientaient devant le palais du gouvernement. Au fond d'une poche Notomi tâta la préparation puis il vérifia la présence de sa fronde sous son blouson. La boulette de dynamite devait frapper sur le premier balcon.

Il avança encore. Pour l'adolescent, cette action était un défi, une preuve de son allégeance au parti.

Personne ne choisit en général de traverser cette place trop bien gardée, où l'on se sent immédiatement coupable du pire. Le cri éraillé d'un pigeon fit sursauter l'Ashaninka. Il se sentit sacrifié mais aucune rancœur ne vint le perturber. Estela en avait décidé ainsi, elle ne pouvait commettre d'erreur.

À soixante mètres des soldats, il arma sa fronde. La bombe siffla comme un oiseau et s'arrêta en pleine façade. Une rafale retentit, couverte par la détonation.

Devant le palais, les gardes se vautraient sous les gravats et les bris de verre, indemnes. Une partie du balcon était descendue entraînant la moitié de la double fenêtre d'un salon d'apparat.

Une vendeuse de cigarettes suivit des yeux Notomi qui

courait. À contresens, des dizaines de policiers déferlaient vers le lieu de l'attentat. La vieille marchande n'aurait eu qu'un geste à faire pour condamner le fuyard qui signait son crime de sa course imprudente. Mais le pauvre partage toujours avec plus pauvre que lui. Il cultive le coude à coude comme certains les bonnes manières. Ceux qui ont faim sont frères de guerre et la vieille ne bougea pas.

Combien en avait-il tué ? Étaient-ils seulement coupables ? Estela le lui avait expliqué : ils étaient tous contre le peuple. Pourtant il était difficile de ne pas connaître l'identité de son adversaire et plus encore de ne pouvoir vérifier ses mauvaises intentions. Machinalement Notomi traversa la San Martín en cherchant un regard amical. Mais personne ne le reconnut. Des centaines de figures étrangères passaient sans lui sourire. Ni ami ni ennemi. Il aurait aimé rencontrer Paulo. Un dégoût violent l'éloigna à toute allure de la place. Une forte envie de vomir le fit s'appuyer au coin d'un immeuble. La tête lui pesait. Il fallait rentrer. Estela serait fière de lui, la nuit viendrait et cette fois peut-être que le soleil, oubliant son serment de réapparaître avec l'aube, lui offrirait de dormir à jamais. Avec elle.

54

Comme un ultimatum, le premier coup de tonnerre força Notomi à prendre sa décision, l'attirant au-dehors. Dans la ruelle des gamins attendaient la pluie, sautillant nus sous la menace.

Ce 24 décembre avait été magnifique. Depuis trois semaines l'été desséchait jusqu'au cœur des pierres du bidonville. Le ciel d'un bleu sévère torturait la Costa et les miséreux, ingrats, maugréaient contre la canicule, oublieux des terribles mois d'hiver.

Noël ne signifiait rien à María Parada Bellido. On évitait même d'en parler pour ne pas éveiller de regrets. Noël ! Notomi s'en souciait encore moins. La naissance du dieu des Blancs ; que lui importait ! Pourtant, un air de fête naviguait entre les baraques. La population, portait en elle la date anniversaire bien que le parti eût rompu avec l'Église.

Notomi ignora si cette fébrilité souterraine était à l'origine de sa décision mais à mesure que le soleil forçait le ciel, l'idée l'avait pourchassé.

Il franchit l'enceinte calme et déterminé, comme à son habitude, saluant machinalement les gardiens. Plus besoin de laissez-passer. Lui et sa fronde faisaient la fierté du pueblo. Il accomplissait parfaitement sa tâche, marquant régulièrement son dévouement. Estela le réservait à des missions spéciales, peu sanguinaires.

José venait de demander au commandement l'autorisation d'épouser Luiza, mais la réponse tardait : révolution oblige. Tous les sujets ne pouvaient être traités de front. Notomi songeait à faire la même demande. Dans la Selva, il aurait eu l'âge de prendre femme. Estela ignorait ce souhait car une appréhension modelait encore un silence prudent chez l'Ashaninka. Elle, ne s'étonnait pas de sa propre conduite. Elle l'aimait, comme une femme aime un homme, osant s'avouer qu'à chaque moment elle se sentait heureuse avec lui, tout en continuant à accomplir sa tâche avec une application exemplaire et sans aucune culpabilité. La vie se déroulait comme si un dédoublement s'opérait entre la nuit et le jour. Le soleil s'appelait révolution, vengeance et justice ; seuls ses yeux, de plus en plus clairs, trahissaient un bonheur secret. Les étoiles sentaient l'haleine de son amant, diffusaient la chaleur de son torse de plus en plus solide. Notomi avait la taille de la jeune fille et une force grandissante qui façonnait l'homme. Estela ne ressentait aucune honte. Rien ne s'opposait à son efficacité, au contraire. Elle se battait pour lui. Dans ces moments-là un frémissement, une vibration jusque-là inconnue la parcourait. Elle ne songeait même pas que trois mois auparavant elle aurait sans doute condamné à mort des amants illicites. L'amour régnait désormais sur sa nature combative. L'embrasement de ses sens complétait son être. La première nuit elle aurait dû le tuer mais elle l'avait béni et Notomi lui était devenu plus indispensable que l'enseignement *del Présidente*.

Pantalon et polo jaune soigneusement repassés au fer à braises, Notomi partit pour Lima. La chaleur étouffante de la fin d'après-midi ralentissait la circulation sur la nationale. À l'est, sur la sierra, le déluge commençait. La pièce se rejouait de façon identique. Soleil aveuglant qui pique comme des essaims de mouches et fait fondre le cerveau puis grondements, pénombre donnant un peu de fraîcheur et l'apothéose : lances dardées d'un ciel possédé ; crécelles glacées de milliers de gouttes. Le rideau tombait ensuite sur le calme revenu avec, en sourdine, le chant d'un oiseau encore épargné par la famine. Notomi devait éviter l'avalanche du troisième acte : les policiers de Miraflores accueilleraient mal un individu détrempé et crotté.

Un *collectivos*, minibus déglingué embarquant dans sa carcasse rouillée le plus grand nombre possible de passagers, ralentit.

« *¡ Espera, espera*[1] *!* On va s'arrêter ici », vociféra une grosse Quechua à l'adresse du chauffeur. Deux femmes à l'aspect identique descendirent : nattes coupées, cheveux au carré sans chapeau, vêtements occidentaux démodés et visages hautains.

Les commerçantes débarquèrent des ballots et des cartons. Leurs trésors de guerre. Ustensiles et produits alimentaires dont elles cacheraient la moitié afin d'en tripler les prix à la prochaine inflation. Les *no hay* qui pleurnichent en vous affirmant qu'elles n'ont plus de sucre ou de savon. Que c'est un malheur pour tout le monde, une boutique à moitié vide. Du marché noir ? Non. De l'élitisme... Estela l'avait parfaitement expliqué à une réunion. Des affameurs du peuple pour lesquels l'Indien peut crever. Les deux gouttes de sang blanc battant dans leur cœur de tenancière de bazar y font régner la haine de l'Indio, des cholos et des affamés.

« Non, mon pauvre monsieur, il n'y a plus de pain, il n'y a plus de farine. *No hay, señor, no hay, no hay.* » Il n'y a surtout rien pour toi maudit chien même si tu as la poignée de monnaie nécessaire à tes indispensables achats.

Impassible, Notomi les regardait avec mépris. Dans la grande forêt, une mangue serait partagée entre six personnes,

1. Attends !

un poisson fournirait une soupe à toute la communauté s'il le fallait. Au cœur de la Selva, l'Homme, l'Ashaninka, n'a pas perdu l'amour et la fraternité.

Le véhicule accéléra. Notomi sauta sur le marchepied, s'engouffrant par l'accès sans portière. Le gosse chargé de faire payer les billets le dévisagea une seconde et reconnut un frère de misère malgré l'habit propre ; il lui indiqua du menton une place où se faire oublier, au fond de la camionnette. Les premières gouttes tapotaient la carrosserie. Sur le pare-brise un seul balai d'essuie-glace effectuait un lent va-et-vient monotone. Le tonnerre ponctua les premiers feux rouges. Le bus coupa au plus court, projetant des gerbes d'une eau marron. Un vieillard multipliait les signes de croix expliquant à sa voisine attentive : « Mon épouse est morte comme ça. L'éclair est tombé sur la voiture. »

L'effroi fut général et l'on commenta en se signant à tour de bras. Le chauffeur conduisait la tête penchée par-dessus son volant, lançant à tous moments un coup d'œil par la portière sans fenêtre. Sa gymnastique n'améliorait en rien la visibilité mais il fonçait sans tempérer l'allure : il ne fallait pas laisser se noyer le moteur qui hoquetait par intermittence. Arrivé au *terminal*, le bus crachota et se tut. On attendait, sans un mot, la fin de la démence céleste en garant ses jambes des éclaboussures qui rebondissaient par la portière béante, les vitres mal jointes et les trous divers de la carrosserie.

« *¡ Ya, vamos !* » râla soudain le chauffeur, fatigué de sa cargaison.

Notomi sauta par-dessus la mare qui baignait la margelle du trottoir et s'éloigna à pas rapides. Il était loin de Miraflores mais quelque chose lui souffla que Cora devait encore courir les boutiques regorgeant de nourritures ou d'objets réservés aux riches qu'Orianiki devait bien connaître maintenant !

Les masses sombres fuyaient vers la mer et s'étiraient en lambeaux de deuil, survolant le Pacifique. Noël en plein été ! Notomi marchait vite, tout entier à son émotion. Le premier barrage approchait. Soudain une vitrine décorée pour la fête lui renvoya son image. Il n'allait pas passer ! La chicane était là, à vingt mètres.

Le garde civil n'en finissait pas de maugréer contre la pluie.

« Sale temps ! » lui jeta Notomi en se glissant entre les barrières. L'autre ignora la remarque, las de perdre sa vie à surveiller un quartier où il ne vivrait jamais.

Des boules de couleur décoraient un sapin en pot, dépaysé de se trouver au douzième degré de latitude Sud, là où Pizarro avait implanté Lima au début du XVIe siècle. Orianiki n'en voulait pas au funeste conquistador ! Des lumières multicolores clignotaient avec allégresse sur les branches du conifère et Cora alluma les bougies. L'arbre dépassait Orianiki juste assez pour qu'elle le vît immense et majestueux. À son pied des paquets magnifiques attendaient le moment opportun. Sur une nappe immaculée la domestique avait dressé six couverts. Orianiki attendait tout à son aise, habillée et coiffée. Le carillon l'appela enfin.

« Diego ! » Elle s'élança avec enthousiasme.

Madame de Floria, Isabel et son fils, des cadeaux débordant des bras, s'avancèrent vers le salon, Mark Calder à leur suite.

Au dîner, rien n'avait été oublié pour respecter la tradition des réveillons. Puis les enfants déballèrent des paquets tout ce dont ils avaient pu rêver. On s'extasia en riant sur les présents du Père Noël et les adultes reprirent leurs conversations. Isabel annonça à Cora ses prochaines fiançailles avec Mark.

Orianiki saisit la main de Diego et l'emmena vers sa chambre.

« Crois-tu que la nuit de Noël tout ce que l'on veut doit arriver ?

— Bien sûr. Tu dois juste y penser très fort.

— Alors aide-moi. J'ai pensé tellement fort déjà et il n'est pas venu.

— Qui ça ? »

Un caillou tinta sur la vitre.

« Quelqu'un que j'aime tant que ce soir je vais mourir s'il ne vient pas.

— Qui ça ? répéta Diego plutôt triste de constater qu'Orianiki en aimait un autre que lui.

— Noto. »

Le gamin baissa le nez sur sa chemise barbouillée de chocolat.

« Je croyais que tu te marierais avec moi quand on sera grand. »

Orianiki éclata de rire.

« C'est d'accord. Mais alors pense très fort avec moi pour que mon frère... »

Cette fois le choc contre la fenêtre l'arrêta dans sa phrase.

« Noto ! » Elle fut tellement émue qu'elle manqua d'éclater en sanglots.

« Où est-il ? » Diego avait grimpé derrière elle sur le rebord de la fenêtre ouverte avec précipitation.

« Ne fais pas de bruit », souffla Orianiki, redevenue en un instant une sauvageonne. Elle enjamba le chambranle et sauta dans le parc, une paire de bras la reçut à la volée. Diego ne comprenait rien. Il entendait rire et pleurer, devinait deux formes s'embrassant à l'abri de la lumière.

« C'est Diego », lança Orianiki dans le noir puis elle l'oublia de nouveau.

« Noto est passé par le mur du parc », informa cette fois la fillette excitée à celui qui guettait dans la chambre.

« Diego. Ori. Que faites-vous ? »

Le garçon bondit, poussa les battants ouverts et se précipita dans le couloir.

« Nous jouons, maman. »

Isabel s'aperçut que son fils souriait gauchement. Mais depuis le début de la soirée, elle sentait monter en elle d'autres préoccupations. Une cure de désintoxication était prévue pour janvier. Calder avait obtenu beaucoup ; d'abord sans s'investir puis piégé par cet amour difficile tournant à la passion. Il la sauverait ! Cependant, pour l'heure l'attente devenait intenable.

« Isabel ?

— J'arrive, Mark. Les enfants vont être fatigués, il faut rentrer. Arrête avec cette mèche de cheveux ou je te la colle sur le front ! »

Il l'embrassa. Diego poussa le soupir le plus profond de ses sept années de carrière sur cette terre. Tandis que sa mère prenait le bras de son fiancé pour retourner au salon, il rejoignit la fenêtre.

« Ori ! Orianiki ? » murmura-t-il au-dehors.

Un cri de joie lui répondit sous les arbres, à peu de distance.

« Viens vite. Noto raconte une histoire ! »

Alors Diego bravant la peur d'être puni se jeta sur la pelouse. Imprudent, il n'évita pas le rayon de lumière en dépassant la terrasse. Cora retint une exclamation. Personne d'autre n'avait vu.

« Nous allons rentrer », annonça madame de Floria.

On se remercia mutuellement puis Isabel fit un pas vers la chambre où jouaient les enfants.

« Laissez. C'est Noël ! Je les coucherai un peu plus tard. Ils ont dormi tant de fois tous les deux. »

L'habitude était presque hebdomadaire.

Cora ouvrit lentement la baie. La fraîcheur du parc envahit le salon. Elle avait pris soin de baisser les lampes. Tout était serein. À voix basse mais sans faire de mystère, la vieille dame appela dans la nuit.

« Diego. Ori. » Elle attendit.

« Ori… Venez. Notomi ? Venez partager avec moi vos secrets. »

Trois elfes traversèrent l'allée, puis Orianiki se précipita vers Cora. « Il est venu ! »

55

Depuis un an, María Elena Moyano était menacée de mort par les sendéristes.

Dans *El Diario*, le journal officieux des subversifs on accusait ouvertement cette femme, maintenant adjointe au maire du bidonville autogéré de Villa-El-Salvador. Elle dérangeait, de plus en plus.

« L'émancipation des femmes se fait par les armes. » Elle refusait le slogan sendériste et luttait à coups de solidarité et de soutien alimentaire. Face au chantage, elle s'exhibait, symbole de la non-violence, organisant de constantes manifestations contre la faim et la terreur. Ses défis, ses protestations ou ses appels à l'entraide mettaient en fureur les *senderos*. Les marches pour la paix, la création de milices d'autodéfense entraînaient le massacre incessant des responsables des organisations populaires.

María Elena Moyano avait réuni, ce 15 février 1992, son comité de la Fédération des femmes de Lima.

Quelques jours auparavant, une journée de grève armée décrétée par le Sentier avait fait sept morts et une vingtaine de blessés dans les rues de la capitale.

Les senderos tentaient de soumettre la ville affaiblie. Il fallait trouver comment faire front contre cette barbarie et cela sans armes, sans moyens, avec juste une main tendue vers les pauvres et un courage charismatique.

Estela avait disparu dans la nuit. Notomi ne posait jamais de questions. Il nourrissait son cœur de la détresse qui l'entourait : des ventres gonflés des enfants, des vieux se mourant sans soin, les nouveau-nés qu'une paillasse malodorante accueillait à leur premier jour. Où donc étaient les dieux ? Le sien et ceux des autres. Quel créateur pouvait supporter une telle déchéance pour ses enfants ? Rien ne lui semblait plus avoir de raison d'être. Pourtant, quand sa fronde tournoyait dans l'air vicié des rues, il visait en chasseur. Et qu'importait la mort ! Elle l'alimentait mieux encore qu'une chair animale car, après chaque mission, il puisait un élixir d'éternité aux sources lumineuses des yeux d'Estela.

Il ne connaissait pas ses victimes. Et ils étaient si nombreux à être encore vivants que le trou dans la foule se refermait aussitôt, engloutissant jusqu'à leurs souvenirs. Quelle folie ! Tout ce monde surnageant avec peine dans cette marée de malheur. Quel dommage de ne pas pouvoir leur dire comment son peuple à lui avait survécu pendant des millénaires, sans terreur et sans haine.

Plus les jours passaient et plus il lui semblait que la révolution, fille du malheur et de la colère, ne pouvait que se nourrir d'horreurs pour grandir. C'était là sa seule pitance. Elle s'abreuvait de sang.

Notomi se sentait si las ; son envie de vivre n'était liée qu'aux attentions d'une jeune fille fanatique. Orianiki, entrevue à Noël, n'avait plus besoin de lui.

L'action du jour avait été répétée. Un M.19 alourdissait l'épaule d'une sendériste, deux autres serraient nerveusement leurs doigts sur des mitraillettes légères.

Notomi avait pris place au côté du chauffeur. « Au cas où l'on ne pourrait pas approcher. Il leur lancera un petit cadeau d'adieu », avait précisé Estela. Le véhicule s'engagea sur la nationale, entrant dans Lima à la nuit tombée. Les lumières de la ville clignotaient comme des phares, guidant les exilés vers un espoir de pacotille.

La rafale blessa gravement huit personnes. María Elena Moyano, touchée en pleine poitrine, se redressa légèrement. Son fils, effondré non loin d'elle, était maculé de sang. L'une des femmes du commando sendériste la saisit par les cheveux et l'acheva d'une balle dans la tempe.

La leçon n'était pas suffisante. Le cadavre de la señora Moyano fut dynamité. Il ne resta d'elle qu'une charpie sanglante.

Notomi eut juste quelques secondes pour reconnaître la femme exécutée : c'était celle du verre de lait.

Le camion bringuebalait sur la chaussée défoncée. Notomi restait pétrifié d'horreur. Pour la première fois, il avait participé à une exécution : le cadavre volant en éclats, les hurlements de terreur, son impuissance à arrêter les tortionnaires ! Estela !

« Vous êtes des monstres ! » Il avait mordu ses mots, la mâchoire crispée.

Estela leva la tête et ses yeux cherchèrent les siens. Lui aussi se redressa et planta son regard dans celui de sa compagne.

« Des monstres ! hurla-t-il, se libérant de toute son incompréhension.

— Comment oses-tu ? » répliqua-t-elle paniquée, consciente qu'une telle trahison devant les autres femmes le condamnait aussitôt.

« Tais-toi, c'est un ordre !

— Tu n'as rien d'une femme. Regarde-toi ! »

La veste kaki de la sendériste était éclaboussée par la

mort ; les cheveux échappés de son bonnet collés par paquets déjà raidis de sang.

« Je te tue ! Encore un mot et je te tue ! »

Une autre femme avait réagi cette fois et son couteau touchait déjà la gorge de l'Ashaninka tandis qu'une troisième braquait un revolver sur lui.

« Ne le touchez pas. » Estela avait crié en s'interposant mais un cahot les bouscula et la jeune fille retomba sur l'arme pointée vers Notomi. Le coup de feu partit, étouffé par le torse d'Estela. Un instant ce fut la confusion. On était toujours en ville et il fallait sortir sans encombre de cette avenue grouillante de policiers. Dans la semi-pénombre, Estela releva son visage vers son amant. Ses lèvres balbutièrent quelques mots. Alors Notomi s'agenouilla et prit sa tête entre ses mains.

« *Te amo* », murmura-t-elle lentement, ses yeux noirs striés d'or illuminés d'amour, sans retenue elle le supplia de deux derniers mots :

« Sauve-toi. »

Il n'avait pas le choix. Son instinct prit le relais. Le camion filait entre les voitures.

« Elle est évanouie », annonça une sendériste. Notomi sentit aussitôt une main s'abattre sur son épaule.

Il sauta, roulant contre la bâche qui masquait les passagers, s'écrasa sur le bitume et entraîné par son élan, atterrit dans le caniveau. Le camion n'avait pas ralenti. Pointant son arme sur le traître, l'une des terroristes le visa.

« Tu l'as eu ce chien !

— Je crois. »

« Mais il va mourir !

— Et alors ? Si tu l'aides aujourd'hui, demain il va voler ton pain. Laisse-le crever. »

Les deux hommes s'éloignèrent, non sans avoir délesté le

blessé du sarrato qu'il avait encore en bandoulière et de ses chaussures de cuir.

Alors que la nuit frissonnait à l'horizon, Notomi restait évanoui dans le fossé, tel un chien terrassé par un pare-chocs meurtrier. Son arcade sourcilière avait cessé de pisser le sang. Jamais il n'avait entendu si clairement fredonner sa compagne la mort. Sans reprendre conscience il colla son corps meurtri plus intimement contre le talus. Même ici, sur ce territoire occupé par les extravagances humaines, la terre diffusait sa force salvatrice. Le ventre plaqué au sol, Notomi respirait à peine, distillant avec un soin instinctif le peu de vie qui lui restait pour ne pas succomber à l'appel doucereux qui l'invitait à abréger la lutte.

56

La voiture militaire se rangea sur le côté. La colonne la dépassa lentement. Pablo de la Rioja descendit, faisant signe au chauffeur de couper le moteur. Calder était prêt. Il referma la portière et demeura un moment sur le talus, face au capitaine de la marine.

« *¡ Gracías, amigo !* »

Pablo sourit avec tristesse.

« J'ignore si mon initiative plaira à la majorité.

— Rien ne sera publié pour le moment. Il s'agissait d'avoir des documents authentiques, tu le sais. »

Le capitaine toucha son bras droit machinalement. Cette dernière incursion dans la sierra avait été meurtrière pour les deux camps.

« Ta blessure, ça va ? demanda Calder avec un sincère intérêt.

— C'est fini. »

Tous les camions étaient passés. Pablo de la Rioja jeta un coup d'œil à son chauffeur.

« Parfois je me demande qui est avec qui.

— Tu verras, tout cela va finir. Le Pérou redressera la tête. Merci de m'avoir permis de t'accompagner. »

Ils se saluèrent chaleureusement à la façon sud-américaine, buste contre buste en une accolade virile.

« Tiens, un taxi ! »

Calder leva la main, mais la Volkswagen passa sans ralentir. La Rioja le remarqua.

« Ce crétin a eu peur de mon uniforme.

— Tu devrais le faire fusiller ! »

Les deux hommes s'esclaffèrent avec une amicale complicité. Une minute encore ils prolongèrent leurs adieux.

Une fois la voiture militaire disparue, le premier taxi freina à la demande de l'Américain.

« Callao, *por favor.* »

Depuis l'entrée d'Isabel en clinique, Calder habitait l'un des quartiers les plus difficiles des alentours de Lima. Callao, port de la capitale, ville animée sans répit par toutes les délinquances. Inlassablement, il forçait les rencontres et multipliait les expériences. Et malgré son séjour prolongé au Pérou, il incarnait toujours la victime potentielle. Son teint pâlichon, son espagnol approximatif et son inséparable appareil photographique le mettaient, dès qu'il était seul, au départ de toutes les courses aux « emmerdements », aux termes desquelles il arrivait en général bien placé. À faire son nid au cœur même de la cour des miracles, il ne doutait pas d'apprendre davantage sur le pays.

La nouvelle de l'exécution de María Elena Moyano avait fait grand bruit à Lima et des articles parurent dans la presse étrangère. Enfin, la situation péruvienne alertait. L'affaire Moyano datait de huit jours déjà. Depuis, le calme n'était pas revenu. À Callao on ne craignait pas les sendéristes. Ceux-là n'avaient pas réussi à infiltrer les syndicats de dockers, depuis longtemps organisés, prêts à résister, et à ne pas s'en laisser compter. Pourtant, plus que dans les bidonvilles la peur habitait la rue, arrachant un couteau à sa gaine pour n'importe quelle raison. À toute heure une lame s'élançait en un vol ajusté pour se planter dans un ventre ou un dos.

À Callao, pas de lutte pour le peuple, pas de justice mais le règne du chacun pour soi. L'argent sale engrossait la prostitution, dominait le trafic d'armes, changeait le cours du dollar et approvisionnait le marché local de la drogue.

Le taxi ralentit, cherchant son chemin.

« À gauche, chef ! » lança Calder excédé. Par deux fois le chauffeur avait manqué la rue.

« El Residencial la Morena. À gauche tout de suite. Tu vas finir par nous faire remarquer à tourner de la sorte. »

Calder achevait à peine sa phrase que deux gardes s'énervaient déjà à l'angle d'un bâtiment.

« Tu l'as cherché, crétin, maugréa-t-il hors de lui. Sales gueules », ne put-il s'empêcher d'ajouter.

La Volkswagen se gara avec précaution à leur hauteur. Calder, contrôlant mal sa colère, surgit du taxi avec son matériel, un billet au bout des doigts pour payer la course.

« *¡ Pasaporte !* »

C'était le comble ! Face à lui les policiers ne s'occupaient aucunement de la voiture.

« Oui. Tout de suite », répondit Calder pour gagner du temps.

Surtout surveiller leurs gestes ! Il était chargé de trop de trésors, de photos irremplaçables, pour songer à discuter.

« Je suis arrivé. Là, Hostal la Morena. » L'Américain désigna l'enseigne sale qui se balançait en face d'une entrée délabrée un peu loin.

« Taisez-vous. »

Les messieurs ignoraient ostensiblement le taxi pourri, sans phare ni essuie-glaces et dont le conducteur ne possédait certainement pas toutes les paperasses de rigueur. Cramponné à son appareil et à ses boîtes d'objectifs, Calder tendit son passeport que d'un mouvement brusque le premier lui arracha de la main. L'Américain vit disparaître avec horreur ce lien avec son pays qui interdisait, en principe, toute sorte de violence gratuite : nationalité nord-américaine = ne pas frapper.

L'homme tapotait du bout de ses phalanges grassouillettes la poche où il avait enfoui le document.

« Mains sur le capot. Jambes écartées. »

D'un mouvement brutal, Calder fut saisi par le col, plaqué contre la voiture tandis que d'un coup de pied latéral sa jambe gauche était balayée sur le côté.

L'autre fouillait l'arrière de la voiture. Mark Calder pensait à toute allure. Parler de Pablo de la Rioja ? Trop compliqué. De son ambassade ? Classique. Il n'avait plus assez d'argent sur lui pour clore cette comédie. Un grognement inhumain résonna dans l'habitacle.

« Cocaïne ! »

L'essentiel de la scène paraissait avoir été parfaitement répété par certains des acteurs. Calder fut manipulé comme un pantin, une grosse main l'arracha du capot, le traîna à l'arrière et, devant ses yeux stupéfaits, le policier ramassa trois sachets translucides contenant une poudre blanche.

« *¡ Traficante !* » lui cracha au visage une bouche ricanante.

Le tableau d'affichage de l'ambassade des États-Unis ! Calder revit aussitôt défiler l'avis lu le mois passé.

Avertissement

Il a été reconnu que certains membres corrompus des forces de police dissimulaient de la drogue dans les affaires personnelles des touristes afin d'obtenir de grosses sommes d'argent en échange de leur silence. Il est conseillé de faire particulièrement attention lors des vérifications d'identité de routine en pleine rue : la drogue peut être glissée dans votre passeport ou dans une poche. Attention également au change et à la monnaie rendue dans un magasin. Beaucoup de personnes sont à la solde des corrompus qui demandent un versement d'au moins cinq cents dollars pour « passer l'éponge ». Dans le cas contraire, l'emprisonnement préventif au Pérou est d'un an, suivi d'un minimum de quinze ans pour détention de cocaïne.

Les prisons péruviennes ! Calder eut un frémissement de dégoût. Le chauffeur s'était curieusement éloigné d'une vingtaine de mètres, comme s'il était sans importance que le théâtre des opérations fût son véhicule. Calder s'offrit l'affront de sourire : l'avertissement oubliait de mentionner les taxis ! La situation était plus claire dans un sens. Il n'avait que vingt dollars sur lui et une poignée de monnaie locale.

« Ton argent, gringo ! »

Le type avait le mérite d'être direct.

« Dollars », rétorqua le prisonnier, perplexe.

Ils n'avaient pas dégainé leurs armes. Inutile d'ameuter le quartier.

« Alors, *maricón*, tu paies ?

— Cinq cents, reprend le second.

— À l'hôtel ! dit Calder écrasé, de nouveau sur la voiture, son matériel bringuebalant autour du cou.

— L'hôtel ! »

La réponse déplut. Le crétin ne pouvait pas payer, alors il leur servirait au moins à faire du zèle. Calder entendit les menottes s'agiter entre les paumes grasses de celui qui devait être le chef. Il fallait hurler, appeler à l'aide. Son ambassade, ou le voleur qui lui avait vidé ses poches ici même il y avait deux semaines, Dieu ou sa mère ! Quinze ans. Non !

« Cours, gringo ! Cours. »

Le policier qui lui maintenait le bras dans le dos venait de s'affaisser mollement. L'autre, embarrassé des menottes, cherchait son arme. Au bout de la rue un adolescent en haillons faisait tournoyer une fronde au-dessus de sa tête.

« Sauve-toi », hurla encore le nouvel intervenant.

Calder enfin s'élança, dépassant le chauffeur de taxi éberlué et disparut en compagnie de son sauveur.

Notomi entraîna l'Américain vers le marché, entre la Buenos Aires et Saenz Pana. La foule était assez dense pour qu'on pût se perdre sans danger au milieu des promeneurs qui traînaient toujours dans cet endroit, seule balade possible dans cette ville peu agréable, implantée au nord de la capitale qu'on rejoint en passant de banlieue en banlieue.

Import, export, magasins, entrepôts, docks et bateaux. Callao n'a jamais eu droit à la belle architecture espagnole de Lima.

Ils déambulèrent parmi les étalages tels un touriste et son guide d'occasion. Pour plus de vraisemblance, Mark Calder acheta l'un de ces lamas miniatures à un dollar et le portant bien en vue ils allèrent jusqu'à la calle Constitución où s'alignent quelques jolies boutiques. Enfin rassuré par le calme apparent, l'Américain s'écroula à la terrasse d'un restaurant. Notomi recula discrètement.

« Viens, assieds-toi. »

L'Ashaninka fit non de la tête, le visage totalement fermé et se détourna.

« Notomi ! »

L'adolescent arrêta son élan.

« Je te dois peut-être quinze ans de ma vie. Assieds-toi. »

57

« Elle ne me quitte jamais. »

Sur la table une photographie montrait quatre frimousses heureuses au coin de la place San Martín. Notomi la regarda à peine.

« Ta sœur va bien. Elle m'a parlé de toi.

— Je sais. »

Calder le fixa plus attentivement. La maigreur du garçon et les ecchymoses qui marbraient encore son visage dispensaient de commentaire. L'indéfinissable éclat de ses yeux surtout forçait au silence.

« Je vous ai vus autour de l'arbre couvert de boules de lumière. » Notomi n'accorda pas plus d'explications.

Les sens à fleur de peau, Mark devinait que l'adolescent avait un jardin secret rempli de douleurs. Le serveur en livrée blanche apporta les plats.

« Mange. »

Notomi, resté immobile durant la conversation, plongea ses doigts dans l'assiette pleine de riz et de poissons brûlants. Ses mâchoires se crispèrent puis, détendant son dos et ses reins, il rectifia la position sur la chaise et reprit le méthodique va-et-vient de l'assiette à sa bouche.

La voracité de son invité stupéfiait Calder qui avalait, lui, avec difficulté, encore choqué par son aventure. Son passeport ! Il était toujours dans la poche de la police. Il devait appeler l'ambassade.

« Qu'est-ce que c'est ? »

Calder désigna une large croûte brunâtre entamant deux bons doigts de chevelure.

« Elle m'a manqué », répondit Notomi sans lever la tête. De minute en minute l'Américain comprenait qu'un foisonnement d'événements malheureux et de souvenirs habitait cet être au regard sauvage, qu'un demi-kilo de nourriture n'avait pas apaisé. Il fallait absolument le retenir. Et puis Diego aimait tellement Orianiki.

« Tu te souviens ? » Il avait sorti un couteau de sa poche et le déposa à côté du garçon. « Il est à toi de nouveau. »

Notomi, les mains pleines de riz, attrapa le canif de Mika et le fourra dans son blouson déchiré. Il n'eut pas un regard pour le gringo, pas un mot. À part un peu de couleur revenue à ses joues creuses, il gardait le même aspect lamentable et effrayant, vibrant d'une indéfinissable force.

L'addition réglée, l'Américain désemparé chercha un moyen de ne pas le laisser s'envoler mais il savait que le garçon agirait à sa guise. Rien ne semblait plus avoir d'emprise sur lui.

« Où habites-tu ? questionna-t-il au hasard.

— Je peux vous montrer. »

Dérouté, Calder sauta sur la proposition.

« Allons-y. »

Dans une senteur de marée basse, la mer venait se frotter, câline, sur les digues de pierre. Au large, sur une eau lisse et moirée, un cargo attendait au mouillage. Le vent poussait un clapot timide qui chantonnait autour des coques immenses amarrées contre les quais. La présence de l'océan agrandissait le port et même la ville entière, offrant à celui qui savait regarder un sentiment inattendu de liberté. Notomi se tourna vers le Pacifique. Son regard se perdit sur la plaine marine. Ses cheveux d'ombre bleue et sa peau cuivrée attiraient le soleil. L'Américain était fasciné par la noblesse de sa silhouette. Mille questions se bousculaient dans son esprit curieux mais il les ravalait une à une pour ne pas rompre le charme. La brise venait du large maintenant, chaude et régulière. Le ciel avait cette pâleur des belles journées d'été, sans une ride blanche ; toile apprêtée pour recevoir des dessins de nuages. Mais l'artiste tardait à se mettre au travail et l'azur conservait toute sa virginité. Seule une fleur de feu en relevait la profondeur.

La jetée s'arrêtait. Les derniers blocs de ciment s'enfonçaient dans une eau sans couleur, reflet de ciel mêlé au mystère des profondeurs. Notomi ralentit. La pierre était chaude sous ses pieds nus. Il se tourna de profil en scrutant l'océan et murmura lentement :

« Moi aussi j'aurais dû mourir. »

Mark Calder avait parfaitement entendu ; néanmoins, craignant d'interrompre la confidence, il n'osa même pas le regarder. L'Ashaninka ne semblait d'ailleurs pas vraiment s'adresser à lui. Il restait à dévisager *L'Indicible* qui flottait sur la houle tranquille.

« Elles sont toutes parties... Il ne reste qu'Orianiki. Je n'ai rien pu empêcher. Mon amitié marche au-devant de la mort. »

Calder ne comprenait pas. C'était sans importance. Il buvait goutte à goutte les mots tremblants de douleur que le garçon confiait à la fin du jour ; comme des papillons de nuit les syllabes s'envolaient pour se poser sur le cœur du Californien étourdi. Il aurait voulu noter chaque lettre pour ne pas manquer de s'en souvenir. C'était là son ouvrage, son travail à venir ! Cet enfant ou cet homme, il ne savait plus très bien, avait le visage de la vérité.

Un oiseau blanc planait sur la mer. Ils restèrent là sans parler. Le flot montant jetait des embruns de mousse et de sel. La chevelure noire de l'adolescent, trop longue, dansait sous les rafales tièdes, rythmant les pas de la nuit. En face, sur l'autre digue, le phare s'alluma. Rouge. Obscur. Rouge.

Rouge. Au même moment Inti s'allongea sur le Pacifique en écrasant sa joue sur un oreiller de vagues. Des lambeaux de voiles mauves naviguaient sur l'océan pailleté de pourpre.

« Des larmes de sang », chuchota Notomi.

Puis le soleil ferma ses paupières et la mer perdit son manteau d'aquarelles violacées. Le front tourné vers les étoiles Notomi invoqua Tasorensti, Mika et Méché. Il lança une fervente prière dans le langage de la forêt que Calder ne put saisir. Enfin, forme imprécise, il se planta devant l'Américain, ivre de l'instant partagé.

« J'habite ici », annonça-t-il et il disparut.

58

L'éclairage public s'était éteint. Notomi écouta le message de l'océan ; tout allait bien. La patrouille des docks finissait sa ronde et de la bière les attendait dans le baraquement de service. La tête du garçon apparut. Un dédale de galeries étroites formait des cachettes exiguës, inondées à la saison des pluies mais habitables par un vagabond durant l'été austral. Notomi y vivait à l'abri du monde, couché contre la rondeur d'un rocher au parfum d'algues et d'embruns. À Callao, quand on le croisait en quête de n'importe quelle nourriture, on pensait simplement que le pauvre enfant avait perdu la raison.

Les voitures de police abusaient des sirènes en déboulant dans la ville, influence du cinéma ou moyen violent de refouler la peur. Le vacarme, s'il ne permettait pas les flagrants délits, profitait aux dealers. D'ailleurs, indicateurs et policiers ne se confrontaient pas publiquement. Ce genre d'affaires les nourrissait tous ! Notomi passait, plus effacé qu'une ombre, partie intégrante de ce sordide décor. Sa silhouette féline était parfaitement connue des habitants du quartier et, comme personne ne se rappelait avoir entendu le son de sa voix, on le surnommait *el mudo*, « le muet », pour ne pas dire en vérité « l'idiot ».

Fantôme aux gestes mesurés, il frôlait les putains, les clochards, les voleurs et les assassins, approfondissant sa connaissance des hommes. Dans la pénombre, des marins débarqués d'Asie ou d'Europe cherchaient un peu de tendresse dans un triste marchandage, trop rapidement soulagés de leurs dollars en échange d'un faux billet pour l'amour.

Notomi n'avait rien oublié : la maison de torchis et les araignées sous les tôles, sa gorge ronde, les rires, la joie quand la nuit les mêlait l'un à l'autre. Mais son cœur restait sec, battant sans qu'aucune émotion en bouleversât la cadence. Il vivait privé de sentiments. Plus rien n'était en ordre depuis l'exécution de la señora Moyano.

Notomi s'arrêta devant la Morena. Calder, légèrement ivre, griffonnait un cahier avec nervosité dans le fond de la salle. Les lampes à pétrole dédoublaient les ombres qui s'étiraient sur la terre battue. Une fille longue et mince, étrange produit de croisements multiples au hasard des escales des navires, déambulait entre les tables poisseuses du bar. L'œil pâle, la peau laiteuse sous une tignasse crépue, elle dégageait une sensation de fraîcheur et d'aventure. Déesse des putains, fleur du mal et du bien-être encore en bouton ; elle n'était pas vraiment à consommer, à moins d'y mettre le prix. Mais les hommes venaient pour se faire servir par ses mains blanches et effleurer ses hanches au passage. Mark Calder, la main crispée sur sa bière, écoutait les conversations : des histoires de ports et d'ouragans, de pêche et de filles. Légendes, vérité et affabulations, vantardises sans suite propres à nourrir l'illusion. La taverne débordait de solitudes qui tentaient d'échapper au vide par des beuveries. Calder, aussi soûl qu'eux, ne trouvait pas le chemin de son lit. Un seul étage le séparait pourtant de sa chambre.

« Hé toi. Dégage de là. »

Notomi ne broncha pas. La serveuse avança vers la porte ouverte sur la rue, traversant une nuée bleuâtre échappée des lampes, nourrie du tabac et des relents de cuisine.

« Dégage, tu m'entends. »

Notomi esquiva le coup de torchon sale et sauta dans la salle.

« Atina, laisse-le. Il est avec moi », s'écria Calder. Il se leva et prit le garçon par les épaules.

« Je t'ai cherché sur la digue. »

L'Américain le considéra avec tristesse.

« Mais regarde-toi, hombre ! Atina, apporte à manger.

— Il est tard, señor Calder, lança la serveuse avec ennui.

— Trouve quelque chose. Ce que tu voudras. »

Notomi obéit à la main qui le poussait à s'asseoir. L'Américain respirait à peine, de crainte de le voir s'évanouir encore.

« Écoute. Seul, je n'y parviendrai pas. »

Il s'installa à son tour, tirant sa chaise près du garçon pour le rattraper s'il lui prenait l'envie de s'envoler.

« Ton pays se noie dans une guerre fratricide dépassant l'entendement. Je voudrais en parler chez moi, à ceux qui ignorent ces choses là... tu me comprends. »

Notomi lui accorda un bref signe de la tête.

« Moi je ne sais rien de la vérité mais toi... »

Atina posa des bières et une écuelle de soupe brûlante.

« Voilà tout ce qu'il y a, bougonna-t-elle en reluquant Notomi sans cacher son intérêt.

— *Misères et politiques*. C'est le titre. »

Notomi dévisagea l'Américain.

« Ça ne veut rien dire », lança-t-il, ouvrant enfin la bouche. Puis il saisit la cuillère et attaqua son dîner.

Calder ne trouva rien à rétorquer. Observant son invité apaiser sa faim, il vit que ses yeux voguaient toujours dans le même brouillard mystérieux, l'âme au bord de la folie.

« Quand ils sont entrés au village je venais de relever des pièges en amont du fleuve.

— Quel fleuve ? » Calder fit glisser sa main vers son carnet.

« Celui où vivait ma famille, Le rio Ené. Orianiki jouait sur la plage... » La taverne disparut. Notomi, le regard fixé sur le mur, offrait avec ferveur un morceau de sa vie. Sans retenue, sans pudeur, il racontait, détail après détail, jusqu'à l'odeur des plantes sous la forêt.

« La Selva n'a pas de nom. On l'appelle Intshatochi : le lieu où sont les arbres... »

Atina avait poussé le battant de la porte derrière le dernier ivrogne. Sans un mouvement elle resta là, à boire les mots et les histoires, à imaginer les aras et les cascades voilées de virginité.

Calder écrivait, les doigts crispés sur sa plume qui dévorait l'encre. Il notait le récit, en espagnol, mêlé des quelques mots de quechua échappant au conteur ; impatient et dérouté lorsque Notomi, happé par la fièvre, poursuivait en ashaninka. « Je ne comprends pas, Noto, je ne comprends pas... »

Atina apportait à boire de l'eau et des sodas, et Notomi calmé reprenait plus posément. Ses visions enflammaient bientôt ses pupilles tandis que ses lèvres, s'adressant à une entité impalpable, formaient des phrases merveilleuses, parlaient de choses simples et vraies, tangibles et quotidiennes, mais inévitablement baignées de ces drames vécus depuis trois ans. Pouvait-il inventer ? Calder repoussa l'idée. Dans les yeux embrasés on lisait une âme franche avec autant d'évidence que le chasseur déduit des empreintes sur le sable la présence du jaguar. L'écouter était une fête, même si parfois il pleurait, laissant se répandre ce flot d'amour qu'il éprouvait pour le monde. L'encre se tarit mais Calder n'en ressentit pas de colère. Les images imprégnaient sa mémoire à jamais ; ils étaient plongés dans une communion au-delà du langage. D'abord touché par la détresse de l'adolescent puis par sa nature profonde, Calder succombait à son savoir, sa confiance en son Dieu et cette faculté qu'il avait d'offrir fidèlement le récit de sa vie.

À l'aube, Notomi quitta la pièce, Atina agrippée à ses loques. Calder les regarda s'éloigner dans la rue sale. Il se sentit exclu, si loin de leurs souffrances.

59

À partir de ce soir-là, Calder et Notomi se revirent de plus en plus souvent et travaillèrent ensemble à l'élaboration de l'ouvrage de l'Américain. Notomi avec gentillesse et application, malgré son continuel détachement, Calder avec une passion nuancée d'une légère retenue ; il savait qu'un événement plus tragique que les autres avait dû advenir. À quel moment du récit allait-il le découvrir ?

Notomi était fidèle au rendez-vous nocturne. Il avait refusé l'offre de loger dans une chambre à la Morena, n'acceptant que le copieux dîner qui, de semaine en semaine, lui avait rendu vigueur.

À l'instant où Notomi achevait le récit de la mort de María Elena Moyano la lumière s'éteignit, plongeant dans la pénombre Lima et trois départements adjacents qui couvraient deux cents kilomètres à la ronde. Alors que la ville se hérissait de chars d'assaut et de baïonnettes, Atina se leva sans hâte. Bougies et lampes à pétrole prirent leur tour de garde sur les tables de la taverne. La fille se consumait de passion pour l'Ashaninka mais ce que Calder s'était imaginé à l'aube de leur première rencontre ne s'était jamais produit. La pièce était hors du temps, entre paix et guerre. La nuit baissa d'un ton. Radio, télévision, ventilateurs s'étaient figés.

Notomi ne reprit pas la parole, le regard vague, lui aussi privé de lumière.

« Et puis ? » dit Calder, fébrile.

L'adolescent se leva. Calder le suivit, espérant une révélation.

« Après il n'y a plus rien », précisa Notomi en le repoussant, sans méchanceté. L'Américain voulut protester.

« Laisse-le, gringo. Pourquoi veux-tu savoir cela ?

— Pour que le monde le sache aussi, Atina. Tous ces crimes, cette injustice... »

Il passa sa main sur son front moite. L'air du bar stagnait entre le plafond gras et la terre battue souillée d'alcool, irrespirable.

« Je vais parler de toi, de lui. De ceux qui disparaissent à chaque instant. Le choléra, le terrorisme, la vengeance, l'exaction, tenta-t-il encore d'expliquer.

— Tu n'as pas le droit, gringo. Ce sont nos vies à nous. Il ne faut pas les livrer à des inconnus dans ton pays. Ils vont mal comprendre.

— Je vais essayer de le faire correctement. »

La fille joignit les mains pour implorer l'aide du ciel ou supplier Calder.

« Gringo, en racontant notre misère tu la rendras plus grande. »

Calder, stupéfié par cette révolte soudaine, ne trouvait aucune issue.

« Femme, laisse-le. C'est toi qui te trompes. Il agit avec son cœur, c'est la seule importance. Rien d'autre ne doit te préoccuper car rien ne dépend de nous. » Jamais Notomi n'avait tant rayonné depuis des jours.

Atina, apeurée, s'enfuit précipitamment dans la rue.

Calder reprit ses esprits. L'histoire était finie et avec elle, peut-être, disparaissait la dernière raison pour Notomi de se battre plus longtemps. L'adolescent allait partir, déjà étranger à ce qui l'entourait. Il semblait incapable de s'accorder sa délivrance, d'expliquer pourquoi il avait abdiqué. Prêt à s'éloigner au bras de la mort qui l'invitait pour une longue promenade solitaire.

« Voilà mon tour venu de te parler. Écoute. Après tu choisiras. »

Calder poussa l'Ashaninka vers la table.

« Il est des événements que tu ignores, qui se passent en dehors de ton existence. Je voudrais te raconter ce dont tu n'as jamais entendu parler. » Calder reprit son souffle. « Orianiki t'attend, alors tu dois essayer encore. Pour elle au moins. »

Notomi fit un effort pour rester. « Oui, répondit-il tout bas. Je t'écoute. »

Le 5 avril, le président Alberto Fujimori, avec l'appui de l'armée, réalisa ce qui fut défini comme « un coup d'État civil ».

El Chino avait dissous le parlement au sein duquel les luttes d'influences, les intérêts personnels, paralysaient le fonctionnement du pays. L'inquiétude suscitée déclencha un scandale.

Il était efficace El Chino et, malgré sa politique d'austérité et d'anticorruption proche peut-être de certaines dictatures, son peuple le soutenait. Si une partie de l'armée, les fonctionnaires et la grande bourgeoisie crièrent à l'antidémocratie, à l'opposé, les vendeurs de journaux, marchands, cireurs de chaussures, instituteurs, étudiants, et tout le monde des petites gens lui témoignèrent leur sympathie. La rue ne ment pas !

« Il a raison El Chino. Nous aurons encore des moments difficiles mais les choses vont changer et de toute façon, sans espoir on ne pourrait plus tenir. »

La population pardonnait les écarts, pourvu que le sang cessât de couler.

« Avant fin 1995, le Pérou en aura terminé avec le terrorisme. Il nous l'a promis. Il va devoir s'accrocher notre Chino ! »

60

Notomi n'avait plus rien d'un enfant. Son visage avait gagné en beauté ce que son cœur avait perdu en espérance. Il n'appartenait plus vraiment au monde, évoluait au-delà de la condition humaine.

Les réunions avaient toujours lieu à la Morena.

Atina, vestale attentive, attisait chaque soir les prémices de la conversation.

« Vas-y, gringo. Nous t'écoutons. »

Les bières ou la chicha bien fraîche désaltéraient l'orateur. Inlassablement Calder expliquait à son tour la planète. Il racontait la géographie, l'histoire, la politique. La Russie, la Chine, le Cambodge. Mais aussi l'Europe et l'Amérique. Notomi ne faisait aucun commentaire. Il écoutait : les continents, les océans, les frontières et les peuples ; suivant du doigt sur les atlas et les encyclopédies empruntés à Cora. Et lentement ses yeux noirs s'adoucirent, s'éloignant, leçon après leçon, d'une dangereuse folie. Un soir Calder prit un ton particulier :

« J'ai gardé pour la fin le Pérou. Tu sais sur ton pays beaucoup plus de choses que moi. Je voudrais seulement t'expliquer ce qu'à moi, on a appris. »

Notomi s'illumina d'un sourire engageant.

« Je ne me souviens de rien alors, raconte, gringo.

— Nous sommes dans les années trente. José Carlos

Mariategui est à la tête du parti socialiste péruvien. Le marxisme-léninisme ouvrira le sentier lumineux qui mène à la révolution, annonce-t-il un jour à une tribune officielle. »

Le Sentier Lumineux ! Pendant quelques secondes Calder hésita à poursuivre. Les historiens pouvaient-ils vraiment comprendre les révolutions ? Notomi attendait, avide de savoir ce qu'il ignorait d'une organisation pour laquelle il avait perdu son âme.

« L'expression fut reprise cinquante ans plus tard par Abimael Guzmán, professeur de philosophie à l'université d'Ayacucho. Après un voyage en Chine, le camarade Gonzalo revient ébloui et fonde le parti communiste maoïste sous le nom de Sentier Lumineux et veut incarner, après Marx, Lénine et Mao, la quatrième épée du marxisme. Le 17 mai 1980 se déclenche la lutte armée. Une bombe éclate dans un bureau de vote de la commune de Chusci à côté d'Ayacucho, au moment de l'élection présidentielle.

— Je sais tout cela, gringo. Pendant des heures le Parti l'a répété. »

Calder attendit que le garçon eût repris son calme.

« Écoute l'Histoire, reprit-il d'un ton plus détaché. *Aya* signifie en quechua : les morts. Et *cucho*, celui qui décapite. Ce nom, Ayacucho, fut laissé à la ville après une bataille menée par les Indiens Chancas et Pocras contre la domination inca. Les Quechuas, sous les ordres des Incas, gagnèrent la guerre mais ils périrent en quantité incalculable face à une poignée de guerriers redoutables qui, revenus après la bataille, tranchèrent la tête aux milliers de cadavres quechuas et les plantèrent sur des pics ou des pierres. Depuis, Ayacucho a toujours connu le chaos. Les conquistadores y ont affronté l'armée de Manco Capac, le rebelle inca, puis les Espagnols s'y livrèrent à d'odieuses et mortelles querelles. Génération après génération, les paysans qui naissaient dans la région maudite ne cessèrent de se révolter contre la colonisation.

« Puis, à Ayacucho, Bolívar le libérateur conduisit son

armée à la victoire finale contre les généraux de la couronne d'Espagne. Alors, tout naturellement, sur ce limon nourri de sang et de violence est née l'organisation révolutionnaire la plus farouche de l'histoire des hommes.

« Vingt-cinq mille combattants fanatiques, un parti hermétique et discipliné, une doctrine redoutable menée par un homme qui, en opportuniste avisé, bâtit son mouvement sur l'extrême pauvreté dans laquelle survit soixante-quinze pour cent de la population du Pérou.

« Abismael Guzmán a supprimé le *s* de son prénom pour mieux s'identifier au cavalier de l'Apocalypse et, comme lui, prédire la purification dans un fleuve de sang. Aujourd'hui, après plus de dix ans de lutte armée, le Sentier Lumineux est accusé de vingt-quatre mille assassinats et garde le pouvoir de poursuivre son combat avec huit mille guerriers constamment en action. Cette organisation est capable de mobiliser cinquante mille militants si nécessaire. Et puis, vingt-deux milliards de dollars de sabotages, équivalant au montant de la dette extérieure du Pérou, sont à déplorer.

— Je ne comprends pas, gringo. Moi, je ne sais que Mika mourant dans mes bras, Méché un trou dans la poitrine, mon ventre qui a eu faim. » Notomi baissa la voix et poursuivit presque contre sa volonté.

« Estela parlait de l'espoir en la grande révolution, d'el Presidente qui est le phare qui scintille dans les ténèbres de l'impérialisme. »

Calder fut soulagé d'entendre le prénom féminin. Trois syllabes porteuses de mystères que Notomi prononçait enfin.

« Comprends-tu ce que cela signifie ? demanda-t-il gentiment.

— Qu'il faut se battre jusqu'à la mort. Estela le disait. Si tu ne me crois pas, gringo, suis-moi de María Parada Bellido à Huaycan, dans les rues de misère. Que veux-tu qu'ils fassent tous ?

— D'accord. N'importe quel révolutionnaire de salon

devrait s'offrir un voyage à Lima pour cristalliser ses convictions. Comme l'a dit Bakounine : "La société prépare les crimes. Les criminels sont seulement les instruments qui les exécutent."

— Gringo, celui qui doit se battre pour manger n'a pas le temps de penser aux idéaux. La famine est là et ceux qui ne font qu'en discuter sont des faibles. On m'a arraché à ma vie et depuis je me bats pour ne pas me faire écraser. Estela, elle, voulait venger ses malheurs. Pour moi tout est devenu incompréhensible. Je ne veux plus rien. Je ne sais plus rien. »

61

Mark Calder, devenu envoyé spécial pour un journal américain, multipliait articles et reportages. Il essayait avec courage de garder son objectivité malgré la haine qui brouillait les pistes. Que comprendre dans un tel enfer ?

Le 10 mai la police prit d'assaut la prison de Castro y Castro à Lima, suite à la mutinerie de prisonniers du Sentier Lumineux. La version officielle annonçait quarante morts. Calder fonça avec la cohue des journalistes locaux.

L'événement n'était pas le premier du genre. En octobre 1985, trente-quatre senderos étaient morts à Luigancho, pénitencier retenant trois cent cinquante maoïstes. À l'époque, le pavillon des sendéristes n'avait pas reçu la visite d'un seul surveillant de la prison depuis dix-huit mois.

De la même façon que sur l'île du Fronton, en face de Callao, où quatre cents terroristes vivaient quotidiennement leur engagement pour la révolution, les détenus de Luigancho hissaient leurs couleurs avec marteau et faucille, défilaient en chantant devant l'effigie peinte cinq fois plus grande que nature sur le mur intérieur de la prison. Les gardes républicains, se sentant ridiculisés, prirent la décision de restaurer l'autorité gouvernementale dans le pavillon sendériste. Le conflit se solda par trente brûlés vifs et quatre morts par balles. En juin 1986, trois insurrections se déclarèrent dans différents centres pénitentiaires : trois cents détenus furent supprimés. Un rapport remis par la commission d'enquête attesta qu'à Luigancho le colonel chargé de diriger les troupes aurait donné l'ordre de fusiller les quatre-vingt-dix-neuf prisonniers ayant survécu à l'affrontement.

Calder multiplia efforts et pots-de-vin pour obtenir une entrevue avec José Mejía Huerta, qui voulait témoigner de l'incroyable répression :

« Nous étions quarante. L'infanterie de marine nous a donné l'ordre de nous dévêtir. Par groupes de cinq les soldats nous ont forcés à entrer dans une salle de bains. On nous a abattus à l'arme automatique. J'ai été jeté avec les trente-neuf cadavres dans un trou peu profond. Avant de nous enterrer ils ont jeté une grenade au milieu des corps. J'étais toujours vivant. J'ai pu sortir de la fosse plusieurs jours après. »

Au Fronton, sur cent cinquante-quatre prisonniers, trente-deux étaient encore en vie. À Luigancho tous étaient morts. Dans la prison de femmes de Callao quelques-unes avaient disparu.

À la suite des affrontements, l'armée, appelée par l'État pour rétablir l'autorité gouvernementale, ne se sentit pas responsable de la tuerie : « Les sendéristes veulent mourir pour la révolution. Voilà donc une satisfaction que nous avons pu leur offrir ! »

La nouvelle échappa aux frontières du pays pour déclencher l'indignation au sein des organisations des droits de l'homme.

Après sa retraite sous la jetée du port et les soirées avec Calder, Notomi reprenait pied, gardant néanmoins une distance qui le rendait imperméable aux événements humains. Si sa beauté poussait les filles à se retourner dans la rue, il faisait peur tout aussitôt. L'impression de force que dégageait sa présence laissait un sentiment d'incertitude plutôt que d'attirance.

Le garçon accompagnait maintenant Calder de balades en reportages. Ils se parlaient peu, devenaient de vrais amis sans même s'en douter. Notomi revit les moutons, les lamas, les maisons de pierre et les sommets éblouissants. Il apprit à voyager autrement, découvrant le pouvoir de l'argent ; pour manger, dormir et obtenir à peu près tout.

Alors qu'ils passaient deux jours à Cuzco, ils apprirent l'arrestation de Victor Polay, alias Comandante Rolando, le fondateur et numéro un du Mouvement révolutionnaire Tupac Amaru. Une telle incarcération allait réduire l'efficacité du M.R.T.A. d'une importance déjà mineure en comparaison du Sentier Lumineux. Le mouvement d'inspiration guévariste ne prônait pas la même violence. D'ultragauche et d'obédience procubaine, il regroupait principalement des étudiants, d'ailleurs traités par le Sentier Lumineux de « petits-bourgeois idéalistes imprudents ».

El Chino tenait donc parole : vaincre le terrorisme !

Pourtant le plus gros poisson se cachait toujours dans de secrètes profondeurs.

Notomi était doué. Il dévorait livres et magazines puis couvrait d'une écriture habile ses cahiers d'écolier. Il avait quitté définitivement Callao et partageait une chambre à Miraflores avec Calder. Le livre de l'Américain avançait et une maison d'édition avait envoyé quelques crédits.

« On se nourrit du malheur des pauvres », lança un jour l'adolescent en considérant, fourchette en main, son assiette débordante. Calder, pour qui Notomi devenait une référence, attendit, légèrement inquiet. Mais il n'y eut pas de suite. Tout était dit et la nourriture disparut sans que sa propre réflexion eût coupé l'appétit du garçon.

La détresse rend les miséreux cyniques ; puis dangereux. Ils oublient les nuances et leur univers prend la noirceur de l'aigreur. Notomi avait échappé à cela, il n'avait vraiment perdu que son enfance. Il lui restait à affronter sa vie d'homme.

« Isabel sort demain de la clinique », annonça le gringo un soir de juin.

Une quinzaine de jeunes gens profitaient de la tranquillité des jardins agréablement agencés autour de la clinique. Lecture, promenade, jogging. On aurait pu se croire dans le parc d'une université. Les cocaïnomanes subissaient des internements de trois mois minimum et suivaient des programmes de réhabilitation physique et psychologique.

Mark Calder suivit l'infirmier. Il venait presque tous les jours depuis six mois. Isabel avait tenu à prolonger son séjour afin d'être sûre d'en finir avec cet esclavage.

Le médecin accueillit l'Américain avec gentillesse.

« Elle est en bonne voie. »

Pourtant son visage se durcit légèrement. « Veillez sur elle.

— Dites-moi franchement quelle chance avons-nous.

— En vérité quatre-vingts pour cent de nos malades retombent avant les douze mois qui suivent leur départ de la clinique. Leur séjour chez nous est souvent trop court mais nous n'avons guère le choix, nous manquons de lits et les listes d'attente sont longues. Nous avons cent mille cocaïnomanes à Lima [1].

— Quatre-vingts pour cent, reprit Calder anéanti.

— Il faut l'isoler si vous pouvez le faire. Qu'elle ne revoie plus, évidemment, ses anciennes relations.

— Nous allons partir pour les États-Unis prochainement. »

Le médecin eut un geste vague.

---

1. Gabriel Nahas, *Les Guerres de la cocaïne*, France Empire, 1987 ; *Drogue et Société*, Masson, 1990.

« Je ne veux pas dire que là-bas elle n'en trouverait pas, se défendit Calder. Mais au moins tout sera nouveau et attirant.

— J'ai parlé avec elle. Isabel termine aujourd'hui sa troisième cure. Celle-ci a été très longue. Si elle retombe, nous n'aurons plus aucun espoir. Il ne restera que l'ultime solution. Elle le sait.

— L'opération ?

— Oui. De la psychochirurgie. Nous n'employons cette méthode que sur les sujets jugés médicalement irrécupérables. »

Calder, contrôlant un mouvement de répulsion, demanda :

« De quoi s'agit-il exactement ?

— Il faut sectionner les lignes de transmission qui relient les centres du plaisir situés dans le vieux cerveau, aux zones de l'écorce cérébrale du nouveau cerveau qui contrôle l'action volontaire et raisonnable. On diminue ainsi les impulsions et les instincts. La cocaïne stimule à outrance un mécanisme fondamental qui déclenche la sensation de plaisir et de récompense. Il faut l'empêcher d'agir.

— Comment faites-vous ? »

Calder passa sa main sur son front.

« Après trépanation, nous opérons avec une vision directe. Nous coupons une partie des fibres neuveuses de la matière blanche du cerveau frontal.

— Je crois que toutes ces formes d'interventions ont été interdites aux Etats-Unis ?

— En effet ! La méthode a pourtant été utilisée des années à travers le monde. Si on ne les opère pas, les cocaïnomanes sont, à un stade avancé de toxicomanie, irrémédiablement condamnés à mourir à brève échéance.

— Mais, opérés, ils deviennent des légumes.

— Vous n'y êtes pas du tout. Après une logothérapie, le malade retrouve ses capacités intellectuelles, ses perceptions sensorielles, une vie affective et sexuelle normale. Il perd seulement de son exubérance et manifeste moins sa sensibilité et ses émotions. »

L'Américain frappé par les explications aussi rebutantes qu'inimaginables murmura, le regard lointain : « Elle ne rechutera pas.

— Allez. Isabel vous attend. »

« Mark ! »

Il accéléra ses derniers pas.

« On croirait que tu ne m'as pas vu depuis des siècles ! lança-t-il gauchement pour atténuer son émotion.

— Pas depuis deux jours. C'est beaucoup », répondit-elle avec une voix d'enfant sage.

Il ne put que la prendre contre lui, la gorge serrée. Le grand combat allait commencer. À la clinique elle était protégée, d'elle-même, des autres, des mauvais hasards, de la catastrophe.

L'infirmier tourna la clef précautionneusement derrière eux. Il n'était pas l'heure pour les autres locataires de s'envoler et la rue invitait à la liberté.

Sans avoir l'air de célébrer le retour d'Isabel plus qu'il ne le fallait, on avait pourtant préparé une fête. Orianiki pensa qu'il s'agissait d'un nouveau Noël. Sans sapin cependant. L'événement se passait chez madame de Floria. Repas, gâteaux, bougies, cadeaux, mais cette fois tout s'adressait exclusivement à Diego.

« J'ai huit ans, lui annonça-t-il avec fierté.

— Et moi ?

— Grand-mère dit que toi aussi sans doute.

— Nous demanderons à Noto. Lui, il sait cela. »

Orianiki avait couvert les murs de sa chambre avec des photographies de Notomi prises par Calder, avec ici et là des paysages de montagnes et de forêts. Cora l'avait envoyée dans l'une des meilleures écoles de Miraflores, elle parlait maintenant bien l'espagnol et oubliait les drames du passé.

Le 16 juillet, une voiture piégée ravagea la rue Tarato dans la plus belle partie de Miraflores : vingt-huit morts. Face aux immeubles éventrés, les cadres métalliques des fenêtres restaient encore suspendus aux façades. Miraflores trembla de l'attaque soudaine qui bravait toutes les formes de sécurité mises en place depuis des années.

Les militants du Sentier Lumineux affichaient une évidente supériorité d'action sur le gouvernement. Le moment était arrivé où les fils de fer barbelés, les gardes plantés à chaque carrefour, le pouvoir du dollar ne pouvaient plus garantir l'impunité de la classe dirigeante. Aucun abri ne demeurait sûr et à tout moment la misère pouvait déferler sur la ville.

Les feuillets s'entassaient sur le bureau de Calder. Isabel ne le quittait pas. Notomi, assis pendant des heures à une table de travail, étudiait.

Le départ était prévu pour septembre. Mark épouserait sa fiancée à leur arrivée. Mais il restait un mois encore. L'aventure de Mark lors de son premier voyage au Pérou lui avait laissé le goût d'un échec. Son face-à-face avec le Sentier Lumineux l'avait détourné du but de sa présence dans cette région difficile : quelques éclaircissements sur la culture et la vente de la coca. Isabel accepta le défi.

62

Tingo María, la « ville blanche », est le centre le plus important du trafic de la cocaïne au Pérou. La forêt l'encercle de ses doigts verts et luxuriants mais, par endroits, de plus pâles plantations tranchent sur la couleur sombre de la Selva.

L'avion atterrit. Une voiture de police embarqua immédiatement les deux journalistes.

« Mieux vaut ne pas traîner à découvert », précisa le chef local de la P. I. P. chargé du bon déroulement du reportage. Puis il se présenta de manière plutôt amicale.

« Je m'appelle Eduardo. »

Des inscriptions subversives giflaient le regard tout au long du parcours jusqu'au quartier général de la police.

« Ils sont mieux armés que nous », lança le guide en guise d'explications.

Tout semblait parfaitement organisé. Tout d'abord la visite des prisons s'imposa pour les mettre dans l'ambiance.

« Quinze ans pour trafic de cocaïne, expliquait de façon un peu précipitée Eduardo. Ils vont rejoindre les établissements pénitentiaires de la capitale. »

Quinze ans ! Calder se souvenait.

Les femmes s'entassaient dans une pièce sans fenêtre dont l'un des murs était fait d'un rideau de barreaux. Un bébé hurlait et l'odeur des couches surpassait celle de la sueur et des vomissements. La peur marquait tous les visages. On s'était fait prendre, on avait perdu alors que tant d'autres passaient sans encombre. De l'autre côté d'une cour proprement balayée, en face, la geôle des hommes était bondée. Collés aux grilles, les prisonniers de tous âges demeuraient dans une obligatoire immobilité.

« Ceux-là sont des passeurs. Nous découvrons sur eux ou dans leurs bagages de la drogue qu'ils devaient, en général, acheminer jusqu'à Lima. »

Calder photographiait. Isabel notait.

« C'est la seule façon de transporter la marchandise ? demanda-t-elle un peu nerveuse.

— Par la côte, oui, en quantité minime de un ou deux kilos de pâte de coca. Mais le gros part par avion, depuis les pistes ouvertes en forêt. »

On délaissa les prisonniers. La chaleur desséchait la bouche et les vêtements étaient craquants de poussière. Eduardo, sans beaucoup d'enthousiasme, ouvrit les portes de son bureau. Une carte de la région indiquait les emplacements d'à peu près chaque plantation. Un soda glacé à la main, Isabel examina le document. Sur plus de trois cents kilomètres, au creux de chaque vallée débouchant sur le fleuve Huallaga, des milliers de croix marquaient la présence de la coca.

« Combien de récoltes dans cette région ?

— Cinq à six chaque année. C'est un rendement exceptionnel. Une tonne à une tonne et demie de feuilles à l'hectare. De Tingo María à Juan Juy la vallée serait assez fertile pour fournir fruits et légumes pour le Pérou tout entier.

— Quelle surface ? enchaîna Isabel, éberluée par l'ampleur du fléau.

— Difficile à définir. Les cultures sont disséminées dans

1. Gabriel Nahas, *op. cit.*

la forêt en petites parcelles. Cela doit représenter cent cinquante milliers ou cent soixante-dix milliers d'hectares. »

Calder s'approcha à son tour, impressionné.

« La Colombie est le plus important producteur de coca en Amérique du Sud. Le Pérou vient ensuite, précisa l'homme sans en paraître perturbé. Voyez ce rapport. » Il sortit un dossier d'un tiroir de son bureau.

« Colombie, Pérou, Bolivie, Brésil, Équateur. Un peu également en Argentine et au Venezuela. En tout on annonce plus d'un million d'hectares mais la production s'est intensifiée ces derniers mois. Nous atteindrons des chiffres supérieurs l'année prochaine. Le calcul est simple : la superficie cultivée peut produire quatre mille cinq cents tonnes de pâte de coca qui donneront mille cinq cents tonnes de cocaïne par an. Regardez, les chiffres sont là.

— C'est impossible à arrêter. » Calder en perdait son assurance de journaliste. « L'armée des États-Unis n'y suffirait pas, murmura-t-il encore, troublé.

— Vous avez des moyens pour lutter. » Isabel, elle, avait la situation en main.

« Pas pour contrôler une pareille étendue. Pas de matériel, ni hélicoptères, radars, radios, armes adéquates ni bateaux ou moteurs hors-bord. Ce sont eux qui possèdent tout cela. »

Calder s'effondrait de réponse en réponse.

« Une pareille production peut atteindre un chiffre d'affaires estimé à cent milliards de dollars, le budget d'un État ! Et déverser des sommes affolantes dans les caisses des pays producteurs, murmura l'Américain conscient de l'importance d'un tel apport de revenus. Ce qui met la cocaïne dans les premières places sur le marché des échanges internationaux. »

Eduardo les accompagna rapidement à l'hôtel le plus sûr de la ville.

« Ne sortez pas, ou je ne réponds pas de vos vies. Les gens ici ne supportent pas les questions ni les visiteurs. Moi-même je risque énormément en ayant accepté de vous guider dans votre... reportage. » Ils mangèrent dans leur chambre en consultant les dossiers prêtés par le policier.

« Regarde, Isabel. Personne n'est dupe : Les pays concernés demeurent assez réticents pour discuter de certaines recettes non comptabilisées dans leurs budgets. Quatre-vingt-dix pour cent des recettes de la drogue sont réinvestis dans les pays à haut niveau de vie : aux États-Unis, Luxembourg, Brésil, Japon, Suisse, à Hong Kong, aux îles caraïbes, anglo-normandes, ou dépensés dans des consommations luxueuses. On trouve des entreprises pour blanchir l'argent jusqu'au Liban, au Panamá, à Tanger, Taïwan, Singapour ou même Moscou.

— Je sais, Mark, la plupart des grandes banques occidentales possèdent d'actives succursales dans les paradis fiscaux, presque uniquement alimentées par le narco-dollar ! Les trafiquants acquièrent même une puissance économique leur permettant d'influer sur le pouvoir politique. Ces dernières années, certains des dirigeants de mon pays ne prenaient même pas de précautions pour participer au trafic.

« Un Cessna atterrit sur la piste derrière l'hôtel ; avion maniable qui quadrille la forêt, récolte les centaines de kilos de *pasta* produite chaque semaine dans les laboratoires clandestins.

« Je pense que la guerre soi-disant déclarée contre la drogue n'est que du bluff ! Aucun gouvernement n'est assez stupide pour refuser ces millions de dollars déferlant sur son économie chaque année. De plus, c'est avec l'argent de la "dope" que les pays producteurs remboursent leur dette extérieure ! »

Calder referma le dossier.

« Aux États-Unis, quinze à vingt millions de personnes utilisent la cocaïne. Dans tous les milieux, riches ou pauvres, avec une plus grande proportion dans le monde du spectacle et des affaires. Voilà un marché trop florissant pour qu'on ait la moindre envie de l'arrêter.

— La coca représente le seul moyen de survivre pour le paysan dans l'état actuel de l'économie péruvienne. Il ne sait pas le mal que fait sa production en dehors des frontières, voulut préciser Isabel.

— Alors il faut baisser les bras ! » Calder donna une claque dans une pile de feuillets couverts de chiffres. Les papiers s'éparpillèrent sur le sol.

« Regarde-toi, Isabel. Es-tu heureuse de vivre aujourd'hui ?

— Oui, Mark, évidemment. » Elle tremblait légèrement.

« Si ta famille n'avait pas eu l'argent et fait l'effort de te supporter malade et abattue, tu serais morte.

— Calme-toi.

— Tu en as fini de ton enfer, de tes anxiétés, de tes accès de paranoïa, de ces fourmis qui te couraient sous la peau ; et des courses nocturnes pour te procurer ce qui te manquait.

— Arrête, je t'en prie. »

L'Américain allait et venait, révolté.

« Nos sociétés sont en pleine confusion. Les Indiens du Mexique l'avaient prédit déjà au début du siècle : ''L'homme blanc périra par le sucre et la cocaïne.'' Ils voyaient au-delà du temps !

— Écoute ça ! » La jeune femme tentait une diversion. « La cocaïne vendue pour les besoins légaux des hôpitaux ou de la recherche coûte quatre-vingts francs le gramme. Celle qui de façon illicite arrive en Europe est achetée par le consommateur mille francs le gramme. En moyenne, cinq fois plus cher que l'or. » Elle releva la tête. « Il faudrait légaliser. »

Calder s'arrêta brusquement : « Tu n'y penses pas ! Ne pourrait-on pas plutôt pousser les gouvernements à se mobiliser pour enfin entreprendre une lutte intelligente ? »

La nuit montait sur la Selva. Un concert de grenouilles et d'insectes emplissait la chambre, protégée par une moustiquaire. Isabel appuya sa tête contre l'épaule de son fiancé.

« Pour les Indiens de l'altiplano la coca est divine. Le savais-tu ?

— Un peu.

— Le fils du Soleil est venu sur la terre pour l'apporter aux paysans des Andes. Il la leur offrit pour calmer la faim, fortifier leur corps et leur permettre d'accepter ce cruel destin au cœur de glaciales altitudes. Des feuilles étaient offertes aux dieux au cours des cérémonies religieuses et les morts en emportaient dans la bouche pour être accueillis dans l'au-delà. Trois millions d'Indiens mâchent la coca, Mark. Elle fait partie de leur culture. Plus que cela, de leur survie.

— Nous ne sommes pas indiens, Isabel. De plus il n'y a rien de commun entre mâcher une poignée de feuilles et consommer la poudre.

— Le problème nous dépasse. Il dépasse les États du monde entier. Pour ma part je sais, grâce à toi, que je ne veux plus jamais y toucher. Et je souhaite à chacun d'être conscient de ses choix. » La jeune femme s'approche de son fiancé.

« Le Pérou n'aurait jamais connu le malheur d'une telle avancée du terrorisme sans l'aide de la cocaïne. Et Notomi n'aurait pas eu à fuir devant le génocide ashaninka. » Mark Calder était abattu.

Eduardo les attendait. L'aube s'étirait à peine et des volutes de brume s'échappaient de la forêt. Le camion démarra.

« C'est exceptionnel d'emmener des étrangers dans ce genre de travail, señor. »

Calder sentit venir l'appel du pied. Celui-ci devait manger à tous les râteliers.

« Je sais, *gracías*, Eduardo. Nous pourrons nous arranger au retour. » Isabel était pâle. Tout cela commençait à la toucher de trop près. Pendant deux heures, le véhicule cahota sur une piste étroite sans croiser aucune voiture. Calder regrettait. Le voyage s'éternisait, évoquant des souvenirs déplaisants chez l'Américain, pourtant la police les accompagnait ! En fait, dans un lieu pareil ça ne voulait rien dire. Souriant, pour éviter de communiquer son appréhension à Isabel, Calder tentait quelques prises de vue par la portière. La forêt massive ne laissait rien savoir d'elle. Une grappe de fleurs débordait d'une branche, un rongeur traversait précipitamment le chemin ; quelques images qui ne calmaient pas l'envie d'en découvrir les secrets.

Enfin, après une dernière colline laborieuse à gravir, on s'arrêta.

« C'est là », annonça Eduardo d'un air important.

Une baraque délabrée s'appuyait sur le tronc d'un arbre immense. Un couple s'avança lentement au-devant d'eux. Déjà deux policiers déchargeaient le camion d'un bidon d'essence.

« Contrôle des cultures, lança Eduardo en s'approchant. Où sont tes plantations ? »

Le bonhomme ahuri esquissa un geste en direction d'une orangeraie.

« Allons-y. »

Calder leur emboîta le pas pendant qu'Isabel acceptait un siège à l'ombre.

À dix minutes de la maison, derrière les arbres fruitiers une trentaine de plants de coca étendaient leurs branches au soleil.

« Arrosez tout ça et foutez le feu », jeta, hargneux, le policier à ses hommes.

Calder prit un rouleau de clichés, incrédule. « Vous voulez dire que nous avons roulé deux heures pour détruire ça ! demanda-t-il enfin, prêt à exploser.

— Une expédition de grande envergure eût été trop risquée avec vous. »

Le colon criait, le visage décomposé.

« Vous allez l'embarquer ?

— Non. Je ne sais plus où les mettre. »

L'affaire tournait à la farce. Les arbustes flambaient, s'allumant en chaîne, au risque de propager l'incendie.

« La forêt est trop humide pour prendre. On nettoie la coca, c'est tout », expliqua Eduardo.

Calder le regarda de biais et de moins en moins rassuré rejoignit vivement Isabel.

« Il se moque de nous, maugréa-t-il en s'asseyant devant du café offert gentiment par la femme.

— Pourquoi faire ça à de si pauvres gens ? Ils n'ont pas de quoi manger, s'écria Isabel révoltée en détaillant le décor.

— Nous ne sommes pas les bienvenus dans la région, surtout avec nos laissez-passer. Je crois que tout cela est de notre faute. Jamais Eduardo ne se serait soucié de ces deux malheureux perdus en forêt sans notre présence.

— Je vais lui laisser quelque chose. » Isabel s'approcha de l'appentis. Une marmite bouillonnait sur un feu de bois.

La vieille femme accepta les billets sans vraiment comprendre.

« C'est pour le dérangement », expliqua, maladroitement, la jeune femme. La paysanne n'eut pas un mot mais chargea les bras d'Isabel de papayes et d'avocats.

63

Les livres, les cahiers d'écolier restaient rangés sur une étagère. Le manuscrit, les photos aussi.

Chaque après-midi, après avoir bu un verre avec Atina, ils passèrent la dernière semaine à parcourir les plages au nord de Callao.

Notomi n'avait rien à dire. Mark Calder ne trouvait pas de réponses à son silence. L'océan de septembre berçait leur mélancolie. Des oiseaux blancs à l'envergure tachée de brun frôlaient l'écume en changeant de couleur selon la lumière, puis ils filaient vers le large et revenaient en planant, à l'assaut de la plage. Calder avait coupé sa frange et portait ses doigts à son front comme pour en éloigner le souvenir. Notomi, habillé tel un lycéen, marchait les pieds nus dans le sable mouillé, les cheveux toujours un peu longs. À Miraflores, Isabel préparait ses bagages et ceux de Diego. Les billets portaient la date du 12 septembre.

La veille du départ, l'Américain tria un monceau de clichés ratés ou trop anecdotiques. Le regard de Notomi flottait au-delà des murs de la pièce. Tout à coup il lança le bras vers la pile de photographies en désordre.

« Quand l'as-tu prise ? »

Calder releva la tête, surpris.

« Montre un peu. Je ne sais plus du tout. C'est assez vieux. »

Notomi scrutait le regard surgi du cadre noir d'une cagoule ; sur la pommette, à la limite du tissu de laine, une cicatrice en étoile.

« Rappelle-toi, gringo ! »

Calder prit le cliché.

« La Racauna ! s'écria-t-il, satisfait. Il me regardait, j'en étais certain. Pourtant je me trouvais à deux cents mètres avec un téléobjectif. »

Notomi tendit la main vers le rectangle de papier glacé.

« Tu me la donnes ?

— Bien sûr. Tu le connais ?

— Je la connaissais. »

Ils prolongèrent la soirée en marchant dans la ville jusqu'au couvre-feu, dans cet état de flottement qui précède les séparations.

« Pourquoi as-tu refusé de venir avec nous ? »

Autour d'eux les attardés pressaient le pas vers leurs abris.

« Orianiki m'attend. Cette fois je peux la ramener chez elle.

— Tant de choses se sont passées depuis, c'est ici chez...

— La grande forêt n'a jamais cessé d'être notre maison. »

La pénombre masquait les traits de Notomi, rendant plus irréelle encore sa présence.

« Les Ashaninkas sont morts par milliers, assassinés, torturés ; chassés comme Orianiki et moi de leurs villages. Il ne faut pas succomber à cette terreur, abandonner notre terre où régnait l'harmonie. Je ne crois pas pouvoir être plus heureux ailleurs qu'au bord du fleuve à écouter parler l'eau et le vent. J'ai vu d'autres vies, je connais la tienne, celle de la ville, des riches, des pauvres. J'ai aimé les montagnes. Alors maintenant je peux rentrer... » Notomi fit une pause.

« *Nojate nobanca* »

Notomi alla à l'aéroport, il ressemblait à un voyageur avec son sac en bandoulière, rempli de vêtements et des livres qu'il aimait. Mais devant les portes vitrées du hall il s'arrêta.

Calder perdait un ami ou peut-être un fils qui en savait déjà beaucoup plus que lui. Ils se donnèrent une accolade et Calder glissa une liasse dans la poche du blouson de l'Ashaninka.

« C'est indispensable pour rejoindre la Selva. Peut-être nous reverrons-nous ? »

Notomi eut l'un de ses regards énigmatiques, entre l'amour et l'absence. Calder pensa ne l'avoir jamais autant aimé qu'à cet instant. Isabel et Diego attendaient. Il y eut une dernière embrassade, plus nécessaire à l'Américain qu'à l'adolescent, puis Notomi s'éloigna sans se retourner. La nuit s'avançait par-dessus les Andes.

1. Je vais chez moi.

64

La nouvelle déclenchait d'abord un mouvement de panique puis au bout de quelques secondes on demandait si c'était bien vrai.

« Oui. Cette nuit. »

Alors un premier sourire osait éclairer les visages incrédules.

« Vous en êtes certain ! »

L'affirmation renouvelée repoussait la crainte et un profond soupir invitait à la joie et au soulagement, pourtant aussitôt suivi de consternation. Quelles allaient en être les conséquences ?

Lima était dans la rue. On savait maintenant. L'homme, quasiment obèse, avait été exhibé à la télévision, les mains croisées sur l'abdomen, soumis, hagard face à la caméra. Il avait quitté sa veste puis sa chemise, visiblement en état de choc, alors qu'autour de lui ses chefs militaires scandaient encore des appels à la résistance armée.

Au cours de la nuit du samedi au dimanche 13 septembre 1992, un commando de la division antiterroriste avait arrêté Abismael Guzmán Reynoso dans la ville de Surco, au sud de Lima. Le camarade présidait une réunion du comité central. Une centaine de policiers prévenus, selon certaines sources, par un appel anonyme, avaient investi par surprise la propriété où se tenait l'assemblée. Le « grand timonier » de la révolution péruvienne n'avait plus qu'un chemin à suivre : celui de la prison... à vie, la peine de mort ayant été abolie au Pérou

Notomi, depuis l'aéroport où il avait dormi sur la pelouse en bordure des parkings, dévalait la José Prado, porté par la liesse populaire. Son cœur s'emballait aussi, accordé à ce sursaut de joie exubérante. Exaltation presque effrayante de la foule.

Il était trop tôt pour avoir peur des représailles même si le pays risquait d'être confronté à une terrible réaction ; ce dimanche était un répit dont on ne voulait pas se priver.

Le bruit de la mort de Guzmán avait si souvent circulé et fait la une des journaux auparavant ; des rumeurs de maladie, d'arrestations. Cette fois, on en était sûr, on l'avait vu ! Et même si personne n'osait prononcer son nom, tous se mettaient à sourire, à danser, à se soûler en chantant plus fort que les précédents dimanches.

Notomi sauta par-dessus le mur du parc. À l'abri du tumulte, Cora et Orianiki ne prenaient aucunement part à la fête. Le départ de Diego, la veille, teintait le salon d'un calme morose. La dame s'occupait d'un ouvrage et l'enfant s'appliquait à l'habillage d'une poupée blonde. Notomi ne ressentit pas le besoin de se cacher vraiment et s'approcha. Assise sur la moquette vert pâle, Orianiki était méconnaissable, si sage et tellement protégée : tête penchée sur ses jouets, chevelure coiffée en une natte agrémentée de rubans, robe jaune constellée de fleurs orangé et carmin.

Cora tournait le dos au jardin. Seul dépassaient du profond fauteuil un chignon d'argent ceint d'un cordon de soie grenat et deux coudes dansant au rythme du tricot, tandis qu'une pelote se dévidait sur le tapis. Tout respirait la paix. Comme un chat perdu, Notomi se blottit au pied

1. Depuis, elle a été rétablie. Pourtant Guzmán ne peut être exécuté, ayant été arrêté avant cette date.

de la haie d'arbustes limitant la terrasse de l'appartement. Que venait-il faire ici ? Lui, redevenu en un jour errant et sans famille. Déjà la coupole des arbres couvait l'ombre du soir pour faire éclore la nuit.

Cette sérénité, cet abandon confortable ne reflétait pas la couleur du réel. Le mensonge et la peine étaient inconnus dans cet univers où Orianiki grandissait à l'abri du malheur.

À l'intérieur, on n'avait pas bougé. Des livres s'éparpillaient en désordre, sur la moquette.

Orianiki tournait une page, suivait du doigt le trait d'un dessin ou une ligne d'explication sous une photographie. Elle n'était plus à lui. Calder avait raison, il n'avait aucun droit de la priver de cette protection. Notomi se détourna de la baie vitrée. Pendue à une branche, une balançoire marquait gentiment le passage du vent. Il fallait partir, disparaître. Une dernière fois il porta ses yeux vers la lampe posée sur une table basse à côté de Cora.

Notomi mordit ses lèvres ! Orianiki se tenait contre la vitre, le visage impassible, si tranquille que l'adolescent crut qu'elle ne le voyait pas. Mais les pupilles brûlaient d'un feu passionné.

Pas besoin d'échanger la moindre parole ! Pas un signe ne fut nécessaire !

Au loin, on entendait toujours la musique et les pétards. Orianiki attendit que le souffle régulier de Cora s'accorde au silence. La fenêtre s'ouvrit sur la nuit. Les ténèbres ne troubleraient pas son courage : il était là ! Le présent ne pouvait plus la retenir. Les jouets, les souliers vernis, un chapeau en papier, le lit aux draps brodés suppliaient sous un discret rayon de lune. Ses doigts arrachèrent à l'armoire un pantalon de velours brun, un chemisier et un pull-over. Rien d'autre ne lui parut indispensable, Notomi s'occuperait de tout.

Elle allait enjamber la fenêtre quand une pétarade éclata toute proche, suivie de cris et de hurlements de joie. Le vacarme sonna sous les arbres et rebondit contre les murs de l'immeuble. Orianiki arrêta son mouvement. Appuyée sur le chambranle, son esprit déjà en route vers l'avenir, elle restait là, tétanisée, en proie à l'incertitude. Elle allait renoncer, oubliant sa confiance ; ses nerfs frémissaient pourtant d'une envie presque irrésitible. Le vent fouetta son visage, l'éclaboussant des parfums de terre et d'arbres qui s'exhalaient du parc endormi.

L'appel fut trop violent ! Jamais son âme n'avait senti ainsi cette déchirure secrète. Orianiki entendit son cœur lui parler en longues phrases solennelles. « Va, Ori, va », conclut le chuchotement intérieur.

Devant elle, la masse sombre de la végétation prit l'allure d'une immensité vierge et impénétrable. Une mélopée de vent et de bruissement de feuillages l'aspirait.

Prête à succomber, Orianiki eut un regard vers la chambre. Cora, dans l'encadrement de la porte, attendait le verdict. Son châle blanc avait glissé de ses épaules et se lovait autour de ses chevilles. Elle était si pâle.

Orianiki sentit ses joues s'enflammer et s'élança vers la vieille dame. Elles s'étreignirent longuement, puis la fillette en larmes l'embrassa encore et encore.

« Je dois suivre mon frère », murmura-t-elle entre deux baisers.

Un sanglot jaillit et Cora se mit à trembler légèrement.

« Ori, Ori...

— Tu m'attends ici et après c'est moi qui m'occuperai de toi, maman Cora. »

Orianiki avait glissé ses bras autour de la taille de l'Indonésienne en se serrant contre elle. Elle savait que plus rien ne pouvait changer sa décision. Les larmes brouillaient sa vue mais son cœur connaissait la route.

Elle sentit qu'enfin la tension lâchait prise. Cora respirait normalement, redevenue paisible.

« Ma petite fille », chuchota-t-elle en baisant les cheveux noirs, le front et les tempes moites d'émotion.

Orianiki se sépara d'elle doucement.

« Noto avait promis qu'il reviendrait. Et moi, je dis aujourd'hui aussi : je reviendrai. »

La vieille dame sourit, libérée au plus lourd de sa peine par le serment ; sûre d'une fidélité qui ne la trahirait pas.

Alors Orianiki monta sur la fenêtre. Cora l'entendit atterrir sur la pelouse puis, plus rien.

65

Les jolis vêtements des enfants suscitaient plus de méfiance encore que leurs anciennes loques. Les gosses de riches ne fréquentaient guère les compagnies d'autobus. La curiosité du vendeur à la billetterie déplut à Notomi qui attrapa sa sœur par la main et sortit ; le caissier faisait déjà signe à un policier en faction devant le garage. Délaissant Los Andes, Notomi héla un taxi.

« Lobato, calle Chanchamayo », ordonna-t-il au chauffeur.

À l'autre compagnie, Notomi prit soin de décoiffer ses cheveux, attirant l'attention du vendeur sur la poignée de billets sales que celui-ci allait devoir vérifier avec précaution.

L'effervescence n'avait pas cessé dans les rues, moins encore dans ce quartier déshérité éloigné du centre. Soudain une explosion interrompit les discours et les rengaines. Mais la foule contrôla un faible mouvement de panique et la fête continua. C'en était terminé de la terreur, une lutte nouvelle s'engageait.

Une excitation peu commune avait marqué le début du voyage. Nombreux contrôles, embouteillages. À minuit l'autobus atteignit enfin le premier col. La Costa s'évanouissait en aval de la route difficile. Toussant, crachant, le véhicule intima une pause. Les voyageurs firent quelques pas, fatigués, inquiets aussi ; le temps de réaction maintenant semblait suffisant pour que la terreur s'abatte au hasard.

D'un commun accord, effrayés par l'obscurité, chauffeur et passagers décidèrent d'attendre le jour. L'altitude peu hospitalière, l'éloignement de toute bourgade apparurent comme une garantie de sécurité. On somnola, à l'affût permanent d'une catastrophe. Chacun se remémorait les mésaventures déjà survenues, à lui ou à un membre de sa famille. Rares étaient ceux qui de près ou de loin n'avaient jamais eu à subir un tourment de la part d'un camp ou d'un autre.

Au cœur de l'altiplano, diluées dans les premières lueurs indécises, les collines offertes depuis toujours soit aux coups soit aux caresses du vent et des pluies, paraissaient autant d'êtres immenses couchés lascivement : un genou plié, le creux d'un bras ouvert, la rondeur d'un ventre, la douceur d'un sein dressé vers le ciel, un nez droit ou cassé, une bouche entrouverte. Comme si des dizaines de géants pétrifiés restaient là, cachés sous l'herbe rase, à observer le monde et ses tourments.

Notomi tenta de lire entre les lignes de l'aurore les promesses inscrites en phrases roses sur les pages des nuages. Sans y prendre garde, il avait laissé s'approcher le bonheur et l'espoir. Plus rien ne comptait que ce réflexe animal, ce besoin de jouir du temps présent.

La lumière ondulait maintenant, riche et vibrante, déferlant en un torrent de formes et de couleurs. Dans une prairie, un campement de toile rompait l'harmonie du paysage. Des adolescents, en uniforme de marine, dépeçaient maladroitement un lama abattu. Quatre autres peaux abandonnées dans l'herbe, la laine saturée de sang, se desséchaient sous le vent de la sierra, témoignage du peu de respect que les militaires manifestaient vis-à-vis des paysans. Étrange façon d'assurer la protection des communautés indiennes, si elle était à l'image de leur tableau de chasse ! Mais la viande donnait du cœur à l'ouvrage à ces sentinelles inutiles, perdues dans la montagne.

Lorsque les occupants de l'autobus de Lobato aperçurent un attroupement, ce fut le soulagement. Ils avaient frappé ! Et avant leur arrivée. Le pont qui enjambait un torrent avait sauté. Deux camions et un véhicule de Los Andes étaient garés. Sur la rive opposée un autre bus attendait. On tentait de converser d'un bord à l'autre mais la gorge étroite résonnait du tumulte des eaux pressées.

Notomi ne lâchait pas sa sœur, en retrait du gros de la foule curieuse.

« Faut monter au gué.

— Pas avec des bagages. On ne passerait pas.

— Non, comme ça. Et seulement pour ceux qui veulent continuer maintenant. »

Les deux hommes savaient de quoi ils parlaient. Notomi s'approcha.

« On passe aussi. »

Il reçut un regard réprobateur.

« Vous ne pouvez pas. Il y a trop de courant. Et celle-là, elle dépassera pas de l'eau.

— Je la porterai.

— Gamin, nous on ne s'occupe pas de vous. »

Quelques hommes s'éloignaient déjà, un baluchon sous le bras, une caisse légère posée sur la tête. Un couple se détacha aussi du groupe, sans bagages. Notomi suivit à distance.

La femme était enceinte et son mari attentif la soutenait dans les passages difficiles. Le sentier longeait la rivière, serpentant sans se soucier de descendre dans l'eau glacée puis de gravir un raidillon boueux ou de franchir une roche toute dévorée de mousse verte. La femme peinait. Ils s'assirent un instant. Plus haut le groupe les distançait, sans offrir d'aide. La lutte était trop rude pour dépenser de l'énergie pour autrui. Orianiki avait oublié son air sage ;

échevelée, sale, un accroc au pantalon de velours. Notomi pensa s'arrêter aussi mais derrière eux un homme les suivait.

Le couple allait repartir. Hissant son épouse par-delà un obstacle, l'homme offrit son visage à l'Ashaninka qui approchait.

« José ! » Un œil blanc, sans éclat et immobile avait arraché le cri.

Il y eut un instant de panique, puis on se reconnut.

« Notomi !... camarade.

— Arrête ! Je ne veux plus entendre...

— D'accord, lança José avec précipitation. Nous aussi, nous fuyons. Ils ont refusé notre mariage. Nous vivions cachés depuis des mois. » Une sensation de faiblesse s'empara de Notomi. Il ne sut plus s'il suffoquait ou si tout le vent du ciel forçait ses poumons oppressés. Estela ! Avait-elle succombé à l'arrière du camion ? Ou, bien vivante, avançait-elle, toujours aussi belle et invincible ?

« Allons-y. Sinon nous allons perdre les autres. Il faut savoir comment passer le gué », proposa-t-il, pour bousculer son incontrôlable émotion.

Il prit de l'avance, confiant Orianiki à ses amis, pour trouver un peu de solitude.

Un moment plus tard, ils le rejoignirent.

« Je suis passé avec eux, annonça-t-il calmement. C'est facile. Mais attention, à l'arrivée, il y a un trou profond. Nous devons marcher vers les arbres là-bas. » Notomi montra la direction d'un geste assuré.

La pâleur de Luiza trahissait sa faiblesse.

« Allons-y. » José était tendu, fatigué de cette fuite. Le repos et la paix avaient sans doute déserté le monde. Il s'approcha de Luiza avec tendresse.

« José, je ne pourrai pas, s'alarma la jeune femme.

— Je vais passer avec vous, intervint immédiatement Notomi. Je reviendrai chercher Ori. »

Déjà l'adolescent s'engageait, un bâton à la main pour s'appuyer dans le courant. Le flot collait à ses cuisses, retroussant une vague souple qui enlaçait sa hanche. La rivière était chargée d'alluvions, agitée de forts tourbillons en aval du gué. On ne pouvait s'autoriser aucun faux pas.

« Enlève tes jupes ou elles vont t'entraîner », ordonna Notomi en tâtant le fond pour choisir un bon appui.

Luiza obéit, ne gardant qu'un jupon sur sa nudité.

Ils passèrent. Notomi en tête. Luiza accrochée à son épaule, l'eau balayant ses jambes. José, le ballot de vêtements sur la tête, la soutenait.

Notomi n'attendit pas de reprendre son souffle et s'élança une autre fois. De l'autre côté Orianiki pleurait, nue, prête à traverser.

« Cora aurait très peur », murmura-t-elle alors que Notomi la soulevait. Elle se calma, impressionnée par la force et l'aplomb fraternels. Avec passion elle s'accrocha à son cou et serra ses mollets autour de son torse.

« Tu ne me lâches pas, compris ? Même si nous tombons. »

Orianiki secoua la tête, incapable du moindre mot.

Elle pesait tout de même malgré son aspect de miniature angélique. Notomi s'arc-bouta en grimaçant pour gagner le plus fort du courant.

« Notomi... Noto. »

Le cri angoissé de José lui fit relever la tête. Un bois flottant, de plusieurs mètres de longueur, arrivait sur eux. Ils ne pouvaient ni avancer plus vite ni l'éviter. La branche allait les atteindre et les pousser de toute sa masse jusqu'à ce qu'ils cèdent. Ce serait immédiat. Notomi pensa plonger, mais Ori...

« Ne bouge pas », lança une voix derrière lui. Une main bloqua l'épave, luttant contre la pression brutale.

« Recule maintenant », ordonna l'homme entre ses dents serrées par l'effort.

Notomi s'esquiva. La branche pivota, griffant de sa ramure le buste de l'adolescent puis reprit sa navigation sur le flot coléreux.

José tendit la main, Luiza prit Orianiki dans ses bras et Notomi s'écroula sur la berge.

« J'ai vos vêtements », annonça l'inconnu.

On s'habilla après avoir été à peine séchés par le vent et la tiédeur matinale.

« Ashaninka ? »

Notomi dévisagea l'homme avec un regard attentif au fond duquel, aussitôt, perla du bonheur.

« Ashaninka, répondit-il sans hésiter. Je rentre en forêt, lança-t-il encore, fou de joie, conscient que quelqu'un de son peuple, enfin, venait à lui.

— Tu ne sais pas ? enchaîna l'autre sans attendre.

— Non. Que faut-il savoir ?

— C'est la guerre. Je suis allé chercher des médicaments. Beaucoup sont morts.

— J'ai lu quelque chose. Mais les journaux cachent presque tout.

— Alors, tu vas voir ce que tu n'aurais pas pu imaginer. Mieux vaut ne pas venir.

— Je viens. Ma sœur et moi devons retrouver les nôtres. »

L'homme observa un temps d'arrêt puis il sourit avec confiance.

« Je m'appelle Téotonio. »

Sur cette berge, devant le pont dynamité, la discussion prenait une mauvaise tournure. Le chauffeur ne voulait pas bouger ; la clientèle affolée demandait à rebrousser chemin. Finalement, ceux qui décidèrent de rester descendirent leurs paquets. Les autres regagnèrent leurs places et le bus entreprit un demi-tour laborieux. Ceux qui venaient du gué payèrent leur place et embarquèrent.

Satipo approchait. On avait fait halte après La Merced pour manger. Les contrôles se multipliaient. À chaque poste de police, le chauffeur expliquait : le pont, la route bloquée. On retournait. Les militaires n'aimaient pas ça.

Enfin la piste fila bien à plat entre les haies d'une forêt poussiéreuse et défraîchie.

Notomi sentait monter des larmes. Le paysage reprenait de sa souplesse et le ciel, cette profondeur turquoise.

Le coup de frein fit basculer les sacs et les gamelles en désordre dans l'allée centrale de l'autobus et sur les voyageurs somnolents. Face au véhicule une dizaine d'individus bloquaient le passage.

« On descend », annonça calmement Téotonio.

Notomi ne réagit pas.

« Veux-tu retrouver ton peuple ? Alors choisis ceux qui se battent pour rester en vie. »

Notomi agrippa sa sœur par la manche.

« José ? » L'adolescent invita de la voix et du regard son ancien compagnon avant de faire un pas vers la sortie.

« Bonne chance », murmura le sendero en quechua sans lâcher la main de Luiza.

Notomi hésita une seconde, puis les mots débordèrent de ses lèvres, en un trop-plein d'amour.

« Est-elle en vie ? »

José n'eut aucun doute sur le sens de la question.

« Je ne sais pas. Nous nous sommes... quittés depuis longtemps », répondit-il la voix chargée de chagrin.

Après avoir laissé descendre les trois Ashaninkas, le bus repartit, emportant les deux déserteurs du Sentier Lumineux vers leur destin. Ils ignoraient que des centaines de camarades, exténués par la barbarie, agissaient de même en ce jour symbolique.

Téotonio fut accueilli avec enthousiasme par sa troupe habillée de cushma, sarrato en bandoulière, arc et flèches à la main.

« Tu as de quoi nous soigner ? demanda un vieil homme vêtu, lui, comme un paysan.

— Señor Ricardo ! » s'écria Orianiki.

Le vieux dévisagea la fillette habillée comme un garçon de la ville. Notomi s'avança à son tour, lentement.

« Mes enfants ! »

66

« Il est obligatoire d'afficher son appartenance.

— Sinon ?

— La mort. »

Notomi, croyant échapper à l'enfer, en avait atteint le centre. La Selva subissait plus d'ignominies que les deux enfants n'avaient eu à en constater pendant leur exode.

Ricardo n'avait cessé de combattre l'avance du Sentier Lumineux, fidèle à la décision prise à la mort de Rosa. Il avait rejoint l'un des groupes ashaninkas atrocement persécutés le long du Ené. Il s'agissait d'une course contre la mort. Les natifs de la Selva regroupaient quelque cinquante milliers de personnes marginales, vivant suivant leur culture ancestrale. Ashaninkas, Machigengas, Piros ; tous appelés *campas* [1] par les Quechuas ! Ethnies de la grande forêt habitant les régions des fleuves Ené, Tambo et Pichis.

Une neutralité devenue impossible en avait fait des victimes de l'un ou l'autre des attaquants. Une épouvantable guerre fratricide en résultait depuis trois ans — soit qu'un groupe eût été mis en esclavage par le Sentier Lumineux ou, au contraire, soumis par l'armée et les milices d'autodéfense. De toute façon, êtres humains sans identité, poussés en première ligne lors des affrontements et abandonnés

1. Paresseux en quechua.

comme des carcasses après l'abattoir, les Aschaninkas se mouraient par centaines.

Notomi écouta Téotonio pendant des heures pour comprendre et pour décider.

« Nous savons que près de dix mille d'entre nous sont tombés entre les mains des senderos depuis quatre ans. La répression a été plus dure à partir de février 1990 quand les chefs de nos communautés se sont alliés pour déclarer la guerre aux subversifs. Les violences ont redoublé. Vingt-cinq mille ont fui à cette époque au plus profond des bois, jusque sur les plateaux de la cordillère où vivre est presque impossible. Beaucoup ont péri, de faim, de froid, d'autres ont été rattrapés par les terrucos et contraints à se battre contre leurs frères. Les méthodes sendéristes ont frappé à travers tous les villages isolés en forêt : hommes crucifiés, émasculés, d'autres égorgés vifs. Les fœtus arrachés au ventre des femmes enceintes. Toutes les filles qui ne voulaient pas se rallier ont été violées et tuées. Pour les enfants, ils choisissent de sectionner un bras ou une jambe ; pour les bébés, les deux oreilles. Des familles entières ont été décimées à coups de machette, laissant des charniers de quatre-vingts ou cent cadavres offerts aux bêtes sauvages. Notre peuple a péri sous la torture et la barbarie.

« On retrouve aujourd'hui face à leurs pères, des fils de dix à douze ans embrigadés de force, endoctrinés, prêts à nous détruire. Constamment harcelés, nos maisons brûlées, nos cultures ravagées, il faut poursuivre la lutte, défendre notre territoire et notre culture. »

Téotonio accepta une calebasse pleine de piarenshi que lui tendait sa femme : de la bière de manioc, aliment de base des Ashaninkas. Il la présenta à Notomi qui but avec solennité et la lui rendit. L'épouse remplit de nouveau le bol.

« Ces derniers mois les militaires ont pu libérer cinq mille d'entre nous des camps sendéristes : faméliques, maltraités, nos filles violées serrant contre elle des bébés malades.

Depuis, lentement, une grande partie de ceux qui s'étaient enfuis en forêt regagnent les bases militaires pour demander protection ! Mais c'est au tour de l'armée de nous forcer à débusquer les subversifs.

« Cette obligation maintient des milliers d'entre nous continuellement sous le feu des armes. Personne n'a songé à nous demander notre avis. À respecter les êtres vivants que nous sommes !

— Ici, qui commande ?

— Nous seuls. Beaucoup d'entre nous s'échappent pour nous rejoindre et décider eux-mêmes de leur sort. L'armement est inexistant, mais depuis des mois nous repoussons les attaquants avec nos flèches. Les vivres manquent aussi. La tâche est lourde. Des dizaines d'orphelins abandonnés ont rejoint nos familles. Certaines organisations humanitaires pourraient les accueillir à Huancayo ou à Lima. Mais ils en mourront.

— Ne faites pas cela, s'écria Notomi, le visage imprégné d'une brusque colère. Rien de bon ne peut leur arriver si loin de la forêt. Nous ne pouvons pas vivre comme les viracochas ou les cholos. Retrouvons notre liberté. »

Notomi revit sa mère s'effondrant sur lui, le bébé ensanglanté dans ses bras. Comment étaient morts son père et les hommes travaillant à la chacra ce jour-là ?

« Pour ma famille il ne s'agissait pas des senderos. C'était la coca, glissa Notomi à mi-voix pour épargner Orianiki, les yeux posés sur lui depuis le début de l'entretien.

— Ce sont les mêmes. Ceux de la coca ne se montrent plus, c'est tout. Ils adhèrent aux massacres en versant d'énormes sommes d'argent à l'organisation sendériste. C'est la coca qui nous tue. »

Une coulée de résine bouillonnait sur l'extrémité d'une bûche. Le bois trop vert éclata, projetant des braises qui grignotèrent les herbes sèches. Notomi poussa la branche sur le foyer du bout de son pied nu. Le feu crépita de plaisir, jetant dans la nuit des lucioles éphémères.

Il semblait que tous les fléaux de la guerre se soient concentrés sur la Selva. Son univers harmonieux se mourait d'un gigantesque malentendu. Notomi se redressa face au chef ashaninka.

« J'échapperai à cette horreur. Je marcherai jusqu'à l'endroit où le soleil se lève et Tasorensti aura pitié de moi. »

Dans cette certitude absolue, née au plus profond du cœur, Notomi représentait ce que l'on pouvait trouver de plus digne dans cette forêt sanglante : la souffrance à bout d'espoir, prête à tenter l'impossible.

« Le monde de mon enfance m'a trompé. La vie n'est ni belle ni accueillante. Elle ne se nourrit que de luttes et de méfiances. Pourtant je veux la poursuivre. » L'adolescent chercha des yeux Orianiki assise contre l'un des poteaux soutenant la case.

« Il n'y a plus de lieu où fuir. Nous l'avons fait autrefois elle et moi. Nous allons nous battre. »

Sans retenue, Orianiki se jeta dans les bras de son frère.

« Prends garde, fils, que de combat en combat tu ne finisses par lutter contre toi-même. Comme les subversifs, comme l'armée. N'oublie jamais que la guerre doit tracer ton chemin vers la paix. »

Notomi n'avait pas dormi. Il franchit la palissade à l'insu des sentinelles. Non loin, dans la nuit, avaient tonné quelques coups de feu. Les fougères arborescentes caressaient le flanc des troncs géants, en titubant sous la brise. Notomi frissonna de plaisir. Le sous-bois s'allumait au fil des ramures qui accueillaient le levant. Le camp se dressait au plus haut point d'une vallée étroite enfouie sous un enchevêtrement de verdure. En bas une rivière au flot régulier baladait son courant entre des rives de galets.

Une vague de lumière sauta par-dessus les arbres, orangée sur le tranchant du levant.

Notomi parcourut le vallon, le visage inondé du bonheur de fouler ce sol si longtemps espéré. Il avait oublié son détachement et, tête relevée, les cheveux ébouriffés par l'écorce de l'arbre sur lequel il s'était appuyé, il riait en silence. Les yeux perdus vers les frondaisons qui montaient vers les cieux, il abolit la distance entre le créateur et sa création. De l'humus, montaient des odeurs de terre vivante. L'eau, toute proche, diffusait des arômes de plantes alourdies de pluie, de plages où s'échouaient des bancs de sable.

« Je suis revenu », murmura-t-il avec tendresse en froissant sa cushma entre ses doigts. Le vêtement sentait bon la fumée et le coton sauvage, lourd de ce tissage serré, façonné par les femmes du campement.

Un gémissement sortit d'un buisson à proximité. Notomi se tassa au pied de l'arbre.

« *Najobe!* répéta la plainte.

— *Avira?* demanda Notomi d'une voix éteinte en découvrant un corps dissimulé entre les plantes.

— Nous étions deux », balbutia le blessé, son beau visage d'homme de la forêt marqué d'angoisse, avant de perdre connaissance.

Notomi chercha à proximité. Des traces de lutte, du sang marquaient la piste. Rapidement elle aboutit à un cadavre mutilé. Yeux crevés, langue arrachée. Barbarie !

Notomi souleva le corps mais les bras et les jambes se mirent à pendre comme des chiffons. L'adolescent pétrifié reposa le mort.

La forêt perdit ses chants et ses parfums. Une détresse fulgurante s'empara du garçon alors que, chancelant, il s'éloignait du mutilé.

« Elle ne peut pas... C'est impossible, elle est si loin... » marmonnait encore Notomi en atteignant enfin le camp, le blessé sans connaissance sur les épaules. Il porta la main à

1. Es-tu ?

son sarrato offert par Téotonio dans lequel la photographie prise par Calder l'accompagnait toujours. Ses doigts fouillèrent nerveusement le sac. Il l'avait perdue.

67

Depuis deux semaines Notomi écoutait les messages. Ceux qui provenaient des Hommes, ses frères, ceux de la grande forêt, sa mère. Quand le crépuscule s'étiolait, l'adolescent se fondait dans ce moment serein, uni aux bêtes et aux plantes qui profitaient aussi de ce bonheur silencieux. En contrebas la rivière laissait grandir sa rumeur. Les étoiles s'allumaient l'une à l'autre en tremblant dans l'air humide. L'obscur appelait les êtres de chair et de sang à rejoindre le grand cercle des combats et des inquiétudes. Un murmure de la brise invitait la terre à lui confier ses tourments portés par les bruits et les odeurs flottant dans l'air de ce pays sauvage.

Sans succès, Notomi avait recherché la photographie. Marchant dans ses propres traces, il avait fouillé le sous-bois jusqu'au mutilé maintenant à demi dévoré par les charognards. Les nuits qui suivaient les affrontements, des museaux aux crocs puants dépeçaient les squelettes et se disputaient ce macabre festin.

Alors qu'au camp, dans un grouillement de vers, les blessures s'infectaient, emportant trop souvent, dans la décomposition des chairs, la vie d'un combattant. Notomi errait sous la case des malades, à demi asphyxié par la pestilence des membres sectionnés, des plaies suppurantes.

Téotonio soignait, pansait, amputait. Il n'était pas infirmier, juste maître d'école. Il avait rêvé d'apporter à son peuple la connaissance d'un autre monde. Monde qui les refusait, les bafouait, provoquant un nouveau génocide amérindien en Amérique du Sud.

L'une des poutres qui soutenaient la palissade éclata sous la rafale. Les guetteurs n'avaient rien entendu. Étourdi par l'attaque soudaine, Ricardo perdit quelques secondes ; avant qu'il eût saisi son arme, une bombe artisanale arrachait le toit de palmes qui l'abritait.

« *Malditos. Asesinos.* Noto, prends un fusil », hurla-t-il en rampant hors des décombres. Les balles transperçaient l'épaisseur des branches et des rondins qui défendaient la place. Notomi attrapa une arme à sa portée mais ce fut comme si la crosse lui brûlait les paumes. Grimaçant de rage, il rejeta le kalachnikov et s'empara de son arc. Déjà des cadavres jonchaient le terrain à découvert entre les cases et le mur d'enceinte.

« Mets-toi à l'abri », ordonna encore Ricardo en lui faisant signe de le rejoindre. Il ne faisait ni jour ni nuit. Une lune ronde débordait de son cercle. L'air sentait la poudre. La défense était étonnamment organisée, les fusils rechargés par les équipiers des tireurs, qui eux s'appliquaient à ne pas vider leurs chargeurs tous ensemble. Il fallait entretenir l'illusion du nombre pour tenir plus sûrement tête à l'assaillant.

Téotonio s'approcha.

« Nous sortons. Tu viens ? »

Notomi se glissa à sa suite sous le regard inquiet de Ricardo. Seulement cinq hommes attendaient le chef. Tous ashaninkas. Notomi les dévisagea, exalté ; ils lui ressemblaient comme autant d'ombres fraternelles. La troupe se faufila sous un amas de ronces dissimulant un passage. Ils progressèrent au plus épais des frondaisons, pieds nus, souples comme des fauves. À trente mètres entre les buissons les terrucos étaient embusqués.

Téotonio fit un signe. Les guerriers se séparèrent.

« Reste avec moi », articula le chef presque sans voix. Notomi s'écrasa un peu plus contre la terre.

« Tu tires une fois et tu changes de place. Ne te redresse pas. Roule sur toi-même. Je m'écarte de quelques pas. Toi, tu attaques d'ici. »

Notomi avait senti la jambe de Téotonio frémir contre la sienne, semblable à celle d'un animal défendant sa vie. Il pressait le doigt sur la corde de son arc, la première flèche en place.

Une silhouette se découpa sous la lune, fusil en avant. Notomi visa soigneusement, l'œil écarquillé, et le corps fut frappé par la mort. Mais il avait oublié la consigne et une balle de riposte s'écrasa sur un tronc, à vingt centimètres de son épaule.

Des râles, des ordres répondaient aux flèches. Une retraite désordonnée repoussa de cent mètres les attaquants tandis que des rafales furibondes perçaient les fourrés.

Mais le repli fut trompeur. Machette en main ou fusil sur la hanche, les terroristes s'éloignaient se dirigeant vers le versant au fond duquel serpentait la rivière. Ils cherchaient à atteindre un côté plus difficile d'accès mais surtout peu protégé du campement.

Notomi avait vu. Il lança l'appel du ralliement.

Depuis vingt minutes plus rien ne bougeait. Téotonio et ses hommes avaient contourné les palissades à toute allure pour rejoindre avant l'ennemi le point stratégique. Les fosses qui encerclaient le camp pointaient vers les étoiles des pieux acérés. Le seul assaut pouvait se faire par l'à-pic de la falaise au-dessus du rio. De l'autre côté la fusillade continuait, éparpillant des victimes au sein des deux camps.

« En grimpant, les terrucos ne pourront pas tirer. Laissez-les bien approcher. Puis tous ensemble, à mon signal. »

Notomi avait parlé sans le vouloir, sans sentir l'impact de ses paroles sur ses frères. Il guettait. Il écoutait. Guerrier. Téotonio, à son côté, respirait au même rythme.

Un craquement trahit les arrivants. Une vingtaine d'ombres sournoises au pied de la pente choisissaient le parcours de l'escalade. Ils allaient mourir. Tous. Il le fallait. Notomi sentit ses doigts se crisper sur ses flèches en roseau. Orianiki ne devait pas tomber entre leurs mains ! Les silhouettes montaient, lentes, flanquées de mitraillettes au métal étincelant sous la lune.

« Plus vite ! »

L'ordre avait surgi ; un chuchotement sec et nerveux, précis. Pas une voix d'homme. Peut-être celle d'un adolescent. Notomi se força à le croire, s'imaginant l'individu menant l'attaque. Un reflet de lui-même, voilé de nuit. Un ennemi à abattre.

La forme agile qui grimpait en tête se retourna encore vers ses soldats.

« Allez ! »

Notomi ferma les yeux, le cœur transpercé par cette voix chuintant dans la pénombre. Il ne voulait pas la voir, pas la reconnaître. Il devait la détruire, ombre malfaisante s'insinuant dans la nuit.

Une pierre se détacha tout à coup sous un pied maladroit, roulant avec fracas. Les senderos se plaquèrent à la roche. Personne ne songea plus à bouger. Ils étaient tout proches les uns des autres. Ils auraient pu s'entendre respirer si le chant de la forêt et de la rivière s'était interrompus.

Notomi toucha le poignard remis par Ricardo le jour de son arrivée. « Si elle approche, je la tue. Mais seulement si… »

L'adolescent ne vit pas le signal de Téotonio. Il y eut d'abord des sifflements, ceux des flèches déchirant l'air ; puis les cris de surprise le rappelèrent au combat. Notomi ouvrit les yeux. Les corps dégringolaient entre les blocs de pierre. Cadavres ou blessés stupéfaits. D'autres projectiles les poursuivaient encore.

« Tirez, tirez. »

Cette fois la voix déchira la nuit. Sa voix !

« Tu es vivante ! Vivante ! » reprit Notomi.

Quelques rafales visèrent la falaise protégeant la retraite d'une poignée de rescapés. Au loin, sous le couvert des arbres, elle rugit comme un fauve blessé.

« Traître ! »

68

Une lumière exquise dansait sur la rivière. La forêt allongée aux flancs du rio, somnolente, agitait pour s'éventer les brassées de liserons fleurissant au bout de ses branches. La nature bouillonnait d'audace vagabonde, d'un éternel instinct d'occuper l'espace.

Depuis la nuit du combat, Notomi, égaré, puisait sa force dans son amour pour la nature. L'œuvre des hommes le dépassait, le bouleversait.

Le camp avait résisté ; beaucoup d'Ashaninkas avaient péri mais d'autres allaient les rejoindre et la lutte se poursuivrait. Jusqu'où ? Combien d'entre eux seraient encore vivants à la fin du cauchemar ?

Rien de cette existence ne portait Notomi vers la douceur promise : la découverte d'Estela, l'horreur de devoir faire de ses amours le centre de ses préoccupations guerrières ; les plaintes de blessés ; le manque de nourriture ; le visage triste et désemparé d'Orianiki. Seul un profond dégoût ravinait son âme en deuil d'illusion. Tasorensti les avait abandonnés.

Notomi sentit brûler en lui le seul bonheur qui lui restait : être là, caressé par l'ardeur du soleil au zénith. Il lui venait aux lèvres des mots et des prières. De l'amour et du désespoir.

« Je n'ai plus que la terre pour me nourrir et le ciel pour

m'aimer. » Il ne parlait plus, sauf au bord de la rivière. Mourir eût été simple, mais un devoir l'attachait à défendre Orianiki, si seule et si fragile.

« Je suis lâche ! murmura-t-il, assis sur la roche lisse et chaude qui lui servait de refuge. Je n'ai aucun espoir mais je reste à me battre contre la fatalité. »

Il savait qu'il se mentait. La colère et l'impatience brisaient son courage.

Un ara bleu traversa d'une rive à l'autre ; son cri invitait ses compagnons à le suivre. Les oiseaux défilèrent dans le ciel, ton sur ton, fondus dans l'azur. Notomi voulut leur répondre. Ils étaient beaux, tels qu'il les avait contés bien des fois. Alors remontèrent en lui les plus tendres, les plus doux de ses souvenirs. Comme si la mort avait ouvert le livre de sa vie pour qu'il le lût une dernière fois.

Il se redressa inquiet. Mais il n'y avait que l'eau glissant au ventre de la terre, chuchotant un chant rieur. Notomi le fredonna avec elle. Des bruits légers piquaient le ronronnement du courant : une ramure battant le flot en mesure, une nuée de moustiques volant derrière une plante brisée qui perdait une sève blanche dans le pli des vaguelettes. Notomi inspecta les alentours. Mieux valait ne pas rester trop longtemps à découvert. Mais l'air était si doux, le silence si chaud pour son âme.

La rivière se promenait, transparente, effleurant les bouquets d'ajoncs sans troubler leur repos. Au centre, l'émeraude de sa nasse se laissait pénétrer jusqu'au fond de roches noires et de galets multicolores. Sous les berges, le flot avait creusé des cavernes entre les racines. Une libellule traînassait au ras de l'eau. Brusquement un éclair creva la surface, bondissant du rio en une gerbe de gouttelettes huileuses. Un corps vernissé claqua sur l'onde et disparut avec l'insecte. Notomi sourit. Il se mit nu et entra dans l'eau. Des franges de végétation alanguie se penchaient par-dessus la rive. Dans le reflet des branches, un poisson nageait face au courant.

La main s'avança sans hâte jusque sous le ventre, se retenant de frémir, remonta vers la tête pointue et, rapide, adroite, se referma sur les ouïes. L'animal se débattit, s'insurgeant avec courage, battant des nageoires hors de l'eau. Ses dents de carnassier mâchaient l'air en suppliant pour un peu d'oxygène, ses branchies déjà teintées de sang. Notomi écourta le duel inégal en lui brisant la nuque d'un geste assuré. Il lança sa prise sur l'herbe et la fleur de rivière laissa pâlir sa robe brune aux nuances moirées, constellée de rouge et de jaune.

Les oiseaux se turent. De façon indéfinissable Notomi percevait quelque chose d'inhabituel. Pourtant, dans l'immobile après-midi, il n'y avait d'autre réalité qu'un recueillement attentif. Les gazouillis reprirent leurs conversations.

Le milieu du rio lançait des appels languissants. Le pêcheur attrapa une flèche posée à côté de sa cushma et s'avança. Le flot buta sur ses cuisses. Calant ses pieds contre les pierres, Notomi choisissait le meilleur passage entre les replis du courant, évitant les remous qui voulaient happer ses jambes. Les reflets de la surface mêlaient le *dehors* et le *dedans* en un tableau infiniment vivant. Les yeux rivés sur ce miroir mouvant, Notomi cherchait un fuseau d'écailles à la bouche ronde. Un éclat d'argent, des éventails aux nervures laquées ouverts sur chaque flanc, l'immobilisa. La flèche ajusta sa trajectoire. Les muscles armèrent le bras. La pointe fendit le dos du torrent jusqu'au poisson. Notomi arracha sa pêche du sein de son royaume et la brandit vers le soleil, le visage éclaboussé d'eau et de bonheur.

Un cri éteignit sa joie sur-le-champ. Debout sur une roche, Estela le regardait.

Une éternité d'amour et de tristesse passa dans leur regard.

« Jette ton arme ! » lança Notomi au bout de quelques secondes.

Elle avait changé. Grandie, plus femme. Tellement, follement plus belle. Sa prise à la main, l'adolescent s'approcha en mesurant ses pas. Où étaient les autres ? Les camarades inséparables ? Les tueurs ? Le courant massait son ventre sans masquer sa virilité ; ses jambes musclées forçaient la masse liquide sans difficulté. Estela se détourna et nonchalamment déposa le kalachnikov contre une souche. Mille questions et un trésor de tendresse nourrissaient les pensées de l'Ashaninka. Mais à qui s'adresser ? À la femme, à l'amante ou à la terroriste ? Il remonta sur la berge et mit sa cushma. Les deux poissons donnaient envie de nourrir une famille.

« Tu n'as rien à dire ? » La question d'Estela tomba brutalement.

« Il y a des moments où l'on ne peut rien expliquer parce que soi-même on est incapable de comprendre », répliqua Notomi les yeux braqués sur elle.

Elle se retourna avec une lenteur calculée. Notomi se crispa, broyé par une sensation de désir, contrariée par le dépit, la rage et la nostalgie.

« C'est bien toi ? » osa-t-il, incapable de surmonter son émotion.

Il crut qu'elle allait s'approcher. Mais elle retint son élan et se mordit les lèvres violemment en baissant la tête.

« Tu veux manger ? »

La proposition anodine prit des proportions inattendues.

« Manger ? Je n'ai plus d'appétit depuis le 15 février de cette année maudite. Depuis que tu m'as trahie, depuis que tu es mort. » Elle s'interrompit et, d'un ton moins passionné, elle enchaîna : « Depuis que j'ai dû me justifier pendant des jours devant le parti. »

Le dernier mot avait jailli, vif, incongru dans cette paix sylvestre. Le miel pailleté du regard d'Estela restait planté sans crainte dans les pupilles assombries de Notomi. Puis leurs yeux se fuirent ; brûlés par trop de douleur. Ils s'écartèrent malgré la vague d'amour qui voulait forcer la brèche, oublier, pardonner.

Tout pouvait renaître : l'affection, la complicité qui les

avaient si merveilleusement enchantés. L'ombre de leurs silhouettes dansait sur le mur des arbres. Un instant la forêt imposa sa quiétude. Estela marchait à la lisière du sous-bois, presque fondue dans celui-ci. Son pas restait muet sur la mousse.

Elle resurgit en pleine lumière, retrouvant brutalement sa réalité. Notomi, qui s'était imprudemment laissé bercer par le rythme de ses pas dans la pénombre, sursauta vivement.

« Tu n'es plus rien d'autre qu'un traître pour moi », lui cracha-t-elle au visage.

Poignardé par les mots, Notomi ne devina pas l'effort qu'il lui avait fallu pour prononcer sa condamnation. Il ne vit pas non plus son regard perdu et tremblant. Trop blessé pour comprendre que seule la bouche parlait et qu'il aurait suffi de la faire taire pour que le cœur hurle sa vérité. La déception l'avait terrassé. Était-il croyable que cette femme soit celle qui lui avait appris l'amour ? Une poignée de cendres froides remplaçait déjà le brasier renaissant. La phrase était tombée comme le tranchant d'un coutelas sur une gorge offerte.

Notomi repoussa l'offense d'un geste vague.

« Va-t'en ! »

Estela chancela à son tour, le visage tendu par l'envie d'éclater en sanglots, livrée à son tourment comme à un bourreau.

« Comme elle doit souffrir », murmura Notomi tandis que ses yeux noirs exprimaient soudain le détachement, maintenant à jamais irrémédiable.

La détresse d'Estela se mua en prière muette. Elle aurait pu pleurer, comme savent le faire les êtres humains, manifester son chagrin, un repentir propre à la faire renaître à une vie nouvelle.

Sans plus la regarder Notomi ramassa les poissons.

« Tu ne bouges pas ! »

Il s'immobilisa. Bien qu'il ne la vît pas, le cliquetis de l'arme avait été significatif.

« Je dois accomplir mon devoir. » La voix sonnait, méconnaissable.

« Quel devoir ? »

Le fusil ne tremblait pas au bout des mains refermées sur la crosse et le canon.

« Tu as perdu l'esprit », soupira-t-il accablé.

Estela ne semblait plus l'entendre.

Alors, comprenant que cette fois il en avait fini de vivre, Notomi s'agenouilla doucement sur la roche qu'il aimait bien, là, au bord du fleuve.

« Viens donc toi qui m'as suivi partout. Viens me prendre, ç'est l'instant », chuchota-t-il avec un peu d'ironie.

Mais il n'entendit pas sa « compagne » lui répondre. Elle aussi avait déserté.

Du plus profond de son âme, s'exhala un soupir débordant de tout son amour pour la Selva. À l'ouest, le soleil fuyait devant le crépuscule, laissant sur les feuilles des larmes de sang. Il ferma les paupières. La rafale résonna loin sous les arbres, remontant le vallon jusqu'au campement, se mêlant au vol des aras qui rejoignaient les hauteurs, appelant Orianiki à la solitude.

« *Te amo* », hurla-t-elle au milieu d'un sanglot en s'enfuyant.

Notomi ouvrit les yeux. Des éclats de branchages et d'écorces étaient retombés autour de lui. Sa tête tournait et il eut la nausée. Il regarda le monde. La rivière scintillait. Une force indescriptible s'échappait de la forêt embrasée.

Alors, rappelant ce souffle qu'il venait d'abandonner, il gonfla sa poitrine. Enfin, il savait.

« Nous allons mourir ?

— Cela n'aurait pas d'importance, Ori, car la mort est le prolongement de tout. Mais nous allons vivre. Viens. »

Le sous-bois était plus noir que la nuit, mais Notomi y ouvrait un sillon de lumière. Sept silhouettes, pas plus hautes que celle de l'adolescent se suivaient sous les arbres. Tous affamés de nourriture et du besoin d'exister. Le village retranché s'évanouit dans le lointain, perché en haut de son vallon, déjà oublié.

Le filet mince d'une source guida leur course jusqu'au plateau. L'opacité aurait dû les ralentir, les suspendre dans leur ardeur à suivre une trace timide. Mais la foi les menait.

Les orphelins progressaient avec un allant qu'ils avaient cru perdu. Glissant au sein de l'ombre, ils se fondaient à l'onde végétale. Pas à pas s'égrenaient dans leurs empreintes, les souvenirs et les souffrances. Alors l'allure s'allégea encore.

Bientôt une mélodie se mêla à l'allégresse de la course. Un chant de bienvenue. D'un nid s'échappait un roucoulement amical. Dans l'épaisseur d'un fourré se coulaient des pelages lustrés, escorte qui les frôlait et protégeait leur chemin. Chaque enfant passait, invisible, le visage baigné par la joie.

Orianiki pleurait comme elle l'avait fait au plus fort des histoires racontées dans la sierra, enivrée par la plénitude.

Le sol jonché de feuilles accueillait les pieds nus avec tendresse. Les branches s'inclinaient, protectrices, constellées de minuscules reflets d'étoiles. La nuit s'accordait au rayonnement de chaque être, exhalant tous les parfums à l'unisson des cris lancés par des milliers de gorges. Le charme se glissait entre les arbres, ouvrant le sentier. Et Notomi allait.

Les enfants s'entendaient souffler, grogner doucement, rire en ronronnant. Un sang animal se réveillait dans leurs chairs. La forêt parlait et leurs sens écoutaient, le cœur battant d'une autre rumeur, d'une liberté retrouvée.

Maintenant une clarté dessinait les formes. Les longs fûts aux branches entrelacées s'épaulaient comme des guerriers défenseurs d'un monde interdit à l'aberration humaine.

Notomi tressaillit, mais sa foi apaisa sa peur et obstinément le poussa à travers la végétation. La pente s'inclina comme un refus. Les mains se nouèrent pour aider les plus petits et l'alliance renforça l'élan. La lueur s'intensifia en atteignant la crête. Une frange de lumière hésitait au front d'une montagne. À ses pieds, une brume bleue se languissait, protégeant, sous un voile indécis, une forêt ondulant à perte de vue.

« Allons », murmura Notomi avec cette certitude devenue familière.

Il s'ouvrait à la Selva et Elle s'ouvrait à lui. Il était tellement sûr qu'Elle l'attendait. Le vent passa sur la cordillère, l'appelant sur les hauteurs. Vers les plaines qui naîtraient derrière elle, les fleuves et les cascades que personne n'avait conquis.

Très loin, là-bas, une fumée montait comme un signal, attirante mais semblant toujours reculer plus avant vers le but salvateur et divin. Un appel envahit l'espace, une voix secrète venait à leur rencontre. Se retournant vers sa sœur, Notomi lui sourit avec tendresse.

« Écoute... »

Alors reprenant leur chemin, ils plongèrent sur le nouveau versant. Le froissement des corps entre les plantes s'estompa. Le rire d'Orianiki scintilla dans le lointain. Puis la Selva referma ses bras, effaça les traces sur la piste du bonheur, détachant leur destin de celui des hommes.

Bien loin, ailleurs, l'aurore réveillait la folie et la lamentation du monde, sous le regard meurtri d'un soleil en sang.

Mes remerciements
à ma mère
pour son amour et sa patience.

Cet ouvrage a été réalisé par la
SOCIÉTÉ NOUVELLE FIRMIN-DIDOT
Mesnil-sur-l'Estrée
pour le compte France Loisirs, Paris
en avril 1995

Imprimé en France
Dépôt légal : mai 1995
N° d'édition : 26502 – N° d'impression : 30220